Die französischen Meterspurbahnen des regulären Eisenbahn-Betriebs

Cerdagne, Savoyen, Le Blanc-Argent, Korsika, Provence

Die französischen Meterspurbahnen des regulären Eisenbahn-Betriebs

Cerdagne, Savoyen, Le Blanc-Argent, Korsika, Provence

Rudolf Schulter

Stenvalls

Das Eisenbahn-Streckennetz Frankreichs

———— SNCF Normalspur (einschließlich einige Strecken mit reinem Güterverkehr)

■■■■ Meterspurstrecken des öffentlichen Eisenbahn-Verkehrs

1. SNCF „Ligne de Cerdagne": Villefranche-Vernet-les-Bains–Latour-de-Carol-Enveitg
2. SNCF „Ligne de Savoie": Saint-Gervais-les-Bains-Le Fayet–Chamonix–Vallorcine
3. SNCF „Le Blanc–Argent": Salbris–Romorantin–Valençay(–Écueillé-Argy)
4. SNCF/CFC (Korsika): Bastia–Corte–Ajaccio und Ponte Leccia–Calvi
5. CP, Chemins de Fer de Provence: Nice (Nizza)–Annot–Digne-les-Bains

Printed 2017 in Latvia

© Rudolf Schulter 2017

ISBN 978-91-7266-196-7

www.stenvalls.com

Frank Stenvalls Förlag
Föreningsgatan 12
Box 17111, SE-200 10 Malmö, Schweden

Inhaltsverzeichnis

	Das Eisenbahn-Streckennetz Frankreichs	4
	Vorwort	6
	Einführung	7
	Erläuterungen zu den Fahrzeug-Bezeichnungen	9
	Abkürzungen	12
1	Die Ligne de Cerdagne der SNCF	14
1.1	Das Gebiet der östlichen Pyrenäen	14
1.2	Die Cerdagne-Eisenbahnlinie (Ligne de Cerdagne) der SNCF	15
1.3	Betriebliche Aspekte	19
1.4	Von Villefranche-Vernet-les-Bains nach Latour-de-Carol-Enveitg	23
1.5	Die Fahrzeuge der Ligne de Cerdagne	33
2	Die Ligne de Savoie der SNCF (Die Linie in Ober-Savoyen)	44
2.1	Das Gebiet Savoyens	44
2.2	Die Ligne de Savoie (Die Savoyer-Linie)	46
2.3	Betriebliche Aspekte	52
2.4	Von Saint-Gervais-les-Bains-Le Fayet nach Vallorcine (–Châtelard-Frontière)	55
2.5	Die Fahrzeuge der Ligne de Savoie	66
3	Die Eisenbahn Le Blanc–Argent der SNCF	76
3.1	Das Loire-Gebiet	76
3.2	Die Eisenbahn Le Blanc–Argent der SNCF	78
3.3	Betriebliche Aspekte	83
3.4	Von Valençay über Romorantin nach Salbris (SNCF)	86
3.5	Von Argy über Écueillé nach Luçay-le-Mâle (SABA/TBB)	94
3.6	Die Fahrzeuge der Eisenbahn Le Blanc–Argent	100
4	Die Korsischen Eisenbahnen (Chemins de Fer de la Corse CFC/SNCF)	119
4.1	Die Insel Korsika (La Corse, a Corsica)	119
4.2	Die Eisenbahnen auf Korsika	122
4.3	Betriebliche Aspekte	128
4.4	Von Bastia nach Ajaccio	134
4.5	Von Ponte-Leccia nach Calvi	143
4.6	Die Fahrzeuge der Chemins de Fer de la Corse	147
5	Die Chemins de Fer de Provence CP	167
5.1	Die Haute-Provence	167
5.2	Planung und Bau der Strecken der Chemins de Fer de Provence	169
5.3	Betriebliche Aspekte	178
5.4	Von Nice CP (Nizza) nach Digne-les-Bains	182
5.5	Die Fahrzeuge de Chemins de Fer de Provence	200
	Literaturhinweise	223

Vorwort

Bei dem Begriff „französische Eisenbahnen" wird heutzutage fast nur an die schnellen Züge und besonders an die Hochgeschwindigkeitszüge TGV gedacht. Diese Gleichsetzung stimmt bei näherer Betrachtung nicht. Natürlich spielten schnell fahrende Eisenbahnen in Frankreich schon seit vielen Jahrzehnten eine bedeutende Rolle. Sie geniessen deshalb auch den größeren Bekanntheitsgrad als die übrigen Eisenbahnen des Landes. Letztere sind dennoch ganz und gar nicht wegzudenken. Sie erfüllen einerseits in den großen Ballungszentren, allen voran von Paris, aber auch von andern Großstädten, riesige Aufgaben als RER (Réseau Express Régional = S-Bahn). In kleineren Zentren oder eher abgelegenen Gegenden leisten sie als TER (Train Express Régional = Regionalbahn) ebenso völlig unersetzliche Aufgaben.

Einige der Letztgenannten sind Schmalspurbahnen und weisen Meterspur auf. Solche fanden sich in früheren Jahrzehnten über das ganze „Héxagone" (franz. = Sechseck, Frankreich sieht auf der Karte geometrisch gesehen einem Sechseck ähnlich) verteilt; dies in einer Vielfalt, welche von stadtnahen, elektrischen Überlandbahnen bis zu Gebirgsbahnen aller Zugführungsarten reichte. Der bereits in den 30-er Jahren aufkommende „Individualverkehr" des Automobils, welcher sich nach den 50-er Jahren nochmals enorm vervielfachte, machte aber diesen Eisenbahnen mehr und mehr zu schaffen. Führte diese Automobil-Konkurrenz sozusagen „gezwungenermaßen" zu Streckenschließungen? Das ausschließlich Kommerzielle Renditedenken bei der Verkehrsplanung hatte in dieser Frage seit jeher einen großen Einfluss. Es entstanden zudem die irrigen Vorstellungen, bei welchen insbesondere die Nebenbahnen (wie übrigens auch die städtischen Straßenbahnen) als veraltete Verkehrsmittel betrachtet wurden. Kriegszerstörte Eisenbahn Infrastrukturen beschleunigten in jenen Jahren solche Schließungsentscheide zusätzlich.

In den letzten Jahrzehnten wurden verschiedene meterspurige Eisenbahnstrecken als Chemins de Fer Touristiques (Museumseisenbahnen), meist in aufwendiger Freizeitarbeit instand gestellt sowie an Wochenenden in Betrieb genommen. Es gibt in Frankreich außerdem Meterspurbahnen, welche von Anfang an zu touristischen Zwecken gebaut wurden. In diesem Fall sind es meist Zahnradbahnen. Zwei von ihnen sind in Ober-Savoyen anzutreffen. Eine Weitere ist in den westlichen Pyrenäen stets in Betrieb. Vor wenigen Jahren wurde gar eine Zahnradbahn neu gebaut und zwar auf den Puy de Dôme, der Hausberg vulkanischen Ursprungs der Stadt Clermont-Ferrand.

In diesem Buch jedoch werden die fünf verbliebenen Meterspurbahnen, welche Teil des öffentlichen, regulären Eisenbahnnetzes Frankreichs sind, vorgestellt:

- Die SNCF-Strecke von Villefranche-Vernet-les-Bains nach Latour-de-Carol-Enveitg in den östlichen Pyrenäen, genannt „Ligne de Cerdagne"
- Die SNCF-Strecke von Saint-Gervais-les-Bains-Le Fayet nach Vallorcine über Chamonix in Ober-Savoyen
- Die SNCF-Strecke von Salbris über Romorantin nach Valençay, als Reststück der ehemaligen Bahnlinie Le Blanc–Argent BA, Loire-Gebiet (sowie das durch die Museumsbahn TBB betriebene, weitere Reststück von Argy nach Luçay-le-Mâle)
- Die beiden Bahnstrecken auf Korsika der CFC, zwischen 1983 und 2011 durch die SNCF betrieben: Von Bastia nach Ajaccio und von Ponte-Leccia nach Calvi
- Die Strecke Nice (Nizza)–Digne-les-Bains der Chemins de Fer de Provence

Alle nicht anders gekennzeichneten Fotos wurden durch den Autor Rudolf Schulter aufgenommen und alle Streckenpläne und Streckenprofile wurden durch ihn erstellt.

Einführung

Im Vergleich zu den Normalspurigen weisen die schmalspurigen Eisenbahnen Europas deutlich kleinere, gedrungene Fahrzeuge auf. Lokomotiven, Triebwagen und Wagen ähneln dennoch hin und wieder ihren normalspurigen Vorbildern. Dabei sind z.B. die in diesem Buch beschriebenen Renault-Autorails ABH 1, 5 und 8 zu erwähnen. Ein wenig erinnern sie an die ABJ 1 bis 4 der SNCF. Die BB 1200 (ehemals spanische FEVE) der Chemins de Fer de Provence scheint hingegen von der V 160 der DB inspiriert worden zu sein. Die früheren korsischen Reisezug-Wagen wiederum ähneln den D-Zug-Wagen der PO, der MIDI oder der PLM.

Dennoch sind solche Ähnlichkeiten eher selten und zwar, weil verschiedene Anforderungen zu neuen oder abweichenden technischen Lösungen und Konstruktionen führen. Im Gegensatz zu der Normalspur, überwogen schon zu Dampflokzeiten die Tenderloks. Schlepptenderloks waren die Ausnahme. Mallet-Lokomotiven hingegen, hatten bei der französischen Meterspur erst recht eine ziemliche Bedeutung. Im Zuge der Verdieselungen fanden insbesondere teils äußerst gedrungen gebaute, Schienenbus artige Diesel-Triebwagen, die sogenannten Autorails, eine starke Verbreitung. Technisch abweichende Lösungen hingegen zeichnen die beiden in diesem Buch beschriebenen elektrischen Meterspurbahnen aus.

Infolge kleineren Fahrzeug-Umgrenzungsprofils, kleineren zulässigen Achsdrücken, engeren Gleisbögen und teils auch grösseren Steigungen, werden die Fahrzeuglängen erheblich kürzer und die Fahrzeuge dadurch meist erheblich leichter. Es genügen mit kleinerer Tragfähigkeit gebaute Brücken und engere Tunnels. Zusammen mit den engeren Gleisradien lassen sich in hügeligen oder gebirgigen Gegenden vergleichsweise preisgünstigere, weniger Kunstbauten aufweisende Bahnstrecken bauen. Der Platzbedarf ist geringer und die Trassen passen sich dem Gelände leichter an. Meist kürzere Züge lassen auch die Ausdehnungen der Bahnhöfe, der Bahnsteige und der örtlichen Gleisanlagen bescheidener ausfallen. Schmalspurbahnen wurden vor allem dort gebaut, wo das zu erwartende Verkehrsaufkommen weniger stark ausfällt. Deshalb wurden sie sogar auch in topfebenen Regionen gebaut. Sie konnten dadurch, anders als die Normalspur-Trassen, Äcker, Wälder und Felder besser umrunden und so die Dörfer einfacher verbinden. Schmalspurbahnen wurden also insbesondere dort gebaut, wo ein geringeres Fassungs- und Leistungsvermögen, den gestellten Anforderungen durchaus genügte. Auch bedeutend niedrigere Reisegeschwindigkeiten wurden in Kauf genommen. Es versteht sich, dass auch die finanziellen Erwägungen und der volkswirtschaftliche Nutzen eine Rolle spielten.

Dort wo Normalspur- und Schmalspurstrecken aneinanderstoßen, ist Umsteigen und Umladen angesagt. Dieser Nachteil wurde und wird auch heute noch hingenommen. Jahrzehnte später könnte dieser Umstand dennoch zu zahlreichen Streckenschließungen beigetragen haben. In gewissen Fällen wurden sogenannte Drei- oder Vierschienengleise gebaut. Damit waren gemeinsame Trassen, zu mindesten über einige km, möglich, was die verkehrstechnische Verflechtung der beiden benachbarten Bahnsysteme begünstigte. Der Transport von Normalspur-Güterwagen auf Rollschemeln oder Rollböcken fand in Frankreich kaum eine Verbreitung. Gerade bei tunnelreichen Strecken erwies sich das dazu nicht ausreichend große Lichtraumprofil als für solche Vorhaben verunmöglichend. Auf den CP gab es 1979 Versuchsfahrten mit Rollböcken. Auf der Strecke der BA wurden solche Transporte nie in Erwägung gezogen, was auch für die anderen, beschriebenen Meterspurbahnen zutrifft. Die Strecke Argy–Buzançais wurde auf Normalspur umgebaut.

Zum überwiegenden Teil wurden die schmalspurigen Eisenbahnen Frankreichs in Meterspur angelegt. Andere Spurweiten, etwa die 600 mm-Spur, kamen jedoch ebenfalls recht häufig vor. Die früher über das ganze Land verbreiteten Meterspur-Streckennetze gehörten keinem einheitlichen Betreiber oder Besitzer an. Sehr viele gehörten der Region oder dem Departement. Es gab auch noch die folgenden Eisenbahngesellschaften, welche in verschiedenen Regionen Meterspurbahnen betreiben, wie die CFD, die Chemins de Fer Départementaux, oder die SE, die Société Générale des Chemins de Fer Économiques und Weitere. Einige Meterpurbahnen nannten oder nennen sich "Tramway", was jedoch meist nicht auf klassische Straßenbahnen hindeutet. Sehr oft waren es äußerst leicht gebauten, dampfbetriebene Überlandbahnen. Auch die damaligen großen Französischen Eisenbahngesellschaften, welche es vor der Verstaatlichung 1938 gab, hatten vereinzelte Meterspurbahnen betrieben, so z.B. die ETAT in der Bretagne, die MIDI für die Ligne de Cerdagne, die PO, unter anderem für die Strecke Le Blanc–Argent und die PLM für die „Ligne de Savoie". Sie kamen danach zu der SNCF.

Die fünf in diesem Buch beschriebenen Meterspurbahnen weisen folgende Unterschiede, aber auch Gemeinsamkeiten auf.

- Drei von ihnen gehören zu der SNCF, die vierte war zwischen 1983 und 2011 ebenfalls durch die SNCF betrieben worden.

- Drei hatten ursprünglich Dampfbetrieb und fahren heute mit Dieselloks und vor allem mit Dieseltriebwagen (Autorails).

- Zwei hatten von Beginn an ausschließlich elektrischen Betrieb.

- Vier sind ausgesprochene Gebirgsbahnen.

Die beiden elektrisch betriebenen Meterspurbahnen der SNCF, welche hier beschrieben werden, weisen besondere Gemeinsamkeiten auf: So fahren beide mittels seitlicher Stromschiene und ihre Trassen weisen starke Steigungen auf. Trotzdem sind die Fahrzeuge nicht kompatibel; also nicht austauschbar.

- Die „Ligne de Cerdagne", ein Weltkulturerbe der UNESCO:
  Diese Gebirgsbahn in den östlichen Pyrenäen fährt nahezu ausschließlich mit ehemaligem MIDI-Rollmaterial aus der Anfangszeit. Es sind alles Triebwagen und Zwischenwagen, welche in gewissen Abständen modernisiert wurden. Lokomotiven sind keine vorhanden. Die interessante Trasse verläuft stellenweise nahe der spanische Grenze und der Enklave Llívia

- Die „Ligne de Savoie" im Mont-Blanc-Gebiet :
  Sie bedient unter anderem den Kurort Chamonix und ist mit einer über die Grenze führenden, weiteren Meterspurbahn verbunden. Die ausschließlich verkehrenden Triebwagen wurden in gewissen Zeitabständen zwei bis dreimal sozusagen völlig ausgetauscht. Die ehemaligen PLM-Fahrzeuge sind nicht mehr im Einsatz. Zwei von ihnen befinden sich im Eisenbahn-Museum (Cité du Train) von Mulhouse (Elsass).

Der Rückgang der Meterspurbahnen ist in Frankreich nicht selten auf schwerste Zerstörungen während des 2. Weltkriegs zurückzuführen. Drei der hier beschriebenen Eisenbahnen waren betroffen. Sie hatten zwar überlebt, doch waren infolge starker Kriegsschäden ganze Strecken oder Streckenteile nicht wiederaufgebaut worden: 89 km der Bahnstrecke Le Blanc–Argent der SNCF, zwei Strecken der Chemins de Fer de la Provence (CP) und die Ostküstenlinie der Chemins de Fer de la Corse CFC (Korsika).

Zur Ergänzung sei erwähnt, dass es in Frankreich auch noch drei meterspurige, städtische Straßenbahnbetriebe gibt, welche jedoch nicht Gegenstand dieses Buches sind:

- Derjenige von Saint-Etienne.
- Die zwei Vorortlinien Lille–Tourcoing und Lille–Roubaix.
- Die 2017 zu eröffnende Straßenbahnlinie der Stadt Saint-Louis (Elsass), eine Verlängerung der Linie 3 des Liniennetzes der unmittelbaren Nachbarstadt Basel.

Erläuterungen zu den Fahrzeug-Bezeichnungen

Es gibt in Frankreich grundsätzlich ein einheitliches Bezeichnungssystem für alle Fahrzeuge der französischen Eisenbahnen. Es ist dasjenige der Staatsbahn SNCF. Meterspurbahnen, welche der SNCF angehören, verwenden dasselbe, doch es gibt einige Ausnahmen. Die wenigen Eisenbahnen in Frankreich, welche nicht zu der SNCF gehören, wenden dennoch mehrheitlich deren System an.

Die Vorgänger-Eisenbahngesellschaften der SNCF (vor 1938) hingegen kannten oft eigene Bezeichnungen, sowohl bei Normal- als auch bei Meterspur.

Dampflokomotiven

Die Bezeichnung der französischen Dampfloks, auch der Meterspurigen, sagt bereits einiges über das Konzept des entsprechenden Fahrzeugs aus. Die Achsanordnung wird mit nummerischen Ziffern angegeben, bei Tenderloks gefolgt von einem T. Bei den Loks der SNCF folgte ein Großbuchstabe zur Unterscheidung der Baureihen. Ein E (étroite) vor der Lok-Nummer bedeutet bei den CP und dem Réseau Breton Schmalspur.

Nachfolgend ein paar Beispiele:

Bezeichnung	nach UIC	Erläuterung	Anmerkungen
020 T	B	Zweikuppler-Tenderlok	
230 T	2' C	Dreikuppler-Tenderlok m. vorlaufendem Drehgest.	z.B. 230 T E 327
130	1'C	Schlepptenderlok, 3-fach gek., m. 1 vorl. Laufachse	z.B. 130 B ex EST
120+030 T	(1'B) C	Mallet-Lok, 2- + 3-fach gek., 1 vorl. Laufachse	Tenderlok
030+030 T	C' C	Mallet-Lok, 2 x 3-fach gek.	Tenderlok
031 T	C 1'	3-fach gekuppelte Lok mit hinterer Laufachse	Tenderlok
141 R	1'D1'	4-fach gekuppelte Schlepptenderlok mit 1 vor- und 1 nachlaufender Achse. Reihe R.	141 R, bekannte Reihe der SNCF

Diesellokomotiven

Weil meterspurige E-Loks in diesem Buch nicht vorkommen, folgen nun bereits einige Erläuterungen zu den Diesellokomotiven:

Bezeichn.	nach UIC	Erläuterung	Anmerkungen
BB	Bo'Bo'	Drehgestell-Lok mit Einzelachsantrieb	
BB	B'B'	Drehgestell-Lok mit je 2 gekuppelten Achsen	
CC	C'C'	Drehgestell-Lok mit je 3 gekuppelten Achsen	z.B. CC 72000
T	div.	Allgemeingültig, meist sogenannte „Loco-tracteurs", also eher kleinere Dieselloks verschiedenen Konzepts	Nicht bei SNCF-Normalspur angewendet
Y	B	Rangierloks bei der SNCF	

Elektrische Triebwagen

Die PLM- und die MIDI-Bahngesellschaft verwendeten ein vorangestelltes E, die MIDI zusätzlich noch ein nachgestelltes e.

Bei der SNCF wird heute den Serien-, oder Baureihen-Nummern, sowohl für Normal- als auch für Meterspur, ein Z vorangestellt.

Beispiele:
Meterspur: Z 100, Z 200, Z 600, Z 800, usw.
Normalspur: Z 5100, Z 9500, Z 27500, usw.

Aus den Nummerngruppen gehen weitere Informationen über die betreffenden Baureihen hervor. Bei der Meterspur dient sie nur zur Unterscheidung der Baureihen.

Diesel-Triebwagen (Autorails)

Diese weitverbreitete Triebfahrzeuggattung, konzeptionell mehr oder weniger mit den deutschen Schienenbussen verwandt, wird in Frankreich ganz generell als «Autorail» (ausgesprochen etwa wie: «Ottoray») benannt. Dieser französische Fachjargon-Ausdruck ist so weit verbreitet, dass etwa in technischen Beschreibungen von Dieseltriebwagen außerhalb Frankreichs, meist auch von «Autorails» die Rede ist.

Viele Eisenbahnverwaltungen, zeitweise auch die SNCF, kannten die vorausgestellte Bezeichnung ZZ. Die CP kannte auf der Ligne du Littoral die Autorail-Bezeichnung ZM.

Seit vielen Jahren wird hingegen bei den SNCF-Autorails der Baureihen- oder Fahrzeugnummer ein X vorangestellt, was weitgehend auch bei der CP und der CFC angewandt wird.

Beispiele:
X 211/212, X 301 bis 304, X 351, X 2000, X 74500, X 97050

Seit Ankunft der AMG- oder AMP-Dieseltriebwagen, scheint bezüglich Bezeichnungen nun nochmals eine Änderung eingetreten zu sein. Letzteres ist zu mindesten bei den CP und CFC der Fall.
AMG = Autorail Métrique à Grande Capacité (= Großraum Meterspurtriebwagen)

AMP = Autorail Métrique de Provence (Meterspurtriebwagen der Provence)

Zusatzbezeichnungen zu den X und Z

Aus betrieblichen Gründen werden diese Fahrzeuge meist mit einem Zusatz bezeichnet, welcher über die Wagenklasse, oder das Vorhandensein eines Gepäckabteils etwas aussagt.

Beispiele:
X AB 2100: Autorail mit 1. und 2. Klasse-Abteilen
Z BD 7300: Elektrischer Triebwagen mit 2. Klasse- und Packabteilen

Bezeichnungen der Anhänge-, Zwischen- und Steuerwagen

Für Anhängewagen gilt der Zusatz R (remorque)

Beispiele:
SNCF XR 701
SNCF ZR 20601

Sonderfall: Bei den motorisierten Zwischenwagen der ehemaligen PLM gilt der Zusatz ZS.
Beispiel: ZS 10400

Die Billard-Autorail-Anhängewagen/-Beiwagen trugen bei den CP und den CFC die Bezeichnung RL.

Bezeichnungen der Reisezugwagen

Diese bestehen zur Hauptsache aus den Buchstaben A, B, C und D sowie aus Zusätzen, welche bei den beschriebenen Eisenbahnen unterschiedlich sein können. In diesem Buch wird auf Letzteres sowie auf weitere Besonderheiten, nicht eingegangen.
Grundsätzlich:
A = 1. Klasse-Wagen
B = 2. Klasse-Wagen
C = 3. Klasse-Wagen
D = Packwagen
sowie Kombinationen daraus
Beispiel:
BC = Wagen mit 2. und 3. Klasse
ABD = Wagen mit 1. Klasse, 2. Klasse und Packabteil

Bezeichnungen der Güterwagen und Dienstfahrzeuge

Güterzüge gibt es bei den beschriebenen Meterspurbahnen heute kaum noch. Trotzdem wird in diesem Buch auf diese Fahrzeuggattung, soweit möglich aber auch soweit vertretbar, eingegangen. Die Güterwagen-Bezeichnungen konnten, trotz Ähnlichkeiten, von Bahn zu Bahn und von Epoche zu Epoche jedoch verschieden sein. Es bestanden teilweise Anlehnungen an die entsprechenden Bezeichnungen der SNCF vor der Zeit der UIC-Nummerierung. In den letzten Jahren des Güterverkehrs änderten gewisse Bezeichnungen nochmals. Sie lehnten sich teilweise an diejenige der UIC an.

Es kommen u.a. folgende Bezeichnungen vor:
- Geschlossene Güterwagen
  E, K, J, JG, JN, später auch G
- Hochbordwagen
  G, I, T, L
- Niederbordwagen
  H, HH, J, L
- Flachwagen
  H, L, K

Güterwagen der Sonderbauarten, Dienstfahrzeuge
- Schotterwagen
  F, S
- Unkrautvertilgungswagen
  R, S
- Kranwagen
  U, Z, nur Nrn.

Bei der Ligne de Savoie und der Cerdagne wurden die Güterwagen-Bezeichnungen jeweils in deren Gesamtnummernschema mit einbezogen. Bei der Ersteren der beiden Genannten waren die Güterwagen zugleich auch Triebfahrzeuge.

Zu den Fahrzeug-Nummern bei Doppel- oder Gelenktriebwagen:

Bei mehrteiligen Fahrzeugen, also solche, welche aus mehr als einem Fahrzeugkasten bestehen, werden unterschiedliche, jedoch meist nachfolgende Fahrzeug-Nummern zugeteilt.

Beispiele:
CP: AMG 801+802 = 1 Doppeltriebwagen
SNCF: Z 801+Z 802 = 1 Doppeltriebwagen
SNCF: ZRx 1151+Z 151+ZRx 1152 = 1 Gelenktriebwagen, 3 Wagenkastenteile
SNCF: ZRx 1851+Z 851+ ZRx 1852 = 1 Gelenktriebwagen, 3 Wagenkastenteile

Ausnahme 1: SNCF X 74500: Die längeren Wagenteile sind mit XR 714501 bis 714505 bezeichnet, aber äusserlich nicht sichtbar)

Ausnahme 2: Aus einem Trieb- und einem Steuerwagen permanent gekuppelte Doppel-Triebwagen unterscheiden sich bereits durch die Fahrzeugnummer.

Beispiel: CP X 351 + XR 1351

Abkürzungen

ABH	Bezeichnung für eine Gruppe von Autorail-Bauarten bei Renault
ANF	Atelier du Nord de France (heute Bombardier, Waggonbau)
BA	Chemin de Fer du Blanc à Argent
BDŽ	Blgarski Držawni Železnici (Bulgarische Staatsbahnen)
CF	Chemin de Fer (Eisenbahn, allgemein)
CFBS	Chemins de Fer de la Baie de Somme
CFC	Chemins de Fer de la Corse (Korsika)
CFD	Chemins de Fer Départementaux (auch Lokomotiv- und Waggon-Hersteller)
CFG	Constructions Ferroviaires Giragr (Arbeiten an Eisenbahn-Infrastrukturen)
CFR	Căile Ferate Române (Rumänische Staatsbahn)
CFTA	Société Générale des Chemins de Fer et des Transports Automobiles
CFV	Chemin de Fer du Vivarais
CM	Chemin de Fer Chamonix–Montenvers (Mer de Glace)
CP	Chemins de Fer de Provence
CP	Caminhos de Ferro Portugueses (Portugiesische Staatsbahn)
CTC	Cullettività Territoriale di Corsica (heutiger korsischer Betreiber der CFC)
DB	Deutsche Bundesbahn
ETAT	Chemin de Fer de l' Etat ([West-]Franz. Staatsbahn bis Gründung der SNCF)
FACS	Fédération des Amis des Chemins de fer Secondaires (Verband für Nebenbahnfreunde)
FEVE	Ferrocarriles Españoles de Via Estrecha (Spanische Gesellschaft der Schmalspurbahnen)
GECP	Groupe d'Etudes pour les Chemins de Fer de Provence
GmP	Güterzug mit Personenbeförderung
IRE	Interregio-Express = TIR bei der SNCF
kV	Kilovolt (=1000 Volt)
kW	Kilowatt (=1000 Watt = elektrische Leistung = 1,36 PS)
MATISA	Matériel Industriel SA (Gleisbaumaschinen-Hersteller)
MC (MOMC)	Chemin de Fer Martigny–Châtelard
MIDI	Chemin de Fer du Midi (Französische Südbahn, vor Gründung der SNCF)
MV	Train Méssageries-Voyageurs (= GmP)
NN	Normal-Niveau (Meereshöhe)
Nord-Sud	Teilgesellschaft des jetzigen Metro- (= U-Bahn-) Netzes von Paris (RATP)
OC 2	Bezeichnung für eine Autorail-Bauart von De Dion-Bouton
OJB	Oberaargau-Jura-Bahn
ÖV	Öffentlicher Verkehr
PACA	Région Provence-Alpes-Côte-d'Azur
PKP	Polskie Koleje Panstwowe (Polnische Staatsbahn)
PLM	Chemin de Fer Paris–Lyon–Méditerranée (vor Gründung der SNCF)
PO	Chemin de Fer Paris–Orléans (vor Gründung der SNCF)
PO-Corrèze	Chemin de Fer Paris–Orléans, Meterspurnetz der «Corrèze», später SNCF
PS	Pferdestärke (= 0,736 kW)
RB	Réseau Breton (Bretonisches Eisenbahnnetz, Meterspur)
RENFE	Red Nacional de Ferrocarriles Españoles (Spanische Staatsbahn)
RER	Réseau Express Régional (S-Bahn)
Romilly	Waggon-Ausbesserungswerk der SNCF in Romilly (Établissement Industriel)
SABA	Société pour l'Animation du Blanc–Argent
SACFS	Société Auxilière des C. F. Secondaires (Nebenbahn-Betriebs-Gesellschaft)

SACM	Société Alsacienne de Constructions Mécaniques Mulhouse
SE	Société des Chemins de Fer Économiques
SF	Chemin de Fer du Sud de la France (Eisenbahnen im Süden Frankreichs)
SFM	Serveis Ferroviaris de Mallorca (Eisenbahnen auf Mallorca)
SLM	Schweizerische Lokomotiv- und Maschinenfabrik Winterthur
SNCF	Société Nationale des Chemins de Fer Français (Französische Staatsbahn)
SNCFT	Société Nationale des Chemins de Fer de Tunisie (Tunesische Staatsbahn)
SYMA	Syndicat mixte Méditerranée-Alpes
T	Gewichtsangabe in Tonnen
TAM	Lignes de Tramways des Alpes Maritimes (Straßenbahnen der Seealpen)
Tara	Bei Gewichtsangaben der Fahrzeuge: Ohne Fahrgäste, ohne Zuladung
TBB	Train du Bas-Berry (Museums-Eisenbahn)
TER	Train Express Régional (Regionalbahn)
TGV	Train à Grande Vitesse (Hochgeschwindigkeitszug)
TIR	Trains Intérrégionaux (Interregio-Züge)
TMB	Tramway du Mont-Blanc
UIC	Union Internationale des Chemins de Fer (Internat. Eisenbahn-Vereinigung)
UNECTO	Union des Exploitants des C. F. Touristiques (Verband der Museumsbahnen)
UNESCO	United Nations Educational, Scientific and Cultural Organization
VFV	Voies Ferrées du Haut-Velay (Museums-Eisenbahn)

Ausfahrt eines Vierwagenzugs aus Latour-de-Carol-Enveitg der Ligne de Cerdagne: Je ein Fahrzeug der SNCF-Reihen Z 102–109, ZR 20030–20034, ZR 20001–20004 und Z 111–118. Aufnahme August 1972.

1. Die Ligne de Cerdagne der SNCF

Villefranche-Vernet-les-Bains–Latour-de-Carol–Enveitg

1.1 Das Gebiet der östlichen Pyrenäen

1.1.1 Geografie

Die Pyrenäen, ein 430 km langes, immer noch Gletscher aufweisendes Hochgebirge, das sich vom Atlantik bis zum Mittelmeer erstreckt, kennt als höchsten Berggipfel den Pico de Aneto (3404 m ü NN). Dieses Faltengebirge bildet sozusagen das Grenzgebiet zwischen Spanien und Frankreich. Dazwischen befindet sich auch der Kleinstaat Andorra. Der Name Pyrenäen geht möglicherweise auf „Pyrene", eine Figur aus der griechischen Mythologie, Tochter des Bebryx, zurück. Diese soll in die Pyrenäen geflohen und dabei umgekommen sein.

Das von der SNCF-Ligne de Cerdagne durchfahrene französische Departement Nr. 66 heißt Pyrénées Orientales (östliche Pyrenäen) mit Perpignan als Hauptstadt. Es gehört zu der Region Languedoc-Roussillon, deren Hauptstadt Toulouse ist.

1.1.2 Geschichte

Erste vorgeschichtliche Besiedlungen gab es nachgewiesenermaßen bereits vor weit über 60´000 Jahren. In der Zeit der Antike hatten die Griechen dieses westliche Mittelmeergebiet zwischen dem 11. und dem 6. Jahrhundert v. Chr. beherrscht. In der Folge breiteten sich die Kelten u.a. über Frankreich und Spanien aus. Im Gebiet der östlichen Pyrenäen waren jedoch die Iberer anwesend. In der Zeit der maximalen Ausdehnung des römischen Reiches, zwischen 246 v. Chr. und dem 3. Jahrhundert, wurde dieses Gebiet Teil davon. Etwa vom 5. Jahrhundert an stand es unter dem Einfluss der Westgoten. Vom 9. bis etwa dem 14. Jahrhundert gehörten die heutigen, französischen Ostpyrenäen zu der Grafschaft Barcelona und zum katalanischen Königreich Aragón. Innerhalb dessen gab es zwischen 1276 und 1349 das unabhängige Königreich Mallorca, bestehend aus den Grafschaften Cerdanya (Cerdagne) und Rosselló (Roussillon) sowie der Herrschaft Montpellier und natürlich der Inselgruppe der Balearen. Perpignan (Perpinyà), im Jahr 927 erstmals urkundlich erwähnt, war die Hauptstadt. Dort gibt es auch heute noch den Palast der Könige von Mallorca (katalanisch „Palau dels Reis de Mallorca"). Die nördliche Seite der östlichen Pyrenäen, bisher noch Teil des spanischen Königreiches Aragón, kam nach dem Krieg 1635 bis 1659, der mit dem Pyrenäenfrieden endete, zu Frankreich. Dies ist bis heute, nach 1789 als Departement „Pyrénées Orientales" benannt, so geblieben. Dadurch wurde allerdings das zusammenhängende, katalanisch sprechende Hauptgebiet auf zwei Staaten aufgeteilt.

1.1.3 Heutige Situation

Die katalanische Sprache ist heute auch auf der französischen Seite, also in der Cerdagne und im Roussillon, vor allem im Departement Pyrénées Orientales, anerkannt. Es gibt auch den Ausdruck „Nordkatalonien". Im Gegensatz zum spanischen Teil ist sie hier noch nicht Amtssprache. Interessant ist zu wissen, dass Andorra katalanisch als Amtssprache hat.

Die Eisenbahnstrecken im Großraum dieses Gebiets (Bereiche der Departemente 09, 11, 31, 66) sind die Folgenden:

- Narbonne–Perpignan–Cerbère–Port Bou (E) (–Barcelona)
- Narbonne–Carcassonne–Toulouse
- Toulouse–Ax-les-Thermes–Latour-de-Carol-Enveitg–Puigcerdá (E) (–Barcelona)
- Carcassonne–Quillan
- Elne–Le Boulou (nur Güterverkehr)
- Perpignan–Villefranche-Vernet-les-Bains
- Villefranche-Vernet-les-Bains –Latour-de-Carol-Enveitg (Cerdagne, Meterspur)

1.2 Die Cerdagne-Eisenbahnlinie (Ligne de Cerdagne) der SNCF

1.2.1 Planung und Bau durch die MIDI-Eisenbahngesellschaft

Um das Roussillon mit dem Hochtal der Cerdagne durch eine Eisenbahn zu verbinden, war beabsichtigt gewesen, eine Normalspurstrecke aus Richtung Perpignan zu bauen. Diese erreichte gegen Ende des 19. Jahrhunderts Prades und wurde 1895 nach Villefranche-Vernet-les-Bains verlängert.

Die 47 km lange, einspurige Strecke der „Compagnie des Chemins de Fer du MIDI" (französische Süd-Bahn-Gesellschaft), nachfolgend MIDI genannt, wurde 1912 mit dem 12 kV-16 2/3 Hz-Wechselstrom-System elektrifiziert. Die Trasse war jedoch bis Olette geplant gewesen und hätte anschließend bei 33‰-Steigung und einer Untertunnelung des Col de la Perche (Perche-Pass) weitergeführt werden sollen, was nie zur Ausführung kam.

Im Jahre 1903 erhielt die MIDI eine neue Konzession; diesmal zum Bau einer Meterspurbahn von Villefranche-Vernet-les-Bains über Olette nach Bourg-Madame, welche Abschnitte von knapp über 60‰-Steigung enthielt. Die mittels seitlicher Stromschiene für 850 V-Gleichstrom elektrifizierte Strecke wurde auf ihrem ersten Teilstück bis Mont-Louis-La-Cabanasse (1510 m ü NN) 1910 eröffnet. 1911 war Bourg-Madame (1144 m ü NN), während mehreren Jahren der vorläufige Endpunkt, erreicht worden, denn die restlichen 7 km bis Latour-de-Carol-Enveitg wurden erst 1927 fertiggestellt. Diese Verlängerung war in Hinsicht auf die Verknüpfung mit der 1929 zu eröffnenden Transpyrenäenlinie Toulouse–Latour-de-Carol-Enveitg–Puigcerdà–Barcelona gebaut worden. Letztere wurde im spanischen Abschnitt in 1674 mm-Breitspur ausgeführt, wodurch der Bahnhof Latour-de-Carol-Enveitg die Seltenheit aufweist, über Gleise dreier Spurweiten zu verfügen.

1.2.2 Hauptdaten der Strecke

Die rund 63 km lange Eisenbahn-Strecke weist 19 Tunnels mit einer Gesamtlänge von 2,7 km auf, wobei die beiden Längsten die Folgenden sind:

- Tunnel de Planès 337 m
- Tunnel du Pla de Llaura 381 m

Insgesamt weist die Cerdagne-Strecke über 220 große und kleine Brücken auf. Die Angaben variieren je nach Quelle etwas. Diejenigen, welche mehr als 60 m Länge aufweisen sind:

- Ramanails-Viadukt, 64 m, Mauerwerk
- Séjourné-Viadukt, 237 m, 65 m Höhe, Mauerwerk
- Pont Gisclard (Cassagne-Hängebrücke), 253 m, 80 m Höhe, Stahlträger
- Pont des Rafines, 73 m, Mauerwerk
- Jardo-Viadukt, 64 m, Mauerwerk
- Eyne-Viadukt, 70 m, Mauerwerk

Die Cerdagne weist langanhaltende Steigungen von maximal gut 60‰ auf.

Der kleinste Kurvenradius auf der Strecke beträgt 80 m.

Auffallend ausgeprägte Gefällebrüche finden sich bei Neigungswechseln, wie z.B. bei Einfahrten in Bahnhöfe.

Es wurden sogenannte Doppelkopfschienen verwendet, französisch „Rail à Double-Champignon", die sozusagen einen symmetrischen Querschnitt aufweisen und mittels gusseisernen Schienenstühlen mit den Schwellen verbunden werden. Dies im Gegensatz zu den ansonsten meist verbreiteten Vignolschienen.

1.2.3 Die Bahnhöfe der Cerdagne Bahnstrecke

Endbahnhöfe:

Villefranche (-de-Conflent) - Vernet-les-Bains (km 0,0) liegt auf 427 m ü NN und weist 1 Bahnsteig-Gleis in Meterspur und 3 Gleise in Normalspur auf sowie zahlreiche Dienstgleise.

Latour-de-Carol-Enveitg (km 62,6) liegt auf 1232 m ü NN und weist 2 Gleise in Meterspur, 2 Gleise in Normalspur und 2 Gleise in 1674 mm-Breitspur auf. Dazu kommen auch hier einige Dienstgleise.

Folgende Zwischenbahnhöfe weisen mehr als ein Gleis auf und dienen bei Bedarf als Kreuzungsstation:

Bahnhof	m ü NN	km	Anzahl Gleise	Bahnsteige
Olette-Canaveilles-les-Bains	608	9,72	3	2
Fontpédrouse-St-Thomas-les-Bains	1051	19,7	2	2
Mont-Louis-La-Cabanasse	1511	27,87	2 + Dienstgleise	2
Font-Romeu-Odeillo-Via	1534	34,92	3 + Dienstgleise	2
Saillagouse	1302	44,67	3 + Dienstgleise	2
Bourg-Madame	1144	55,69	3 + Dienstgleise	2

Die folgenden Zwischenbahnhöfe und Haltepunkte (HP) weisen nur 1 Gleis auf:
Serdinya, 526 m (ü NN), km 4,99
Joncet, 550 m, km 6,22,
Nyer (HP), 664 m, km 11,61
Thuès-les-Bains (HP), 720 m, km 13,86
Thuès-entre-Vals-Carança (HP), 789 m, km 15,78
Sauto (HP), 1224 m, km 22,72
Planès (HP), 1373 m, km 25,22
Bolquère-Eyne (HP), 1592 m, km 30,21, Höchstgelegener Bahnhof der SNCF
Estavar (HP), 1328 m, km 42.46
Err, 1395 m, km 46,61
Sainte-Léocadie, 1287 m, km 48,39
Osséja, 1241 m, km 52,83
Ur-les-Escaldes, 1188 m, km 58,71
Enveitg-Village-Béna-Fanès (HP), 1228 m (ü NN), km 61,35

1.2.4 Die Stromversorgung

Die Züge der Cerdagne fahren mit 850 V-Gleichstrom, den sie mittels an den Drehgestellen montierten Stromabnehmern von einer seitlichen Stromschiene beziehen. Die Stromerzeugung geschieht durch Wasserkraft. Entlang des Flusses Têt befindet sich ein zusammenhängendes System von 7 nacheinander folgenden Wasserkraftwerken, welche in erster Linie durch den großen Stausee „Lac de Bouillouses" gespeist werden. Diese befinden sich in Villefranche, Thuès-les-Bains, Fontpédrouse, Mont-Louis, Font-Romeu, Sainte-Léocardie und Bourg-Madame. Der elektrische Strom wird in Übertragungsleitungen von 20 kV-Drehstrom zu den Unterwerken transportiert, wo er heruntertransformiert und mittels Gleichrichtern in die erforderliche Ausgangsspannung von 850 V-Gleichstrom gebracht wird.

1.2.5 Weltkulturerbe der UNESCO

Die Ligne de Cerdagne wird im Sprachgebrauch auch „Petit Train Jaune" (kleiner gelber Zug) oder „Le Canari" genannt. Sie wurde wohl aufgrund der außerordentlichen Streckenführung und Schönheit zum „patrimoine mondial de l'humanité", zum Weltkulturerbe der Menschheit, durch die UNESCO erklärt.

1.2.6 Streckenkarte der Ligne de Cerdagne

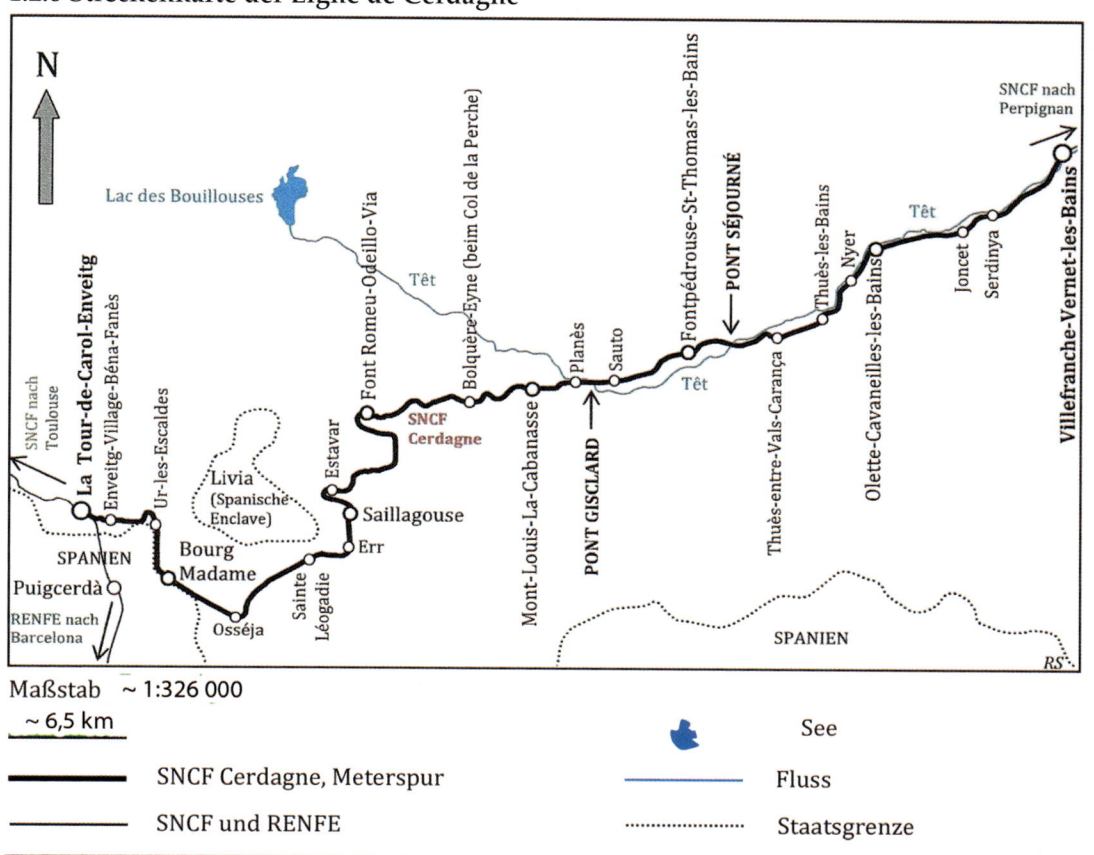

Die berühmte Hängebrücke „Pont Gisclard", hoch über der Schlucht des Têt, bei der Passage eines aus drei Trieb- und drei Zwischenwagen bestehenden Zuges aufgenommen. Juli 2016.

1.2.7 Streckenprofil der Ligne de Cerdagne

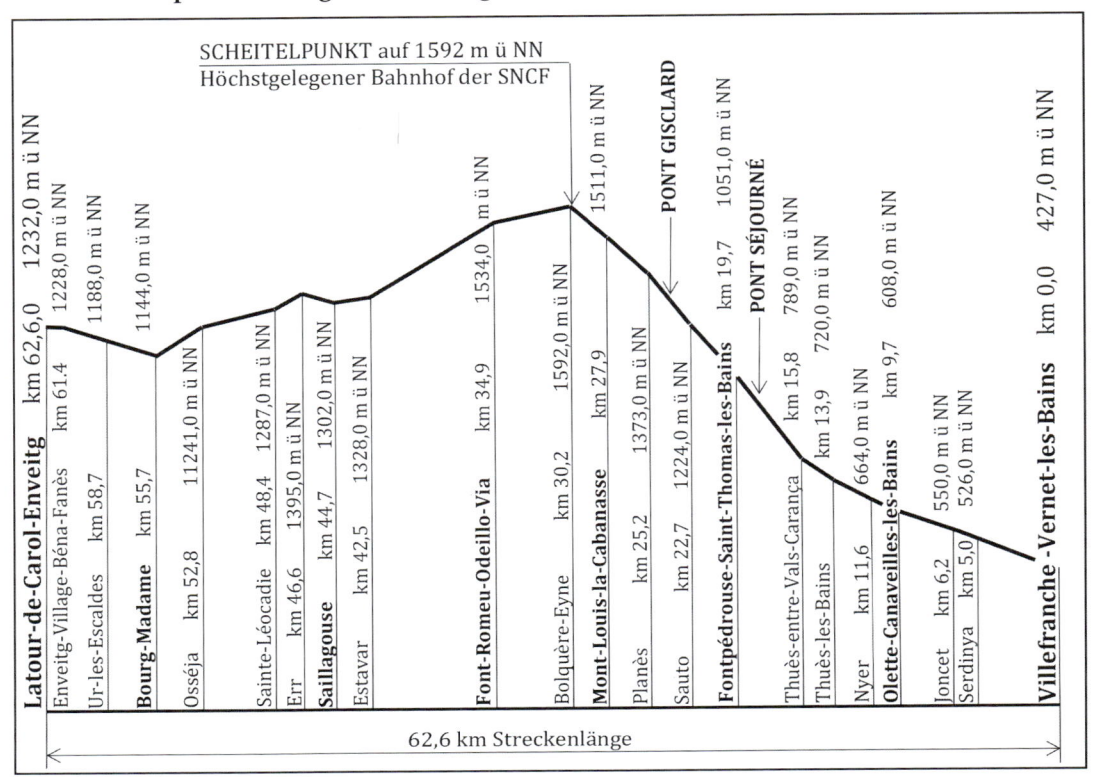

SCHEITELPUNKT auf 1592 m ü NN
Höchstgelegener Bahnhof der SNCF

Latour-de-Carol-Enveitg	km 62,6,0	1232,0 m ü NN
Enveitg-Village-Béna-Fanès	km 61.4	1228,0 m ü NN
Ur-les-Escaldes	km 58,7	1188,0 m ü NN
Bourg-Madame	km 55,7	1144,0 m ü NN
Osséja	km 52,8	11241,0 m ü NN
Sainte-Léocadie	km 48,4	1287,0 m ü NN
Err	km 46,6	1395,0 m ü NN
Saillagouse	km 44,7	1302,0 m ü NN
Estavar	km 42,5	1328,0 m ü NN
Font-Romeu-Odeillo-Via	km 34,9	1534,0 m ü NN
Bolquère-Eyne	km 30,2	1592,0 m ü NN
Mont-Louis-la-Cabanasse	km 27,9	1511,0 m ü NN
Planès	km 25,2	1373,0 m ü NN
Sauto	km 22,7	1224,0 m ü NN
Fontpédrouse-Saint-Thomas-les-Bains	km 19,7	1051,0 m ü NN
Thuès-entre-Vals-Carança	km 15,8	789,0 m ü NN
Thuès-les-Bains	km 13,9	720,0 m ü NN
Nyer	km 11,6	664,0 m ü NN
Olette-Canaveilles-les-Bains	km 9,7	608,0 m ü NN
Joncet	km 6,2	550,0 m ü NN
Serdinya	km 5,0	526,0 m ü NN
Villefranche-Vernet-les-Bains	km 0,0	427,0 m ü NN

PONT GISCLARD
PONT SÉJOURNÉ

62,6 km Streckenlänge

Den Zugschluss dieses Zuges nach Latour-de-Carol-Enveitg bilden zwei Z 100. Die Gleise mit seitlicher Stromschiene wirken ebenso interessant, wie der markante Gefällebruch bei den Ausfahrgleisen des Bahnhofs Font-Romeu-Odeillo-Via, Westseite. Foto: Juli 1999.

1.3 Betriebliche Aspekte

1.3.1 Der Betrieb auf der Ligne de Cerdagne

Der Zugbetrieb wird von Villefranche aus geleitet. Es gilt die einfache Signalisierung und der Zug-Funk. An den Ausfahrten aus den Bahnhöfen stehen Tafeln, mit Aufschrift (übersetzt:) „Abfahrbefehl abwarten". Jeweils bei den Bahnhofseinfahrten sind Lichtsignale installiert. Die zulässige Streckenhöchstgeschwindigkeit beträgt stellenweise 55 km/h. Auf den anderen Abschnitten wird je nachdem höchstens 30 bis 40 km/h gefahren.

Besonderheit: Aus bremstechnischen Sicherheitsgründen erfordert die Zusammenstellung der Züge, dass je Anhängewagen grundsätzlich je ein Triebwagen eingereiht werden muss. Alle Fahrzeuge sind mit einer Vielfachsteuerung System Sprague, analog den Pariser Metrozügen der „Nord-Sud" verbunden.

Güterverkehr: Auch die Güterwagen waren zwischen die Triebwagen eingereiht worden. Nebst gedeckten und offenen Güterwagen gab es einen Transport mit sehr kleinen Containern, für welche sich die vorhandenen Flachwagen eigneten.

Es können deshalb Züge mit mehreren, oft auch dazwischen eingereihten Triebwagen angetroffen werden. Doch konnte der Autor 1999 Züge beobachten, die aus zwei Triebwagen und sogar drei Zwischenwagen bestanden. Für den Güterverkehr waren anfänglich spezielle Gepäcktriebwagen Z 200 angeschafft worden. Um 1975 wurde der Güterverkehr eingestellt.

1.3.2 Fahrpläne

Die Fahrpläne aus verschiedenen Zeitabschnitten ermöglichen einen Vergleich der Verkehrsentwicklung.

Nachstehend der Fahrplan aus dem Indicateur (Kursbuch) „Chaix" der SNCF, Ausgabe Sommer 1971. Die ganze Strecke von Perpignan (erst Normalspur) bis Latour-de-Carol-Enveitg war unter der Kursbuchnummer 588 aufgeführt worden. Während einer längeren Übergangszeit herrschte zwischen Perpignan und Villefranche-Vernet-les-Bains Dieselbetrieb. Daher wurde auch das Symbol für Triebwagen („Autorail") verwendet.

Auf der Cerdagne-Linie gab es im Sommer 1971 vier bis fünf durchgehende Züge sowie einen zusätzlichen Zug auf der Teilstrecke zwischen Mont-Louis-La-Cabanasse und Latour-de-Carol-Enveitg. Beachten Sie die geänderte Schreibweise! Früher: La Tour-de-Carol-Enveitg.

Interessant sind die Bahnhofsnamen, welche oft katalanisch klingen oder auch französisiert wurden. Einige Bahnhöfe der Region weisen heute korrekterweise Beschilderungen in zwei Sprachen auf: Französisch und Katalanisch. Das Kürzel MV bedeutet „Méssageries-Voyageurs", also Güterzug mit Personenbeförderung oder kurz GmP.

Nach Mitte der Siebzigerjahre gab es in Frankreich keine Kursbücher mehr. Zuvor hatte der Verlag Chaix diese jeweils herausgegeben. In späteren Jahren wurden andernorts nochmals kurze Zeit französische Kursbücher gedruckt. In einzelnen Regionen wurden darauffolgend kostenlose, kleine Fahrpläne ausgehändigt. Seit Jahren können an den Bahnhöfen die „Fiches Horaire", also kleine, meist nur auf eine einzelne Bahnstrecke bezogene Faltfahrpläne, wie sie in vielen Ländern bekannt sind, entnommen werden. Dieselben werden auch über das Internet zur Verfügung gestellt. Diese betreffen jeweils eine einzelne Strecke. Für die Züge der „Région Languedoc-Roussillon" wurde wiederum die ganze Strecke von Perpignan nach Latour-de-Carol-Enveitg in einem Fahrplänchen („Fiche Horaire") zusammengefasst. Generell werden die Regionalbahn- sowie die IRE-Züge innerhalb einer Region mit TER (Train Express Régional) betitelt.

1.3.2.1 Sommerfahrplan von 1971

Auszug aus dem Chaix-Kursbuch der SNCF, Sommer 1971.

Einfahrt eines 4-teiligen Zugs in Latour-de-Carol-Enveitg. An der Spitze läuft der Z 102. Aufnahme vom September 1972. Die im Hintergrund sichtbare 1500 V-Gleichstrom-Oberleitung gehört zu der normalspurigen Transpyrenäen-Linie aus Richtung Toulouse.

1.3.2.2 Heutige Streckenfahrplänchen (Fiches-Horaire)

3. Juli bis 25. September 2016

	Perpignan	Le Soler	St-Féliu-d'Avall	Millas	Ille-sur-Têt	Vinça	Marquixanes	Prades Molitg-les-Bains	Ria	Villefranche Vernet-les-Bains	Serdinya	Joncet	Olette-Canaveilles-les-Bains	Nyer	Thuès-les-Bains	Thuès-Carança	Fontpédrouse St-Thomas	Sauto	Planès	Mont-Louis La-Cabanasse	Bolquère - Eyne	Font-Romeu Odeillo-Via	Estavar	Saillagouse	Err	Ste-Léocadie	Osséja	Bourg-Madame	Ur-les-Escaldes	Enveitg Village Béna-Fanès	Latour-de-Carol Enveitg	Toulouse / Barcelone
TER	07.26	07.34	07.38	07.42	07.52	08.00	08.05	08.11	08.15	08.19																						
TER										08.55	09.04	09.06	09.19	09.25	09.32	09.39	09.54	10.02	10.09	10.25	10.32	10.46									
TER	08.26	08.34	08.38	08.42	08.52	09.00	09.05	09.11	09.15	09.19																						
TER										09.58	10.07	10.10	10.23	10.28	10.34	10.41	10.56	11.05	11.12	11.30	11.36	11.57	12.15	12.23	12.28	12.33	12.44	12.55	13.02	13.08	13.11
TER	12.26	12.34	12.38	12.42	12.50	12.58	13.03	13.09	13.13	13.17																						
TER										13.43	13.52	13.55	14.07	14.13	14.19	14.26	14.38	14.47	14.53	15.05	15.11	15.25									
TER	14.26	14.34	14.38	14.42	14.50	14.58	15.03	15.09	15.13	15.17																						
TER										15.41	15.50	15.52	16.04	16.09	16.16	16.23	16.39	16.47	16.54	17.09	17.15	17.28									
TER	16.46	16.54	16.58	17.02	17.12	17.20	17.25	17.31	17.35	17.39																						
TER										17.49	17.58	18.00	18.14	18.19	18.26	18.33	18.47	18.55	19.02	19.13	19.20	19.40	19.58	20.06	20.11	20.16	20.27	20.36	20.43	20.49	20.52
TER	17.46	17.54	17.58	18.02	18.12	18.20	18.25	18.31	18.35	18.39																						
TER	18.46	18.54	18.58	19.02	19.12	19.20	19.25	19.31	19.35	19.39																						
TER	19.46	19.54	19.58	20.02	20.12	20.20	20.25	20.31	20.35	20.39																						

26. September bis 10 Dezember 2016

	Perpignan	Le Soler	St-Féliu-d'Avall	Millas	Ille-sur-Têt	Vinça	Marquixanes	Prades Molitg-les-Bains	Ria	Villefranche Vernet-les-Bains	Serdinya	Joncet	Olette-Canaveilles-les-Bains	Nyer	Thuès-les-Bains	Thuès-Carança	Fontpédrouse St-Thomas	Sauto	Planès	Mont-Louis La-Cabanasse	Bolquère - Eyne	Font-Romeu Odeillo-Via	Estavar	Saillagouse	Err	Ste-Léocadie	Osséja	Bourg-Madame	Ur-les-Escaldes	Enveitg Village Béna-Fanès	Latour-de-Carol Enveitg	Toulouse / Barcelone
TER	07.26	07.34	07.38	07.42	07.52	08.00	08.05	08.11	08.15	08.19																						
TER	08.26	08.34	08.38	08.42	08.52	09.00	09.05	09.11	09.15	09.19																						
TER										09.30	09.38	09.41	09.52	09.58	10.04	10.11	10.23	10.31	10.38	10.50	10.56	11.16	11.35	11.43	11.48	11.53	12.04	12.13	12.21	12.27	12.31
TER	12.26	12.34	12.38	12.42	12.50	12.58	13.03	13.09	13.13	13.17																						
TER										13.50	13.54	14.01	14.12	14.18	14.24	14.31	14.43	14.51	14.58	15.06	15.12	15.25									
TER	14.26	14.34	14.38	14.42	14.50	14.58	15.03	15.09	15.13	15.17																						
TER										15.47	15.54	15.56	16.10	16.15	16.21	16.27	16.45	16.54	17.01	17.15	17.21	17.34									
TER	16.46	16.54	16.58	17.02	17.12	17.20	17.25	17.31	17.35	17.39																						
TER										17.47	17.54	17.56	18.10	18.15	18.21	18.27	18.38	18.45	18.51	18.59	19.05	19.20	19.38	19.45	19.50	19.55	20.06	20.15	20.21	20.27	20.31
TER	17.46	17.54	17.58	18.02	18.12	18.20	18.25	18.31	18.35	18.39																						
TER	18.46	18.54	18.58	19.02	19.12	19.20	19.25	19.31	19.35	19.39																						
TER	19.46	19.54	19.58	20.02	20.12	20.20	20.25	20.31	20.35	20.39																						

3. Juli bis 25. September 2016

	Toulouse / Barcelone	Latour-de-Carol Enveitg	Enveitg Village Béna-Fanès	Ur-les-Escaldes	Bourg-Madame	Osséja	Ste-Léocadie	Err	Saillagouse	Estavar	Font-Romeu Odeillo-Via	Bolquère - Eyne	Mont-Louis La-Cabanasse	Planès	Sauto	Fontpédrouse St-Thomas	Thuès-Carança	Thuès-les-Bains	Nyer	Olette-Canaveilles-les-Bains	Joncet	Serdinya	Villefranche Vernet-les-Bains	Ria	Prades Molitg-les-Bains	Marquixanes	Vinça	Ille-sur-Têt	Millas	St-Féliu-d'Avall	Le Soler	Perpignan
TER																							06.25	06.28	06.33	06.38	06.42	06.50	06.56	07.00	07.06	07.13
TER																							07.25	07.28	07.33	07.38	07.42	07.50	07.56	08.00	08.06	08.13
TER																							08.25	08.28	08.33	08.38	08.42	08.50	08.56	09.00	09.06	09.13
TER																							11.25	11.28	11.33	11.38	11.42	11.50	11.56	12.00	12.06	12.13
TER	08.28	08.31	08.38	08.48	08.56	09.09	09.14	09.24	09.31	10.00	10.13	10.32	10.38	10.44	10.58	11.07	11.14	11.20	11.28	11.38	11.49											
TER										11.06	11.20	11.36	11.42	11.48	12.02	12.12	12.19	12.25	12.35	12.44	12.46	12.55										
TER																							13.25	13.28	13.33	13.38	13.42	13.50	13.56	14.00	14.06	14.13
TER																							15.25	15.28	15.33	15.38	15.42	15.50	15.56	16.00	16.06	16.13
TER										15.40	15.54	16.10	16.16	16.22	16.36	16.45	16.52	16.58	17.07	17.17	17.20	17.29										
TER																							17.45	17.48	17.53	17.58	18.02	18.10	18.16	18.20	18.26	18.33
TER	15.13	15.16	15.23	15.34	15.42	15.55	16.00	16.11	16.17	16.45	16.58	17.15	17.21	17.27	17.41	17.50	17.57	18.03	18.13	18.23	18.25	18.34										
TER																							18.45	18.48	18.53	18.58	19.02	19.10	19.16	19.20	19.26	19.33
TER										17.50	18.02	18.18	18.25	18.31	18.46	18.55	19.01	19.07	19.14	19.23	19.26	19.34										

26. September bis 10 Dezember 2016

	Toulouse / Barcelone	Latour-de-Carol Enveitg	Enveitg Village Béna-Fanès	Ur-les-Escaldes	Bourg-Madame	Osséja	Ste-Léocadie	Err	Saillagouse	Estavar	Font-Romeu Odeillo-Via	Bolquère - Eyne	Mont-Louis La-Cabanasse	Planès	Sauto	Fontpédrouse St-Thomas	Thuès-Carança	Thuès-les-Bains	Nyer	Olette-Canaveilles-les-Bains	Joncet	Serdinya	Villefranche Vernet-les-Bains	Ria	Prades Molitg-les-Bains	Marquixanes	Vinça	Ille-sur-Têt	Millas	St-Féliu-d'Avall	Le Soler	Perpignan
TER																							06.25	06.28	06.33	06.38	06.42	06.50	06.56	07.00	07.06	07.13
TER																							07.25	07.28	07.33	07.38	07.42	07.50	07.56	08.00	08.06	08.13
TER																							08.25	08.28	08.33	08.38	08.42	08.50	08.56	09.00	09.06	09.13
TER	08.14	08.17	08.23	08.32	08.40	08.52	08.57	09.04	09.10	09.34	09.47	09.59	10.05	10.11	10.25	10.34	10.41	10.47	10.54	11.03	11.06	11.14										
TER																							11.25	11.28	11.33	11.38	11.42	11.50	11.56	12.00	12.06	12.13
TER																							13.25	13.28	13.33	13.38	13.42	13.50	13.56	14.00	14.06	14.13
TER																							15.25	15.28	15.33	15.38	15.42	15.50	15.56	16.00	16.06	16.13
TER										15.56	16.08	16.17	16.23	16.29	16.43	16.52	16.59	17.05	17.16	17.25	17.27	17.36										
TER																							17.45	17.48	17.53	17.58	18.02	18.10	18.16	18.20	18.26	18.33
TER	15.35	15.38	15.44	15.53	16.01	16.12	16.17	16.24	16.30	16.51	17.04	17.13	17.19	17.25	17.36	17.45	17.52	17.58	18.08	18.18	18.20	18.29										
TER																							18.45	18.48	18.53	18.58	19.02	19.10	19.16	19.20	19.26	19.33

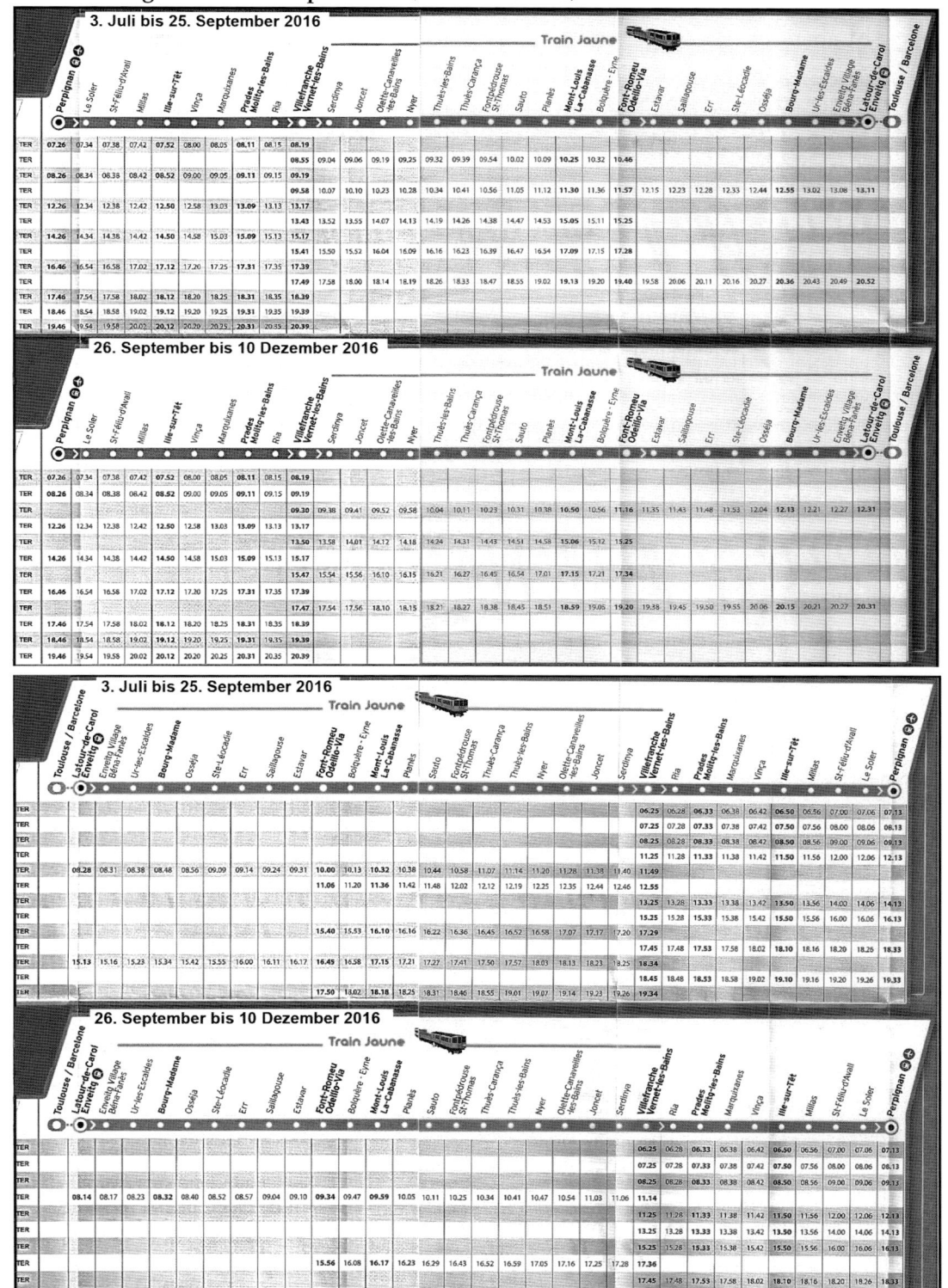

Auf der vorhergehenden Seite sind die Fiches-Horaire, also die Strecken bezogenen Fahrplänchen der TER-Züge, hier für die Strecken Perpignan–Villefranche-Vernet-les-Bains–Latour-de-Carol-Enveitg, abgedruckt. Die Oberen betreffen die Züge aus Richtung Perpignan, die Unteren jene aus Richtung Latour-de-Carol-Enveitg; jeweils einmal für Sommer, einmal für Herbst. Dass der Abschnitt zwischen Font-Romeu-Odeillo-Via und Latour-de-Carol-Enveitg nur noch mit zwei Zugspaaren bedient wird, ist schade. Möglicherweise wird dies nach vollständiger Sanierung der Gleise wieder verbessert werden; kann aber auch mit einer Knappheit der verfügbaren Triebfahrzeuge zusammenhängen.

Ein schöner Zug der Cerdagne steht in Font-Romeu-Odeillo-Via. September 1972.

Der Bahnhof Font-Romeu-Odeillo-Via liegt erwartungsgemäß in schöner Landschaft. Die Aufnahme entstand im September 1972 und zeigt einen am Bahnsteig bereitstehenden MV in Richtung Villefranche-Vernet-les-Bains.

1.4 Von Villefranche-Vernet-les-Bains nach Latour-de-Carol-Enveitg

Der umfangreiche Gleisanlagen aufweisende Umsteigebahnhof Villefranche-Vernet-les-Bains auf 427 m ü NN ist von teils felsigen Steilhängen umgeben. Hier treffen Normal- und Meterspur aufeinander. Die früher mit 12 kV-16 2/3 Hz elektrifizierte Strecke aus Richtung Perpignan ist mittlerweile längst auf 1500 V-Gleichstrom umgestellt worden. Für die meterspurige Cerdagne sind umfangreiche Bw- und Werkstattanlagen vorhanden.

Nach Verlassen des Ausgangsbahnhofs folgt der „Train Jaune", der gelbe Zug der Ligne de Cerdagne, dem engen Tal des Têt erst auf der linken Flussseite und wechselt noch vor Serdinya auf die rechte Seite. Die Trasse schlängelt sich förmlich durch die zunehmend Schluchtartig werdende Gebirgslandschaft über Joncet, vorbei am „Parc Régional des Pyrenées Catalanes" (Regionaler Naturpark der katalanischen Pyrenäen) nach Olette-Canaveilles-les-Bains. Durch eine zerklüftete, von malerischen Dörfern und einigen Burgruinen gesäumte Landschaft, windet sich die steigungsreicher gewordene Bahnlinie, an Nyer und den beiden Thuès vorbei und erreicht den berühmten Viadukt „Pont Séjourné" über dem Fluss Têt. Nach dessen Überqueren fährt der Zug in den Bahnhof Fontpédrouse-Saint-Thomas-les-Bains ein. In der Talsohle befindet sich das Hauptkraftwerk der Stromversorgung mit 850 V-Gleichstrom.

Weiterhin sehr kurvenreich wird die Trasse noch steigungsreicher. Zwischen Sauto und Planès wird das wilde, von steilen Hängen umgebene Tal des Têt abermals überquert und zwar über die ganz und gar einzigartige Gisclard-Hängebrücke, hoch über dem Fluss. Die Gegend ist nun bewaldeter geworden. Der Haltepunkt Planès scheint verlassen, doch das Dorf befindet sich nur wenige hundert Meter davon entfernt.

Die Bahnstrecke hat das enge Tal des Têt verlassen und strebt, in einer zunehmend Hochtal artigen Landschaft, stets an Höhe gewinnend, dem Col de la Perche (Perche-Pass) zu. Der Zug hält im verhältnismäßig großen Bahnhof Mont-Louis-La-Cabanasse, die Klein-Stadt mit den Vauban-Festungsanlagen. Nach kurzer Zeit ist der höchste Punkt der Cerdagne-Eisenbahnlinie Boulquère-Eyne auf 1592 m ü NN erreicht. Dies ist zugleich der höchst gelegene Bahnhof der SNCF. In weiter Gebirgslandschaft schlängelt sich die Trasse, von nun an leicht an Höhe verlierend, dem Wintersportort Font-Romeu-Odeillo-Via auf 1534 m ü NN zu. Hier befindet sich eines der frühesten Sonnenkraftwerke. Bei dieser Versuchsanlage wird das Sonnenlicht mittels vielen Parabolspiegeln auf einen zentralen Brennpunkt geleitet.

Die Cerdagne-Linie verliert weiter an Höhe und strebt Estavar zu, sich stets durch eine weite und schöne Gebirgslandschaft schlängelnd. Es folgt ein offener 180°-Gleisbogen. Der Bahnhof Saillagouse befindet sich nur noch auf 1302 m ü NN. Weiter geht es, nun wieder erst etwas ansteigend, nach Err und anschließend, weiterhin viele Bögen und Gegenbögen befahrend, runter nach Bourg-Madame auf 1144 m ü NN. Diese Ortschaft war während mehreren Jahren Endpunkt der Cerdagne-Linie.

Das letzte Teilstück verläuft bald schnurgerade, bald in Bögen, über Ur-les-Escaldes und Enveitg-Village-Béna-Fanès in Richtung des eindrücklichen, recht großen, internationalen Bahnhofs Latour-de-Carol-Enveitg. Dieser Bahnhof an der Transpyrenäen-Linie weist verhältnismäßig umfangreiche Gleisanlagen dreier verschiedener Spurweiten auf. Er befindet sich auf einer Seehöhe von 1232 m ü NN. Es kann sowohl in Richtung Barcelona als auch Toulouse-Matabiau umgestiegen werden. Die SNCF bietet zur Zeit auch noch eine Nachtzug-Verbindung nach Paris-Austerlitz an.

Zu der Hauptstadt des nahegelegenen Kleinstaats, Andorra La Vella, besteht eine Busverbindung. Damit gibt es hier ÖV nach drei verschiedenen Ländern!

Doch eine Fahrt mit der „Ligne de Cerdagne der SNCF" durch das auch als Nordkatalonien bezeichnete Gebiet ist ein ganz außergewöhnliches Reiseerlebnis. Letzteres ist umso unvergesslicher, wenn in einem der offenen Personenwagen ZRB 20030 bis 20034 Platz genommen wird. Letztere tragen zu recht die Spitznamen „Baignoire" (Badewanne) oder „Barque" (Ruderboot). Beim Mitfahren muss in Kauf genommen werden, dass es während den Fahrten durch die eher kurzen Tunnels ein paar Augenblicke lang keine Beleuchtung gibt.

Vor dem schroffen, felsigen Hintergrund steht dieser „Train Jaune", mit dem Z 109 an der Spitze, im Bahnhof von Villefranche-Vernet-les-Bains. Foto vom Juli 1999.

Zugskreuzung in Olette-Cavaneilles-les-Bains. Der einfahrende Zug gehört zu den beiden täglichen Zugspaaren, die bis Latour-de-Carol-Enveitg fahren. Er besteht aus drei Triebwagen Z 100 und drei Zwischenwagen. Auf dem Linken Gleis steht der Zug nach Villefranche-Vernet-les-Bains. Juli 2016.

Einst verfügte der in schluchtartigem Gelände erbaute Bahnhof Thuès-les-Bains noch über zwei Gleise. Die Aufnahme stammt vom August 1971.

Im Abschnitt zwischen Thuès und Fontpédrouse-Saint-Thomas durchfährt dieser Zug (Aufnahme September 1972) einen wilden, felsigen Bereich der Strecke. Die Farbgebung der Züge war damals rot-gelb.

Der großartige Viadukt Pont Séjourné, benannt nach dem Erbauer der Bahn, überspannt den Têt unterhalb von Fontpédrouse-Saint-Thomas-les-Bains. Foto aus Sammlung.

Zugskreuzung in Fontpédrouse-Saint-Thomas-les-Bains. Der Zug auf dem linken Gleis, mit dem Z 107 am Zugschluss, hat Villefranche-Vernet-les Bains als Bestimmungsort. Juli 2016.

Schild bei den Bahnhofsausfahrten:
Auf dem Schild steht auf Französisch geschrieben (übersetzt):

Aufnahme in Saillagouse, Juli 2016

> „Achtung!
> Weiterfahrt nach Erlaubnis durch den Fahrdienstleister."

Ein „Train Jaune" befährt die berühmte Hängebrücke Pont-Gisclard in Richtung Font-Romeu-Odeillo-Via (nach rechts auf dem Foto); ein erstaunliches und faszinierendes Bauwerk. Aufnahme bei schwierigen Lichtverhältnissen, trotz strahlender Sonne, im Juli 2016.

Eindrückliche Talfahrt auf die Gisclard-Hängebrücke, September 1972. Die Fahrzeuge hatten die erste große Modernisierung hinter sich. Von vorne sind sichtbar: Z 100, ZRB Serie 20001/20004, ein Aussichtswagen ZRB Serie 20030/20034 „Barque" und ein Z 100.

Der höchstgelegene Bahnhof der SNCF: Bolquère-Eyne auf 1592 m ü NN. Der Bahnhof ist geschlossen, hat aber noch die Funktion eines Haltepunkts. Die Nebengleise wurden entfernt. Juli 2016.

Der Bahnhof von Font-Romeu-Odeillo-Via liegt auf 1534 m ü NN, in einer weiten und schönen, Hochtal artigen Gebirgslandschaft. Im September 1972 konnten zwei sich kreuzende Züge aufgenommen werden. Sie entsprachen dem Zustand, den sie nach der ersten großen Modernisierung aufwiesen. Bezeichnend war deren, etwas an „Autorails" erinnernde, rot-gelbe Farbgebung sowie das alte, runde SNCF-Signet, das „Macaron".

Gleich drei Züge begegneten sich in Font-Romeu-Odeillo-Via, im August 1971: Auf Gleis 1 und 2 stehen jeweils Z 100-Züge und auf Gleis 3 steht ein Zug, in welchem der Fotograf saß.

Auf diesem Foto des Juli 1999 hatten die Fahrzeuge der Ligne de Cerdagne schon die zweite Modernisierung erhalten. Auffallend sind die geschweißten Stirnfronten mit den vergrößerten Führerstandfenstern. Abgesehen von Einzelheiten entsprach die Farbgebung bereits weitgehend der heutigen. Die Gleissituation in Font-Romeu-Odeillo-Via ist ebenfalls bis heute geblieben. Sichtbar sind links Z 106, rechts Z 105.

Der Morgenzug aus Latour-de-Carol-Enveitg fährt in Font-Romeu-Odeillo-Via ein. Die Gegen-Steigung der Strecke hält bis vor die Einfahrtsgleise an. Ein auffallender Gefällebruch in die Horizontale ist gut erkennbar. Juli 2016.

Der offene Wagen ZRB 20033 für eine schöne und vergnügliche Fahrt ist in einem, in Font-Romeu-Odeillo-Via stehenden, Zugsverband eingereiht. Juli 2016.

Bei der Einfahrt in den dreigleisigen Bahnhof von Saillagouse hinunter, nach Durchfahren eines 180°-Gleisbogens, konnte auch das Einfahrtsignal im Bild festgehalten werden. Mit seitlicher Stromschiene ausgerüstete Gleisanlagen wirken immer besonders interessant. Juli 2016.

Das schöne, auf 1302 m ü NN liegende Bahnhofsgebäude von Saillagouse in der Morgensonne eines Tages des Juli 2016.

Meter-, Normal- und Breitspur begegnen sich in Latour-de-Carol-Enveitg. Auf dem Foto sind die ersten beiden sichtbar: Links kann eine BB 4100 der SNCF, ehemals MIDI, mit „Romilly"-Wagen erkennt werden. Der Z 117, ein Fahrzeug der Serie Z 111, 113, 115 bis 118 (aus Zwischenwagen ZRB umgebaut), bekanntermaßen ebenfalls MIDI, steht auf einem der zwei Meterspurgleise. Rechts stand damals (im August 1971) noch ein Güterwagen auf Normalspur, welche auf dem Bild optisch fast wie Breitspur wirkt.

Nochmals der Meterspurbereich des internationalen Bahnhofs Latour-de-Carol-Enveitg im September 1972: Ein abfahrbereiter Zug, mit einem Z 100 der Serie Z 102 bis 109 an der Spitze, steht am Bahnsteig. Auf dem Nebengleis stehen Wagen, welche die MIDI von den Chemins de Fer Économiques du Nord übernommen hatte. Auf der linken Seite des Bahnsteigdaches befinden sich die Normalspur- und die Breitspurgleise.

1.5 Die Fahrzeuge der Ligne de Cerdagne

Dadurch, dass diese meterspurige SNCF-Strecke starke Steigungen und enge Radien aufweist sowie mittels seitlicher Stromschiene elektrifiziert ist, überrascht das eher nicht alltägliche Aussehen der Fahrzeuge nicht so sehr. Es verkehren ausschließlich elektrische Triebwagen mit Zwischenwagen. Als der Güterverkehr noch bestand, wurden auch Güterwagen stets zwischen die Triebwagen eingereiht. Letztere wurden mit der Vielfachsteuerung System „Sprague", ähnlich den damaligen Metrofahrzeugen der Pariser „Nord-Sud", ausgerüstet. Alle Fahrzeuge besitzen eine automatische Zentralkupplung der Bauart Leduc-Lambert. Das Kuppeln der Bremsleitungen und der elektrischen Leitungen geschieht von Hand. Abgesehen von zwei kürzlichen Ausnahmen und den Zwischenwagen (ehemals SE du Nord) stammt der Fahrzeugpark aus der Eröffnungszeit. In zwei Schritten wurden indes tiefgreifende Modernisierungen durchgeführt. Im ersten Schritt, welcher 1968 abgeschlossen war, wurden die hölzernen Wagenkästen der Z 100 und der Zwischenwagen verblecht. Anstelle der Doppelfenster wurden Übersetzfenster Bauart Klein eingebaut und die Sitze gepolstert. Die Triebwagen wurden neu verkabelt und deren Führerstands Anordnungen neu konzipiert. Die Fahrzeuge erhielten damals einen rot-gelben Anstrich. In einer zweiten, ebenfalls nicht zu übersehenden Modernisierung 1984 bis 1988, wurden geschweißte Stirnfronten mit größeren Fenstern angebaut. Alle Fahrzeuge erhielten einen gelben Anstrich mit roten Zierlinien, analog den Farben Kataloniens.

1.5.1 Triebwagen
Die Z 100 (ZBD 100)
Die Gesellschaft MIDI stellte 1909 zehn Personentriebwagen in Dienst: Die E.ABDe 1 und 2 sowie die E.ABDe 3 bis 10. Diese hatten alle die Achsfolge Bo´Bo´ und weitgehend

einheitliche Untergestelle. Die Wagenkästen waren aus Holz, doch die Konstruktion der Nrn. 1 und 2 unterschied sich deutlich von den andern. Diese verfügten über geschlossene, an den Wagenenden angeordnete Einstiege und auffallende, oben leicht abgerundete Fenster. Das Packabteil befand sich nahe der Wagenmitte. Der Einsatz dieser zwei Fahrzeuge galt vornehmlich direkten Zügen zwischen Villefranche-Vernet-les-Bains und Font-Romeu-Odeillo-Via. Die Triebwagen E.ABDe 3 bis 10 verfügten über ein mittig angeordnetes Großraumabteil, welches durch einen offenen Einstieg zugänglich war. Daran schloss sich das Packabteil an. Die Stirnfronten der beidseits vorhandenen Führerstände dieser zwei Triebwagen-Bauarten unterschieden sich ebenfalls. Der E.ABDe 10 wurde nach einem tragischen Unfall, welcher sich während der Eröffnungsphase der Strecke ereignete, nie wiederaufgebaut. Der damals ebenfalls verunfallte E.ABDe 5, der spätere Z 105, war durch Umbau aus dem Zwischenwagen Nr. 14 wieder neu entstanden. Nach Übernahme durch die SNCF erhielten die E.ABDe 1 bis 9 die Nummern Z(BD) 101 bis 109. Die MIDI-Zwischenwagen unterschieden sich nicht allzu sehr von den Triebwagen. 1912 wurden die Nrn. 11 bis 13 und 1921 die Nrn. 5 bis 8 ebenfalls zu Triebwagen umgebaut. Sie erhielten später die Nummern Z 111 bis 113 sowie Z 115 bis 118. Hingegen wurde der Z 112 nach Unfall in den Flachwagen ZRJQ 20382 umgebaut. Der Z 101 wurde 1949 außer Betrieb gesetzt, der Z 102 hingegen der Serie angeglichen. Mit den Jahren wurden die Z 102 bis 109 den aus MIDI-Zwischenwagen umgebauten Triebwagen angeglichen, insbesondere wurde der Einstieg jeweils in Richtung Wagenmitte versetzt. Dadurch wurden alle Z 100 ziemlich einheitlich. Der Z 105 wurde 1956 außer Betrieb gesetzt. Dafür war damals der Z 114 in Z 105 umnummeriert worden. 2012 waren noch 14 Triebwagen der Bauart Z 100 vorhanden: Z 102 bis 109, Z 111, und Z 113 sowie Z 115 bis Z 118. Der Z 103 gilt heute als historisches Fahrzeug und erhielt wieder den rot-gelben Anstrich.

Frühere Überlegungen zur Modernisierung
Als die topographisch und technisch vergleichbare Bahnstrecke Saint-Gervais-les-Bains-Le-Fayet–Vallorcine (in Ober-Savoyen) Ende der Fünfzigerjahre durch den Einsatz der dortigen Z 600-Triebwagen modernisiert wurde, machte sich die SNCF Überlegungen, auf der Cerdagne ähnliche oder gleiche Fahrzeuge einzusetzen. Doch setzten u.a. die engen Gleisbögen mit 80 m Radius und weitere spezielle Gleiskonfigurationen dem Vorhaben ein Ende.

Die Z 150
2004 wurden die beiden, von Stadler gebauten, dreiteiligen Z 151 und Z 152 mit der Achsfolge 2'+Bo+2' in Betrieb genommen. Es war die erste Neuinbetriebnahme von Fahrzeugen nach Jahrzehnten. Gemäß Nummernschema der SNCF lautet ihre genaue Bezeichnung wie folgt: ZRX 1151 + Z 151 + ZRX 1152 sowie ZRX 1153 + 152 + ZRX 1154. Ein konzeptioneller Fehler bei der Konstruktion führte anfänglich zu starken Gleisdeformationen. Die beiden Z 150 mussten sofort außer Betrieb genommen werden. Die Gleisdeformationen wirkten sich auf den ganzen Betrieb so drastisch aus, das die Cerdagne-Linie zwecks Reparaturen während einer Dauer von rund drei Monaten unterbrochen werden musste. Im Juli 2016 waren die beiden Z 150 in Villefranche abgestellt gewesen, doch seit Mai 2017 sollen sie, Meldungen zufolge, wieder in Betrieb stehen

Z 200
Für den Güterverkehr bestellte die MIDI zehn Packtriebwagen der Achsfolge Bo'Bo'. Die E.De 1 bis 10, die späteren Z 201 bis 210. Wie die Z 100 weisen sie zwei Führerstände auf und verfügten ebenfalls über die Vielfachsteuerung System Sprague. Infolge starken Rückgangs des Güterverkehrs seit 1950 wurden 8 Triebwagen außer Betrieb gesetzt. Um 1975 wurde der Güterverkehr auf der Cerdagne vollständig eingestellt. Es verbleiben die beiden Z 201 und 202. Sie sind zu einer Einheit mit beidseitig großem Schneepflug zusammengekuppelt.

1.5.2 Zwischenwagen

ZRB 20001 bis 20014
Die MIDI bestellte 1909 14 Zwischenwagen, welche den Triebwagen Z 100 sehr ähnlich sehen sowie beinahe dieselben Hauptabmessungen und Konstruktionsprinzipien aufweisen. Deshalb konnte auch eine ansehnliche Anzahl von ihnen im Laufe der Zeit in Z 100 umgebaut werden. Es verbleiben heute 4 Fahrzeuge, welche vergleichbare Modernisierungen wie die Z 100 erfuhren.

ZRB 20023, 20036 bis 20039
1937 wurden 6 Zwischenwagen von den „Chemins de Fer Économiques du Nord" übernommen. Es verbleiben bis heute die obengenannten Fünf. Diese Fahrzeuge verfügen über End-Einstiege mit offenen Plattformen. Die beiden Modernisierungsphasen der Z 100 und der MIDI-Zwischenwagen betrafen auch diese Fahrzeuge weit möglichst: Verblechungen der Wagenkästen und Einbau von Klein-Übersetzfenstern und Polstersitzen.

ZRB 20030 bis 20034
Zu den originellsten Fahrzeugen der Cerdagne gehören zweifelsohne die 5 offenen, mit Spitznamen „Barque" (Ruderboot) oder „Baignoire" (Badewanne) versehenen Wagen. Spätestens da zeigt sich, dass diese Bahnstrecke, obwohl sie im Rahmen der TER Languedoc-Roussillon ganz klar dem regulären öffentlichen Verkehr dient, auch eine große touristische Bedeutung hat. Auch diesen Fahrzeugen sind die Modernisierungen nicht entgangen.

1.5.3 Güterwagen
Angesichts der Tatsache, dass der Güterverkehr 1975 eingestellt wurde, erstaunen die nachfolgenden, 1976 noch vorhandenen Bestände an Güterwagen.

Gedeckte Güterwagen, 2-achsig (mit Spitzdach):
1976 blieben von den folgenden Serien noch 27 Fahrzeuge im Bestand:
ZRK-20101 bis 20128 sowie 20131 bis 20150

Hochbordwagen, 2-achsig:
Im Bestand 1976 blieben 23 Fahrzeuge aus den nachstehenden Serien:
ZRT 20201 bis 20210 sowie ZRT 20 211 bis 20250

Niederbord- und Flachwagen, 2-achsig:
1976 wurden insgesamt 55 Fahrzeuge der nachstehenden Serien aufgeführt:
ZRJ 20301 bis 20350, ZRJHP 20 351 bis 20362 sowie ZRJSO 20371 bis 20380

Flachwagen mit Drehgestellen, 1976 aufgelistet:
Die beiden längeren Fahrzeuge ZRJQ 20381 und ZRJQ 20382 entstanden durch Umbauten aus den Z 112 und ZR 20021. Drei weitere Flachwagen sind die ZRJQ 20383 bis ZRJQ 20385.

1.5.4 Dienstfahrzeuge
Zu erwähnen sind die nachfolgenden Fahrzeuge, welche teils aus obenerwähnten Serien entstanden sind. Alle sind 2-achsig. Die ersten drei waren 1976 noch aufgeführt worden, die Übrigen sind 2016 noch vorhanden:

- Kranwagen Nr. 22 ZRJ 20303 mit Schutzwagen ZRJ 20304
- Unkrautvertilgungswagen ZRJ 20348
- Fahrbares Unterwerk ZRJMP 20391
- Schneefräse ZRHK 20127, gilt heute als historisches Fahrzeug
- Hilfswagen ZRHK 20171 und 20172, neu ZRHK G 5001 und 5002
- (Etwa) fünf Schotterwagen ZRJ S 4001 4005
- Wagen zur Schmierung der seitlichen Stromschiene ZRJ S 4000

Auf Meter- wie auf Normalspur gab es damals noch Güterverkehr. Links der SNCF ZRK 20114 der Ligne de Cerdagne, rechts ein Normalspurwagen der UIC-Bauart Gs. Foto aufgenommen in Latour-de Carol-Enveitg, August 1971.

1.5.5 Einige Fahrzeugdaten

Triebwagen Z 101 und Z 102

Baujahr	1908	Länge über Kupplung	14,904m
Achsfolge	Bo´Bo´	Triebraddurchmesser:	~ 800 mm
Anzahl elektrische Fahrmotoren	4	Dienstgewicht (Tara):	32 T
Leistung	220 kW = 300 PS	Stromsystem	850 V-Gleichstrom
Kraftübertragung	Tatzlagerantrieb	Erbauer	Carde et Cie. Bordeaux
Höchstgeschwindigkeit:	55 km/h		

Die beiden Z 101 und Z 102 (MIDI E.ABDe 1 und 2) unterschieden sich deutlich von den Z 103 bis Z 109. Der Z 101 wurde 1949 außer Betrieb gesetzt, der Z 102 hingegen 1967 umgebaut und dabei den Z 103 bis 109 angeglichen. Im Bild der Z 102, Foto Jacques Defrance 1965.

*Z 102 in Font-Romeu-Odeillo-Via.
Foto „Sauver le Train Jaune".*

Der Z 102, nach vollständiger Anpassung an die Serie Z 103 bis 109, stand in Font-Romeu-Odeillo-Via an der Spitze eines 4-Wagen-Zugs. Die Versetzung des Einstiegs in Richtung Wagenmitte war an diesem Fahrzeug noch nicht erfolgt. Aufnahme September 1972

Anekdote:
Es wird von sogenannt übernatürlichen Phänomenen, die sich auf der Ligne de Cerdagne ereignet haben sollen, berichtet: 1911, anlässlich von Gewittern seien „Kugelblitze" auf der Stromschiene zwischen den km 28 und 40 beobachtet worden, später sogar auf einem fahrenden Zug. Die MIDI-Bahngesellschaft ließ daraufhin spezielle Blitzableiter installieren, worauf diese Phänomene augenblicklich verschwanden. (aus dem Französischen übersetzt)

Triebwagen Z 102 (nach Umbau), Z 103 bis Z 109

Baujahre	1908, 1909	Länge über Kupplung	14,904m
Achsfolge	Bo'Bo'	Triebraddurchmesser:	~ 800 mm
Anzahl elektrische Fahrmotoren	4	Dienstgewicht (Tara):	32 T
Leistung	220 kW = 300 PS	Stromsystem	850 V-Gleichstrom
Kraftübertragung	Tatzlagerantrieb	Erbauer	Carde et Cie. Bordeaux
Höchstgeschwindigkeit:	55 km/h		

Je ein Triebwagen der Serie Z 102 bis 109, aufgrund der Lage der Einstiege erkennbar, findet sich hier an den Zugsenden. Die 1968 durchgeführte Modernisierung war abgeschlossen. An zweiter Stelle ist ein Zwischenwagen der Serie ZRB 20001–20004 eingereiht. Aufnahme im September 1972 in Latour-de-Carol-Enveitg.

Die zweite Modernisierung dieses Z 105 ist längst vorüber. Das Fahrzeug zeigt sich im Zustand des Jahres 2016 mit seinen modernen Stirnfronten. Längst sind auch die Einstiege dieser Baureihe in Richtung Wagenmitte versetzt worden. Aufnahme in Villefranche-Vernet-les-Bains, Juli 2016. Die Z 105, Z 106 und Z 108 verfügen über eine Einrichtung zur Schmierung der Stromschiene.

Triebwagen Z 111, 113, 115 bis 118 (Umbau aus ZRB der Serie 20001 bis 14)

Baujahre	1908–1912	Länge über Kupplung	14,384 m
Achsfolge	Bo′Bo′	Triebraddurchmesser:	~ 800 mm
Anzahl elektrische Fahrmotoren	4	Dienstgewicht (Tara):	30 T
Leistung	200 kW = 272 PS	Stromsystem	850 V-Gleichstrom
Kraftübertragung	Tatzlagerantrieb	Erbauer	Carde et Cie. Bordeaux
Höchstgeschwindigkeit:	55 km/h		

Der Z 111, aufgenommen im Bahnhof Villefranche-Vernet-les-Bains. Der bereits vorhandene Mitteleinstieg geht auf den Umbau aus dem Zwischenwagen ZRB 20011 zurück. September 1972

An der Spitze des Zugs steht der Z 117 auf Gleis drei in Font-Romeu-Odeillo-Via. Das SNCF-Logo an der Stirnfront stammt aus den 80-er-Jahren. Ansonsten befand sich der Triebwagen weitgehend im heutigen Zustand. Juli 1999.

Gelenk-Triebwagen Z 151 und 152 (ZRx 1151+Z 151+ZRx1152 – ZRx 1153+Z152+ZRx1154)

Baujahr	2003	Länge über Kupplung	32,182 m
Achsfolge	2´Bo´2´	Triebraddurchmesser:	780 mm
Anzahl elektrische Fahrmotoren	2	Dienstgewicht (Tara):	41,5 T
Leistung	348 kW = 474 PS	Stromsystem	850 V-Gleichstrom
Kraftübertragung	Tatzlagerantrieb	Erbauer	Stadler Rail
Höchstgeschwindigkeit:	50 km/h		

Modernere Fahrzeuge wären für die Cerdagne durchaus wünschenswert gewesen, doch die Z 150 entsprechen den Anforderungen kaum. Der Stadler-Triebwagenzug Z 151 in Latour-de-Carol-Enveitg. Foto Lacrame.

Triebwagen Z 201 und 202

Baujahr	1909	Länge über Kupplung	11,284 m
Achsfolge	Bo´Bo´	Triebraddurchmesser:	800 mm
Anzahl elektrische Fahrmotoren	4	Dienstgewicht (Tara):	27 T
Leistung	220 kW = 300 PS	Stromsystem	850 V-Gleichstrom
Kraftübertragung	Tatzlagerantrieb	Erbauer	Carde et Cie. Bordeaux
Höchstgeschwindigkeit:	30 km/h		

Von den zehn Güter-Triebwagen E.De Nrn. 1 bis 10, (Z 201 bis 210), blieben zwei Fahrzeuge für die Schneeräumung in Betrieb: Z 201 und 202. Aufnahme in Mont-Louis-La-Cabanasse. Daneben: ZRJ S 4001…4005 Schotterwagen. Juli 1999.

Zwischenwagen

Aufnahme aus dem fahrenden Zug, in Fahrtrichtung gesehen. Das zweite Fahrzeug von vorn ist ein Zwischenwagen der Serie ZRB 20001–20004. Aufnahme: Sept. 1972.

Der ZRB 20036 gehört zu der Reihe ZRB 20023 und ZRB 20036 bis 20039 an. Alle in Betrieb stehenden Fahrzeuge der Cerdagne befinden sich in einem ausgezeichneten Zustand. Aufnahme in Font-Romeu-Odeillo-Via vom Juli 2016.

Eine der fünf „Baignoires" der Serie ZRB 20030–20034. Sie sind als Abteilwagen konzipiert, mit Einzel-Einstiegen zu den Abteilen. Foto: Juli 2016.

Güterwagen

Zwei der geschlossenen Güterwagen der Serie ZRK 20101 bis 20128, die Nummern ZRT 20107 und 20122 in Latour-de-Carol-Enveitg. Foto: August 1971.

Im Zugverband eingereihter Niederbordwagen, der ZRJ 20315, beladen mit einem Klein-Container, steht im Bahnhof von Font-Romeu-Odeillo-Via. September 1972.

Dienstfahrzeuge

Die beiden, als ZRHK G 5001 u. 5002 bezeichneten Hilfswagen, ehemals ZRHK 20171 und 20172, in Villefranche-Vernet-les-Bains, Juli 2016. Interessant ist das geänderte Bahnhofsschild in Französisch u. Katalanisch.

Im Bahnhof „Villefranche-Vernet-les-Bains-Fuilla", oder eben Vilafranca-Vernet-Fullà, standen im Juli 2016 Von Oben nach Unten:

Die Schneefräse ZRHK 20127, heute ein historisches Fahrzeug,

ZRJ S 4000 für Schmierung der seitl. Stromschienen,

Schotterwagen der Reihe ZRJ S 4001 bis 4005.

2. Die Ligne de Savoie der SNCF

Saint-Gervais-les-Bains-le-Fayet–Chamonix–Vallorcine (–Le Châtelard-Frontière)

2.1 Das Gebiet Savoyens

2.1.1 Geografie
Savoyen gilt als höchstgelegene Region Europas. Von den höchsten Erhebungen der Alpen (Herkunft des Namens wohl schon aus vorrömischer Zeit) umgeben, dominiert der Mont-Blanc mit seinen 4810 m ü NN das Gebiet der nachfolgend beschriebenen SNCF-Meterspurstrecke. Die Alpen sind ein teilweise stark vergletschertes, über mehrere Länder verteiltes Faltengebirge in der Anordnung eines gekrümmten Gürtels. Seine Hauptachse in Ost-West-Richtung misst etwa 800 km, die Nord-Süd-Achse der West-Alpen etwa 400 km. Savoyen, bestehend aus den heutigen französischen Departementen 73 „Savoie" (Hauptstadt Chambéry) und 74 „Haute-Savoie" (= Ober-Savoyen, Hauptstadt Annecy), ist Teil der großen Region „Rhône-Alpes" deren Hauptstadt Lyon ist. Savoyen grenzt im Osten an Italien (Aosta-Tal, Piemont), im Süden und Westen an die Departemente Isère und Rhône und im Norden an die Schweiz.

2.1.2 Geschichte
Früheste entdeckte Besiedlungen gehen auf 50'000 Jahre vor unserer Zeit zurück. In der vorrömischen Zeit lebten dort einige Jahrhundert lang keltische Völker, die Gallier und die Allobrogen. Vom Jahr 121 vor Chr. an beherrschten die Römer dieses Gebiet. Nach deren Aufteilung um das Jahr 500 kam das Gebiet zu den Westgoten und in der Folge einige Jahrhunderte lang unter die Herrschaft der Burgunder. Im 13. und 14. Jahrhundert bildete Savoyen innerhalb des römisch-deutschen Kaiserreichs eine Grafschaft, die auch Gebiete des Piemonts umschloss und Turin zur Hauptstadt hatte. Zeitweise reichte das Gebiet bis Nizza. Von diesem Zeitraum an ist die Geschichte des Gebiets, durch welches die CP, die Chemins de Fer de Provence, fahren, mehr oder weniger dieselbe. 1713 musste Spanien das Königreich Sizilien an das zwischenzeitlich „Königreich" betitelte Savoyen abgeben. 1720 wurde Sizilien gegen Sardinien getauscht und mit Savoyen zum Königreich Sardinien vereinigt. Nach der französischen Revolution, genauer von 1792 bis 1815, war Savoyen Teil Frankreichs geworden.

Nach dem Wiener Kongress 1815 kehrte es wieder zum Königreich Sardinien zurück. Doch seit 1860 gehören Savoyen und die damalige Grafschaft Nizza ununterbrochen zu der französischen Republik.

2.1.3 Heutige Situation
Die Amtssprache des heutigen Savoyens ist selbstverständlich Französisch.

In vergangenen Zeiten waren auch andere Sprachen, wie etwa piemontesisch, okzitanisch oder verwandte, verbreitet. Deren heutige Bedeutung hat jedoch einen vergleichsweise geringen Stellenwert. Schon seit langer Zeit war der westlich der Alpen gelegene, damalige Teil Savoyens eher französisch orientiert.

Die wichtigsten Eisenbahnstrecken der Departemente 73 und 74 sind die Folgenden:
- (Lyon–) Culoz–Aix-les-Bains–Chambéry–Saint-Jean-de-Maurienne–Modane (–Turin)
- (Genève-Eaux-Vives–) Annemasse–La Roche-sur-Foron–Saint-Gervais-les-Bains-Le-Fayet
- La Roche-sur-Foron–Annecy–Aix-les-Bains
- Annemasse–Evian-les-Bains

- Annemasse–Saint-Julien-en-Genevois–Bellegarde (Dptm. 01 - Ain)
- Saint-Pierre-D'albigny–Albertville–Bourg-Saint-Maurice
- Montmélian–Grenoble (Dptm. 38 - Isère)
- Chambéry–Saint-André-le-Gaz (–Lyon)
- Saint-Gervais-les-Bains-Le-Fayet–Chamonix-Mont-Blanc–Vallorcine(–Le Châtelard), nur im Dptm. 74

Im Bahnhof Saint-Gervais-les-Bains-Le-Fayet begegnen sich Normalspur und Meterspur. Links die CC 25001 aus der 1. Serie der 25 kV-50 Hz-Loks, rechts ein Z 600-Triebwagenzug nach Chamonix und Vallorcine. September 1973.

Ein aus Corail-Wagen bestehender Normalspurzug begegnet in Saint-Gervais-les-Bains-Le-Fayet zwei meterspurigen Z 800. Juli 2002.

2.2 Die Ligne de Savoie (Die Savoyer Linie)

2.2.1 Planung und Bau der Strecke Saint-Gervais-les-Bains-Le-Fayet durch die Gesellschaft PLM, Paris–Lyon–Méditerranée

Die PLM-Normalspurstrecke aus Richtung La Roche-sur-Foron (–Annecy, und –Annemasse) erreichte um 1890 erst Cluses. Deren Verlängerung nach Saint-Gervais-les-Bains-Le Fayet wurde um 1898 eröffnet. Eine Weiterführung von Saint-Gervais-les-Bains-Le Fayet nach Chamonix hätte gemäß den Projekt-Plänen der PLM 1886 in Normalspur weitergebaut werden sollen. Dabei wurde als Option auch an eine Zweiglinie durch einen Mont-Blanc-Tunnel ins Aosta-Tal gedacht. Solche ehrgeizigen und fortschrittlichen Pläne scheiterten damals an den Finanzen. Nach Fallenlassen dieser Ideen konzentrierte sich die Planung auf eine wesentlich kostengünstigere Meterspurverbindung. Angesichts den Erwägungen, Zahnstangenabschnitte vorzusehen, war, nebst Meterspurplänen, trotzdem nochmals an normalspurige Varianten gedacht worden. Das damals am Bau dieser Bahnlinie interessierte Militär lehnte jedoch Zahnradstrecken ab.

La Fayet, ein sehr kleiner, politisch zu der Gemeinde Saint-Gervais-les-Bains gehörender Ortsteil, liegt in der Talsohle und damit verhältnismäßig weit ab seinem Stammdorf. Doch die erwähnte PLM-Normalspurstrecke hat hier ihren Endpunkt. Während Le Fayet auf 581 m ü NN liegt, befindet sich der teilweise in steilem Gelände erbaute Ortskern von Saint-Gervais auf etwa 770 m ü NN. Es ist nur natürlich, dass bei der Projektierung der Eisenbahn nach Chamonix auch die Erschließung von Saint-Gervais selbst mit einbezogen wurde. Letztere Variante wurde in der Folge jedoch fallengelassen.

Es soll nicht unerwähnt bleiben, dass Saint-Gervais-Ville nach 1909 dennoch an eine Eisenbahnlinie angeschlossen wurde. Es handelt sich allerdings um die in diesem Buch nicht beschriebene, gemischte Adhäsions- und Zahnradbahn Le Fayet–Saint-Gervais-Ville–Col-de-Voza–Le Nid-d'Aigle, welche ausschließlich touristischen Zwecken dient. Diese Meterspurbahn, welche 1957 mit 11 kV-50 Hz-Wechselstrom elektrifiziert wurde, trägt die Bezeichnung „TMB – Tramway du Mont-Blanc". Trotz gleicher Spurweite besteht keinerlei Gleisverbindung mit Ligne de Savoie der SNCF.

Ebenfalls nicht unerwähnt bleiben darf, dass die heutige SNCF-Normalspurstrecke aus Richtung La Roche-sur-Foron als Teil des „Étoile d'Annecy" genannten Streckennetzes zu den Pionieren des 25 kV-50 Hz-Wechselstrombetriebs gehörte.

Zu der weiteren Projektierung in Richtung Chamonix nahm die PLM mit der von der Schweiz her geplanten Martigny–Châtelard-Eisenbahn (MC) Kontakt auf. Nach den 1890 vorgesehenen Plänen, sollte diese meterspurige Bahnstrecke bei Le Châtelard-Frontière die französische Grenze erreichen. Der 1894 verabschiedete, endgültige Streckenplan der vorgesehenen PLM-Meterspur-Verbindung sah schlussendlich reinen Adhäsionsbetrieb bei Steigungen bis 90‰ vor. Es wurden Minimal-Kurvenradien von 150 m vorgesehen sowie elektrischen Betrieb ab seitlicher Stromschiene. Festgelegt wurden ferner die Brücken, Galerien und Tunnels. Wegen der vorgesehenen Verbindung mit der erwähnten Martigny–Châtelard-Eisenbahn musste zur Erreichung von Vallorcine eine Untertunnelung des oberhalb von Chamonix liegenden Col des Montets gebaut werden. Es war die PLM, welche die Verbindungsstrecke zwischen Vallorcine und Le Châtelard-Frontière baute.

Die Arbeiten begannen bei der PLM 1898. Das erste Teilstück von Saint-Gervais-les-Bains-Le-Fayet nach Chamonix-Mont-Blanc konnte 1901 eröffnet werden. 1904 wurde das zweite Teilstück bis Argentière in Angriff genommen. Die Eröffnung fand 1906 statt. Die Arbeiten am letzten Teilstück, das auch den Abschnitt mit dem 1883 m langen Tunnel unter dem Col des Montets beinhaltete, begannen 1905. Nach sehr schwierigen Bauphasen (schwere Wassereinbrüche beim Tunnelbau), konnte die Bahnlinie schließlich 1908 durchgehend eröffnet werden.

2.2.2 Hauptdaten der Strecke

Die Strecke weist fünf Tunnels mit einer Gesamtlänge von 2,5 km auf, wobei der Längste, der Tunnel des Col des Montets, 1883 m misst. Um das Eindringen und Anhäufen von Schnee zu verhindern sind die Eingänge des Letzteren beidseitig mit Stahl-Toren versehen.

In dieser Hochgebirgsgegend mit immer noch meist strengen Wintern, sind zudem Lawinenverbauungen zur Gewährleistung eines Ganzjahres-Betriebs unerlässlich. Schon 1920 wurden über den Gleisen fünf Galerien mit einer Gesamtlänge von 861 m errichtet. Diese wurden durch zahlreiche weitere Bauten, die den Niedergang von Lawinen oder Steinschlag auf die Bahntrasse verhindern sollten, ergänzt.

Insgesamt weist die Ligne de Savoie über 92 Brücken auf. Die Angaben variieren je nach Quelle stark und es hängt insbesondere davon ab, ab welcher Größe sie erwähnt werden. Im Wesentlichen gibt es zwei erwähnenswerte Brücken. Beide überqueren den Fluss Arve. Es sind dies:

Sainte-Marie-Viadukt, 1 x 25 m + 7 x 15 m = 130 m, Mauerwerk

Égratz-Viadukt (nach Chedde), 47 + 12 m = 59 m, Mauerwerk/Stahl

2.2.3 Die Bahnhöfe der Ligne de Savoie

Endbahnhöfe und wichtigster Zwischenbahnhof:

Saint-Gervais-les-Bains-Le-Fayet (km 0,0) liegt auf 581 m ü NN und weist 3 Bahnsteig-Gleise in Meterspur und 3 in Normalspur auf; zusätzlich zahlreiche Dienstgleise.

Chamonix-Mont-Blanc (km 19,03) liegt auf 1038 m ü NN und weist 3 Bahnsteig-Gleise plus Dienstgleise auf.

Vallorcine, letzter zu der SNCF gehörender Bahnhof der Strecke (km 34,1), liegt auf 1261 m ü NN und weist 2 Bahnsteig-Gleise plus Dienstgleise auf.

Die Staatsgrenze, kurz vor dem Bahnhof Le Châtelard-Frontière, Letzterer bereits zu der Martigny-Châtelard-Eisenbahn gehörend (km 36,6), liegt auf 1116 m ü NN.

Folgende Zwischenbahnhöfe weisen mehr als ein Gleis auf und dienen bei Bedarf als Kreuzungsstation:

Bahnhof	m ü NN	km	Anzahl Gleise	Bahnsteige
Chedde	599	2,68	2	2
Servoz	813	6,70	2 + 1 Dienstgleis	2
Les Houches	980	11,67	2 + 1 Dienstgleis	2
Les Bossens	1012	16,67	2	2
Les Tines	1082	23,00	2	2
Argentière	1244	27,30	2	2
Montroc-Le-Planet	1365	29,50	2	2

Die folgenden Zwischenbahnhöfe und Haltepunkte (HP) weisen nur 1 Gleis auf:

Vaudagne, 928 m (ü NN), km 8,39,
Viaduc-Sainte-Marie, 964 m, km 10,62,
Taconnaz, 1003 m, km 14,36
Les Pélerins, 1016 m, km 16,60
Les Moussoux, 1027 m, km 17,62
Chamonix-Aiguille-du-Midi, 1031 m, km 18,34
La Praz-de-Chamonix, 1065 m, km 21,49
La Joux, 1223 m, km 25,00
Le Buet, 1342 m, km 32,34

2.2.4 Besonderheiten einiger Gleisabschnitte

Infolge der steilen Adhäsionsabschnitte sah die PLM bei Steigungen über 60‰ in der Gleismitte eine 3. Schiene vor. Diese Anordnung erinnert an das System Fell. Im Gegensatz zu Letzterem wurde diese Schiene ausschließlich zum Bremsen und Anhalten in Notfällen benutzt. Die PLM-Ursprungsfahrzeuge verfügten über direkt auf diese 3. Schiene wirkende Bremszangen. Bereits die Nachfolgefahrzeuge Z 600 kamen ohne diese Einrichtung aus. Diese verfügen dafür über elektrische Magnet-Schienenbremsen. Die Gleisabschnitte, bei denen diese Bremsschienen eingebaut waren, ergaben, zusammen mit der seitlichen Stromschiene, den eigenartigen Anblick einer Bahn-Trasse mit 4 Schienen.

Zwischen Saint-Gervais-les-Bains und Chedde benutzten Meterspur und Normalspur-Güterstrecke stellenweise mittels einem verschlungenen 4-Schienengleis, zuzüglich seitlicher Stromschiene, dieselbe Trasse. In Chamonix bestand zu Dienstzwecken längere Zeit eine inzwischen aufgegebene Gleisverbindung zwischen der SNCF und der Eisenbahn Chamonix–Montenvers.

Vier-Schienen-Gleis, mit mittlerer Bremsschiene, inzwischen abgebaut. Aufnahme September 1973.

Aus Verschlingung von Normal- und Meterspur entstandenes Vier-Schienengleis und seitliche Stromschiene, aufgenommen bei Chedde. Das Normalspurgleis zweigt hier im Bogen nach rechts ab. Foto Train du Mont-Blanc-Express-Les gares, Christophe Jacquet.

Nach links ehemals abzweigendes Verbindungsgleis mit seitl. Stromschiene für 850 V-Gleichstrom zwischen der SNCF und der CM. Aufnahme beim Bahnhof der Chamonix-Montevers-Bahn CM. Die fast reine Zahnradbahn fährt mit 11 kV-50 Hz-Wechselstrom. Das Verbindungsgleis diente dazu, Fahrzeuge der CM über die SNCF-Strecke anzuliefern. Foto Editions du Cabri.

2.2.5 Die Stromversorgung

Die Züge der Ligne de Savoie fahren, wie die der Cerdagne, mit 850 V-Gleichstrom, den sie mittels seitlich montierten Stromabnehmern von einer Stromschiene beziehen. Ursprünglich betrug die Spannung 600 V. Nach Modernisierung wurden die noch weiterverwendeten PLM-Züge den Bedingungen der höheren Spannung angepasst. Die Stromproduktion geschah ursprünglich durch zwei an der Arve liegende Wasserkraftwerke. Ihre Standorte befanden sich in Servoz und in Les Chavants (bei Les Houches). Durch ihre praktisch direkt in die Stromschiene erfolgte Einspeisung genügten sie zur Versorgung der Strecke von Saint-Gervais-les-Bains-Le-Fayet nach Chamonix-Mont-Blanc mit elektrischer Energie. Für den oberen Teil der Bahnlinie wurden zwei Unterwerke bei Argentière und zwischen Le Buet und Vallorcine durch eine 12 kV-25 Hz-Drehstromleitung versorgt, welche diesen in 600 V-Gleichstrom umformten.

Seit 1952 gibt es eine von EDF gebaute 42 kV-50 Hz-Drehstromleitung, welche die Umformerwerke bei Servoz, Les Houches, Chamonix, Argentière und Vallorcine speist. Letztere weisen jeweils die für die Stromschiene erforderliche Ausgangsspannung von 850 V-Gleichstrom aus.

Einfahrt eines Triebwagenzugs, bestehend aus zwei Z 600, einem Zwischen-Wagen ZR 20600 sowie einem Steuerwagen der MC (Martigny–Châtelard-Eisenbahn) am Zugschluss. Dieser verkehrt auf der SNCF als Anhänge-Wagen. Foto: Vallorcine März 1973.

2.2.6 Streckenplan

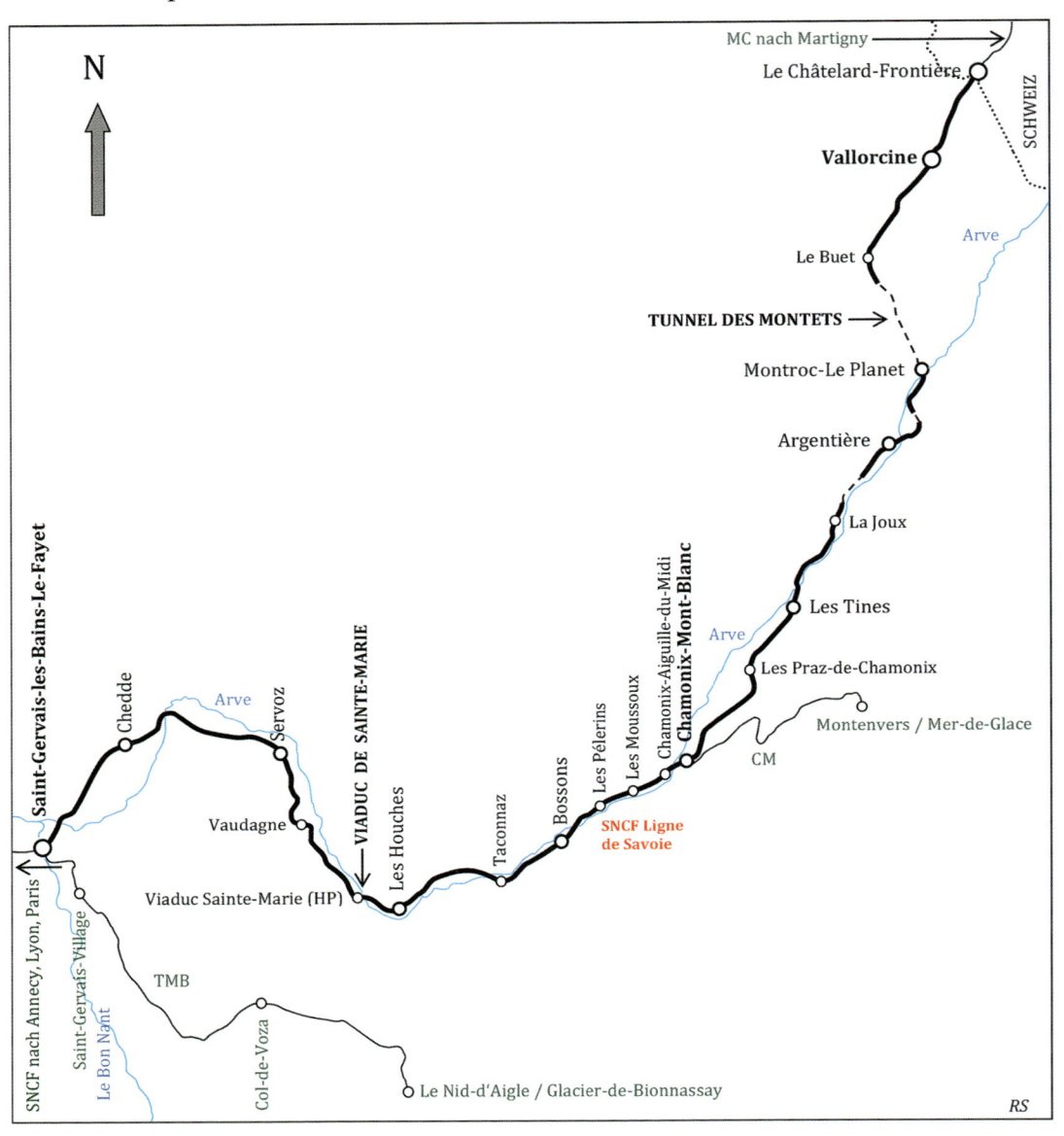

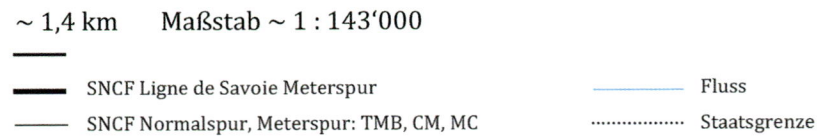

2.2.7 Streckenprofil der Ligne de Savoie

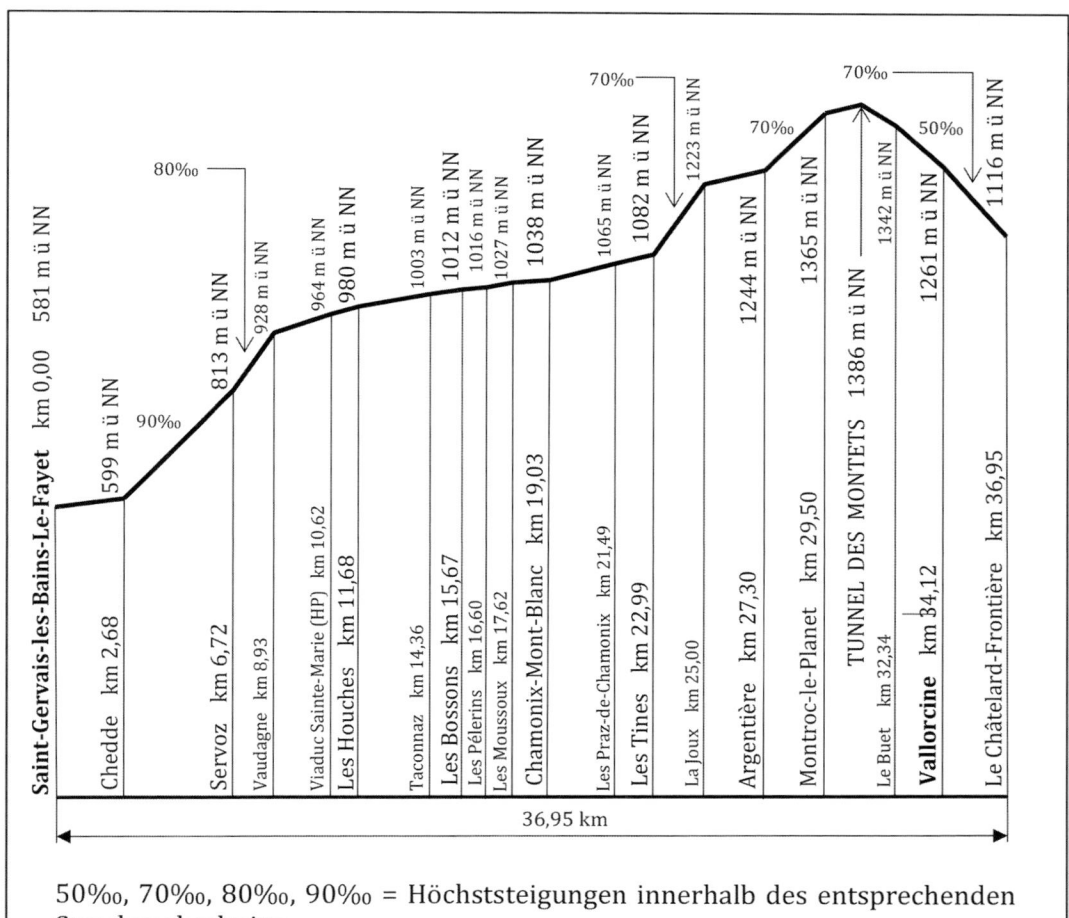

Saint-Gervais-les-Bains-Le-Fayet km 0,00 — 581 m ü NN
599 m ü NN — 90‰
Chedde km 2,68
813 m ü NN — 80‰
Servoz km 6,72
928 m ü NN
Vaudagne km 8,93
964 m ü NN
Viaduc Sainte-Marie (HP) km 10,62
980 m ü NN
Les Houches km 11,68
1003 m ü NN
Taconnaz km 14,36
1012 m ü NN
Les Bossons km 15,67
1016 m ü NN
Les Pèlerins km 16,60
1027 m ü NN
Les Moussoux km 17,62
1038 m ü NN
Chamonix-Mont-Blanc km 19,03
1065 m ü NN
Les Praz-de-Chamonix km 21,49
1082 m ü NN — 70‰
Les Tines km 22,99
1223 m ü NN
La Joux km 25,00
1244 m ü NN — 70‰
Argentière km 27,30
1365 m ü NN
Montroc-le-Planet km 29,50
1386 m ü NN — 70‰
TUNNEL DES MONTETS
1342 m ü NN — 50‰
Le Buet km 32,34
1261 m ü NN
Vallorcine km 34,12
1116 m ü NN
Le Châtelard-Frontière km 36,95

36,95 km

50‰, 70‰, 80‰, 90‰ = Höchststeigungen innerhalb des entsprechenden Streckenabschnitts.

Einfahrt in Chamonix aus Richtung Saint-Gervais-les-Bains-Le-Fayet: Z 600 + ZR 20600 + Z 600, Aufnahme Juli 1975.

2.3 Betriebliche Aspekte

2.3.1 Der Betrieb auf der Ligne de Savoie

Von Beginn an installierte die PLM mechanische Signale. Nach dem 2. Weltkrieg wurden für das Einfahren in die stets eingleisigen Streckenabschnitte rote Lichtsignale aufgestellt. Seit 1991 werden die Signals der ganzen Strecke zentral von Saint-Gervais-les-Bains-Le-Fayet aus ferngesteuert. Ein Einfahrsignal bei den Bahnhöfen gibt das jeweils freie Gleis (in der Regel links) zu der Einfahrt frei. Die Abfahrbefehle geschehen ferngesteuert über Code-Nummern. Inzwischen wurde die bisherige Signalisierung durch einen mit der Martigny-Châtelard-Bahn identischen Streckenblock eingerichtet, was die Kapazität der Bahnstrecke erhöht.

2.3.2 Fahrpläne

Nachstehend der Fahrplan aus dem Indicateur (Kursbuch) „Chaix" der SNCF, Ausgabe Sommer 1971. Unter der Kursbuchnummer 533 war die Strecke aus Richtung Aix-les-Bains – Annecy einerseits sowie Annemasse andererseits bis Vallorcine im selben Fahrplanfeld aufgeführt worden. Diese beiden Linien vereinigen sich in La Roche-sur-Foron. Daraus wird nachstehend der Ausschnitt zwischen La Roche-sur-Foron (erst Normalspur bis Saint-Gervais-les-Bains-Le-Fayet) und Vallorcine abgebildet.

Auf der Ligne de Savoie gab es im Sommer 1971 bis zu sieben durchgehende Züge je Tag. Dazu kamen saisonale Verbindungen und Fahrten auf Teilstrecken.

Relevanter Teil-Auszug aus dem Kursbuch Sommer 1971 in Richtung Vallorcine.

Relevanter Teil-Auszug aus dem Kursbuch Sommer 1971 in Richtung Saint-Gervais-les-Bains-Le-Fayet.

Ein Einblick in die Kursbücher von damals zeigt, insbesondere beim Vergleich mit der heutigen Zeit, inwieweit sich seit den Siebzigerjahren gerade auch auf der Ligne de Savoie was geändert hat. Generell fällt beim Studium von alten französischen Kursbüchern immer wieder auf, dass diese für „Eisenbahn-Laien" doch recht kompliziert und schwierig zu interpretieren waren. Zahlreiche Züge verkehrten z.B. nur während gewissen Zeitabschnitten, andere nur an bestimmten Tagen, usw. Um sicher zu gehen, ob ein bestimmter Zug zu einem gewünschten Zeitpunkt wirklich fährt, war ein genaues Studium empfohlen.

Mit den heutigen Fiches Horaires (folgende Seite) kommen auch „Nicht Eingeweihte" meist gut zurecht. Zudem fahren die Züge der Ligne de Savoie nach einem Taktfahrplan, den man sich gut merken kann. Die jetzigen Angaben beziehen sich auf die ganze Meterspurstrecke, also auch den Teil von Vallorcine nach Martigny. Viele Züge fahren zudem durchgehend. Die Anzahl der Züge hat sich im Durchschnitt verdoppelt.

HORAIRES > DU 13 DECEMBRE 2015 AU 3 AVRIL 2016
TIMETABLE > FROM DECEMBER 13TH 2015 TO APRIL 3TH 2016
ORARI > DAL 13 DICEMBRE 2015 AL 3 APRILE 2016

MARTIGNY > CHAMONIX MONT-BLANC > SAINT-GERVAIS-LE FAYET

Numéro de circulation TMR		26242			26244	26208	26210	26212	26214		26216	26218	26220	26222	26224		26226	26228	26230	26232	26234	26236	26238	26240
		Q			Q	Q	Q	Q	Q		Q	Q	Q	Q	Q		Q	Q	Q	Q	Q	Q	6	4
MARTIGNY		**6.02**			**6.51**	**7.45**	**8.45**	**9.45**	**10.45**		**11.45**	**12.45**	**13.45**	**14.45**	**15.45**		**16.45**	**17.45**	**18.45**	**19.45**	**20.45**	**21.45**	**22.45**	**23.45**
LES FUMEAUX X		6.03			6.52	7.46	8.46	9.46	10.46		11.46	12.46	13.46	14.46	15.46		16.46	17.46	18.46	19.46	20.46	21.46	22.46	23.46
VERNAYAZ		6.06			6.55	7.49	8.49	9.49	10.49		11.49	12.49	13.49	14.49	15.49		16.49	17.49	18.49	19.49	20.49	21.49	22.49	23.49
SALVAN		6.16			7.05	7.59	8.59	9.59	10.59		11.59	12.59	13.59	14.59	15.59		16.59	17.59	18.59	19.59	20.59	21.59	22.59	23.59
LES MARÉCOTTES		**6.20**			**7.09**	**8.03**	**9.03**	**10.03**	**11.03**		**12.03**	**13.03**	**14.03**	**15.03**	**16.03**		**17.03**	**18.03**	**19.03**	**20.03**	**21.03**	**22.03**	**23.03**	**00.03**
LA MÉDETTAZ X		6.21			7.10	8.04	9.04	10.04	11.04		12.04	13.04	14.04	15.04	16.04		17.04	18.04	19.04	20.04	21.04	22.04	◖23.04	◖0.04
LE TRÉTIEN X		6.25			7.14	8.08	9.08	10.08	11.08		12.08	13.08	14.08	15.08	16.08		17.08	18.08	19.08	20.08	21.08	22.08	◖23.08	◖0.07
FINHAUT		**6.33**			**7.22**	**8.16**	**9.16**	**10.16**	**11.16**		**12.16**	**13.16**	**14.16**	**15.16**	**16.16**		**17.16**	**18.16**	**19.16**	**20.16**	**21.16**	**22.16**	**◖23.16**	**◖0.15**
LE CHÂTELARD-VS (Village) X		6.40			7.29	8.23	9.23	10.23	11.23		12.23	13.23	14.23	15.23	16.23		17.23	18.23	19.23	20.23	21.23	22.23	◖23.23	◖0.22
LE CHÂTELARD FRONTIÈRE		**6.42**			**7.32**	**8.26**	**9.26**	**10.26**	**11.26**		**12.26**	**13.26**	**14.26**	**15.26**	**16.26**		**17.26**	**18.26**	**19.26**	**20.26**	**21.26**	**22.26**	**23.26**	**00.25**
VALLORCINE A						**8.33**	**9.33**	**10.33**	**11.33**		**12.33**	**13.33**	**14.33**	**15.33**	**16.33**		**17.33**	**18.33**	**19.33**	**20.33**				
Numéro de circulation SNCF	BUS 49900	BUS 49902	18902	18904	18906	18908	18910	18912	18914	18934	18916	18918	18920	18922	18924	18936	18926	18928	18930	18932				
	2	1	Q	1	3 ●	Q ●	Q	Q	Q	Q	Q	Q ●	Q	Q	Q	Q	Q	Q ●	Q	Q				
VALLORCINE D			**6.38**	**7.07**	**7.38**	**8.38**	**9.38**	**10.38**	**11.38**	**12.07**	**12.38**	**13.38**	**14.38**	**15.38**	**16.38**	**17.07**	**17.38**	**18.38**	**19.38**	**20.38**				
LE BUET			6.41	7.11	7.41	8.41	9.41	10.41	11.41	12.11	12.41	13.41	14.41	15.41	16.41	17.11	17.41	18.41	19.41	20.41				
MONTROC LE PLANET			6.48	7.19	7.48	8.48	9.48	10.48	11.48	12.19	12.48	13.48	14.48	15.48	16.48	17.19	17.48	18.48	19.48	20.48				
ARGENTIÈRE			**6.53**	**7.24**	**7.53**	**8.53**	**9.53**	**10.53**	**11.53**	**12.24**	**12.53**	**13.53**	**14.53**	**15.53**	**16.53**	**17.24**	**17.53**	**18.53**	**19.53**	**20.53**				
LA JOUX X			6.58	7.28	7.58	8.58	9.58	10.58	11.58	12.28	12.58	13.58	14.58	15.58	16.58	17.28	17.58	18.58	19.58	20.58				
LES TINES			7.03	7.34	8.03	9.03	10.03	11.03	12.03	12.34	13.03	14.03	15.03	16.03	17.03	17.34	18.03	19.03	20.03	21.03				
LES PRAZ			7.06	7.37	8.06	9.06	10.06	11.06	12.06	12.37	13.06	14.06	15.06	16.06	17.06	17.37	18.06	19.06	20.06	21.06				
CHAMONIX MT-BLANC A			**7.10**	**7.42**	**8.10**	**9.10**	**10.10**	**11.10**	**12.10**	**12.42**	**13.10**	**14.10**	**15.10**	**16.10**	**17.10**	**17.42**	**18.10**	**19.10**	**20.10**	**21.10**				
CHAMONIX MT-BLANC D	**5.14**	**6.14**	**7.14**	**8.14**	**8.14**	**9.14**	**10.14**		**12.14**		**13.14**	**14.14**		**16.14**	**17.14**		**18.14**	**19.14**	**20.14**					
AIGUILLE DU MIDI	I	I	7.16	8.16	8.16	9.16	10.16		12.16		13.16	14.16		16.16	17.16		18.16	19.16	20.16					
LES MOUSSOUX X	5.18	6.18	7.18	8.18	8.18	9.18	10.18		12.18		13.18	14.18		16.18	17.18		18.18	19.18	20.18					
LES PÉLERINS	5.20	6.20	7.20	8.20	8.20	9.20	10.20		12.20		13.20	14.20		16.20	17.20		18.20	19.20	20.20					
LES BOSSONS	**5.24**	**6.24**	**7.24**	**8.24**	**8.24**	**9.24**	**10.24**		**12.24**		**13.24**	**14.24**		**16.24**	**17.24**		**18.24**	**19.24**	**20.24**					
TACONNAZ X	5.26	6.26	7.26	8.26	8.26	9.26	10.26		12.26		13.26	14.26		16.26	17.26		18.26	19.26	20.26					
LES HOUCHES	**5.32**	**6.32**	**7.32**	**8.32**	**8.32**	**9.32**	**10.32**		**12.32**		**13.32**	**14.32**		**16.32**	**17.32**		**18.32**	**19.32**	**20.32**					
VIADUC STE MARIE X	I	I	7.34	8.34	8.34	9.34	10.34		12.34		13.34	14.34		16.34	17.34		18.34	19.34	20.34					
VAUDAGNE X	I	I	7.37	8.37	8.37	9.37	10.37		12.37		13.37	14.37		16.37	17.37		18.37	19.37	20.37					
SERVOZ	**5.43**	**6.43**	**7.43**	**8.43**	**8.43**	**9.43**	**10.43**		**12.43**		**13.43**	**14.43**		**16.43**	**17.43**		**18.43**	**19.43**	**20.43**					
CHEDDE	I	I	7.51	8.51	8.51	9.51	10.51		12.51		13.51	14.51		16.51	17.51		18.51	19.51	20.51					
ST-GERVAIS-LE FAYET	**5.57**	**6.57**	**7.57**	**8.57**	**8.57**	**9.57**	**10.57**		**12.57**		**13.57**	**14.57**		**16.57**	**17.57**		**18.57**	**19.57**	**20.57**					

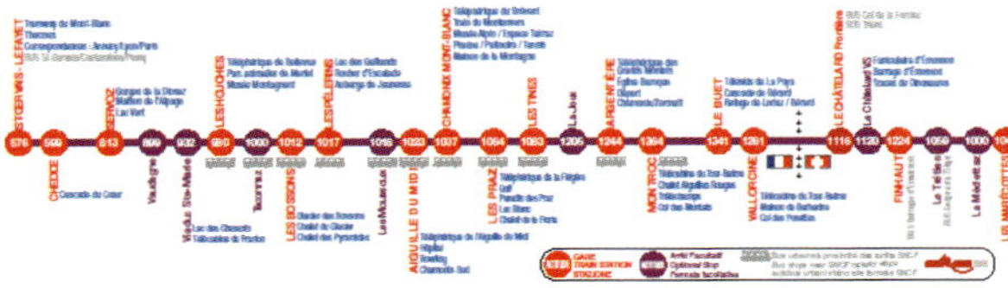

POUR EN SAVOIR PLUS :
TER : 09 69 32 21 41 (Appel non surtaxé)
TMR : +41 (0) 27 764 12 71
TER-SNCF.COM (Rhône-Alpes)
TMRSA.CH

SAINT-GERVAIS-LE FAYET > CHAMONIX MONT-BLANC > MARTIGNY

Numéro de circulation SNCF			18901	18903	18905	18907	18909	18935	18911	18913	18915	18917	18919	18937	18921	18923	18927	18929	18931	18933	BUS 49901
			1	Q ●	Q	Q	Q	Q	Q	Q ●	Q	Q	Q	Q	Q	Q ●	Q	Q	Q	Q	5
ST-GERVAIS-LE FAYET				**7.05**	**8.05**	**9.05**	**10.05**			**12.05**	**13.05**	**14.05**			**16.05**	**17.05**	**18.05**	**19.05**	**20.05**	**21.05**	**22.06**
CHEDDE				7.12	8.12	9.12	10.12			12.12	13.12	14.12			16.12	17.12	18.12	19.12	20.12	21.12	I
SERVOZ				**7.20**	**8.20**	**9.20**	**10.20**			**12.20**	**13.20**	**14.20**			**16.20**	**17.20**	**18.20**	**19.20**	**20.20**	**21.20**	**22.20**
VAUDAGNE X				7.24	8.24	9.24	10.24			12.24	13.24	14.24			16.24	17.24	18.24	19.24	20.24	21.24	I
VIADUC STE MARIE X				7.28	8.28	9.28	10.28			12.28	13.28	14.28			16.28	17.28	18.28	19.28	20.28	21.28	I
LES HOUCHES				**7.33**	**8.33**	**9.33**	**10.33**			**12.33**	**13.33**	**14.33**			**16.33**	**17.33**	**18.33**	**19.33**	**20.33**	**21.33**	**22.33**
TACONNAZ X				7.38	8.38	9.38	10.38			12.38	13.38	14.38			16.38	17.38	18.38	19.38	20.38	21.38	22.38
LES BOSSONS				**7.41**	**8.41**	**9.41**	**10.41**			**12.41**	**13.41**	**14.41**			**16.41**	**17.41**	**18.41**	**19.41**	**20.41**	**21.41**	**22.41**
LES PÉLERINS				7.44	8.44	9.44	10.44			12.44	13.44	14.44			16.44	17.44	18.44	19.44	20.44	21.44	22.44
LES MOUSSOUX X				7.46	8.46	9.46	10.46			12.46	13.46	14.46			16.46	17.46	18.46	19.46	20.46	21.46	22.46
AIGUILLE DU MIDI				7.48	8.48	9.48	10.48			12.48	13.48	14.48			16.48	17.48	18.48	19.48	20.48	21.48	I
CHAMONIX MT-BLANC A				**7.50**	**8.50**	**9.50**	**10.50**			**12.50**	**13.50**	**14.50**			**16.50**	**17.50**	**18.50**	**19.50**	**20.50**	**21.50**	**22.50**
CHAMONIX MT-BLANC D			**6.25**	**7.54**	**8.54**	**9.54**	**10.54**	**11.20**	**11.54**	**12.54**	**13.54**	**14.54**	**15.54**	**16.20**	**16.54**	**17.54**	**18.54**	**19.54**			
LES PRAZ			6.29	7.58	8.58	9.58	10.58	11.27	11.58	12.58	13.58	14.58	15.58	16.27	16.58	17.58	18.58	19.58			
LES TINES			6.33	8.04	9.04	10.04	11.04	11.33	12.04	13.04	14.04	15.04	16.04	16.33	17.04	18.04	19.04	20.04			
LA JOUX X			6.37	8.08	9.08	10.08	11.08	11.37	12.08	13.08	14.08	15.08	16.08	16.37	17.08	18.08	19.08	20.08			
ARGENTIÈRE			**6.41**	**8.13**	**9.13**	**10.13**	**11.13**	**11.41**	**12.13**	**13.13**	**14.13**	**15.13**	**16.13**	**16.41**	**17.13**	**18.13**	**19.13**	**20.13**			
MONTROC LE PLANET			6.49	8.20	9.20	10.20	11.20	11.49	12.20	13.20	14.20	15.20	16.20	16.49	17.20	18.20	19.20	20.20			
LE BUET			6.56	8.26	9.26	10.26	11.26	11.56	12.26	13.26	14.26	15.26	16.26	16.56	17.26	18.26	19.26	20.26			
VALLORCINE A			**7.00**	**8.30**	**9.30**	**10.30**	**11.30**	**12.00**	**12.30**	**13.30**	**14.30**	**15.30**	**16.30**	**17.00**	**17.30**	**18.30**	**19.30**	**20.30**			
Numéro de circulation TMR	26241	26243	26245	26203	26205	26207	26209		26211	26213	26215	26217	26219		26221	26223	26227	26229	26231	26233	26235
	1	Q	Q	Q	Q	Q	Q		Q	Q	Q	Q	Q		Q	Q	Q	Q	Q	Q	6
VALLORCINE D				**8.43**	**9.43**	**10.43**	**11.43**		**12.43**	**13.43**	**14.43**	**15.43**	**16.43**		**17.43**	**18.43**	**19.43**	**20.43**			
LE CHÂTELARD FRONTIÈRE	**5.26**	**6.47**	**7.50**	**8.50**	**9.50**	**10.50**	**11.50**		**12.50**	**13.50**	**14.50**	**15.50**	**16.50**		**17.50**	**18.50**	**19.50**	**20.50**	**21.50**	**22.50**	**23.31**
LE CHÂTELARD-VS (Village) X	5.29	6.50	7.53	8.53	9.53	10.53	11.53		12.53	13.53	14.53	15.53	16.53		17.53	18.53	19.53	20.53	21.53	22.53	23.34
FINHAUT	**5.36**	**6.57**	**8.00**	**9.00**	**10.00**	**11.00**	**12.00**		**13.00**	**14.00**	**15.00**	**16.00**	**17.00**		**18.00**	**19.00**	**20.00**	**21.00**	**22.00**	**23.00**	**23.41**
LE TRÉTIEN X	5.44	7.05	8.08	9.08	10.08	11.08	12.08		13.08	14.08	15.08	16.08	17.08		18.08	19.08	20.08	21.08	22.08	23.08	23.49
LA MÉDETTAZ X	5.47	7.08	8.11	9.11	10.11	11.11	12.11		13.11	14.11	15.11	16.11	17.11		18.11	19.11	20.11	21.11	22.11	23.11	23.52
LES MARÉCOTTES	**5.49**	**7.09**	**8.12**	**9.12**	**10.12**	**11.12**	**12.12**		**13.12**	**14.12**	**15.12**	**16.12**	**17.12**		**18.12**	**19.12**	**20.12**	**21.12**	**22.12**	**23.12**	**23.53**
SALVAN	5.53	7.14	8.17	9.17	10.17	11.17	12.17		13.17	14.17	15.17	16.17	17.17		18.17	19.17	20.17	21.17	22.17	23.17	23.59
VERNAYAZ	6.07	7.27	8.30	9.30	10.30	11.30	12.30		13.30	14.30	15.30	16.30	17.30		18.30	19.30	20.30	21.30	22.30	23.30	00.12
LES FUMEAUX X	6.11	7.31	8.34	9.34	10.34	11.34	12.34		13.34	14.34	15.34	16.34	17.34		18.34	19.34	20.34	21.34	22.34	◖23.34	◖0.16
MARTIGNY	**6.13**	**7.33**	**8.36**	**9.36**	**10.36**	**11.36**	**12.36**		**13.36**	**14.36**	**15.36**	**16.36**	**17.36**		**18.36**	**19.36**	**20.36**	**21.36**	**22.36**	**23.36**	**00.18**

Périmètre de validité de la carte d'hôte / The Guest Pass is valid in these stations / Zona di validità della carta Ospite

1 - Circule tous les jours sauf les samedis, dimanches et fêtes.
2 - Circule les lundis, sauf fêtes. Circule le 29/03/16.
3 - Circule les samedis, dimanches et fêtes.
4 - Circule les vendredis et samedis, uniquement sur réservation téléphonique avant 22h30 au +41 (0) 27 764 12 71.
5 - Circule les vendredis, dimanches et fêtes. Ne circule pas les 25/12/15 et 01/01/16. Circule les 24/12/15 et 31/12/15.
6 - Circule tous les jours, uniquement sur réservation téléphonique avant 22h30 au +41 (0) 27 764 12 71.
Q - Circule tous les jours / D - Départ / A - Arrivée
X - Arrêt sur demande. Quais courts. Les voyageurs sont invités à monter dans la voiture située en tête du train.
◖ - Arrêt seulement pour laisser descendre.
● En cas de chute de neige, d'intempéries ou sur décision des autorités publiques, ces trains peuvent être supprimés sans préavis de Montroc-le-Planet à Vallorcine.
En France, les vélos sont limités à 5 par train. En cas d'affluence, le personnel de la SNCF se réserve le droit de refuser l'accès aux vélos.
En Suisse, le transport des vélos est payant.

1 - Runs daily except Saturdays, Sundays and Holidays.
2 - Runs Mondays except Holidays. Runs on 29/03/16.
3 - Runs Saturdays, Sundays and Holidays.
4 - Runs Fridays and Saturdays only on phone reservation before 10:30 pm, in +41 (0) 27 764 12 71.
5 - Runs Fridays, Sundays and Holidays. No runs on 25/12/15 and 01/01/16. Runs on 24/12/15 and 31/12/15.
6 - Runs daily only on phone reservation before 10:30 pm, in +41 (0) 27 764 12 71.
Q - Runs daily / D - Departure Time / A - Arrival Time
X - Stops on request. Passengers are requested to board the front carriage.
◖ - Only stops to allow passengers to descend.
● Trains between Montroc-le-Planet and Vallorcine may be stopped without prior notice in the event of snowfalls, bad weather or as directed by the public authorities.
In France, bicycles are limited to 5 per train. SNCF personnel reserves the right to refuse access to bicycles if this number is exceeded.
In Switzerland, bicycles must be paid for in trains.

1 - Circola tutti i giorni esclusi sabati, domeniche e festivi.
2 - Circola i lunedì esclusi festivi. Circola il 29/03/16.
3 - Circola i sabati, domeniche e festivi.
4 - Circola i venerdì e i sabati soltanto su prenotazione telefonica prima delle 22.30, al +41 (0) 27 764 12 71.
5 - Circola i venerdì, domeniche e festivi. Non circola il 25/12/15 e 01/01/16. Circola il 24/12/15 e 31/12/15.
6 - Circola tutti i giorni soltanto su prenotazione telefono prima delle 22.30, al +41 (0) 27 764 12 71.
Q - Si effettua tutti i giorni / D - Partenza / A - Arrivo
X - Fermata a richiesta. I viaggiatori sono pregati di salire nella carrozza di testa.
◖ - Ferma solo per consentire la discesa.
● In caso di neve, maltempo o su decisione delle autorità pubbliche, questi treni possono essere soppressi senza preavviso tra Montroc-le-Planet e Vallorcine.
In Francia, le biciclette sono limitate a 5 per ogni treno. In caso di affluenza, il personale della SNCF si riserva il diritto di rifiutare l'accesso alle biciclette.
In Svizzera, il trasporto delle biciclette è a pagamento.

2.4 Von Saint-Gervais-les-Bains-Le-Fayet nach Vallorcine

Nach Verlassen des Bahnhofs Saint-Gervais-les-Bains-Le-Fayet führt die Bahnlinie – nach kurzer Überquerung des Flusses Le Bon Nant – erst fast schnurgerade nach Chedde. Bei dieser Ortschaft ist u.a. ein Chemiebetrieb angesiedelt. Dieser Abschnitt wies früher Vierschienengleis Meterspur-Normalspur auf. Es handelte sich um eine unsymmetrische Gleisverschränkung, damit die Stromschiene für 850 V-Gleichstrom der Meterspur nicht in das Lichtraumprofil der Normalspur ragt. Damit war dies eine Bahntrasse mit 5 Schienen. Seit einiger Zeit wurde der Normalspurbetrieb aufgegeben und die Transporte auf die Straße verlagert. Einzelne verlassene Normalspur-Gütergleise befinden sich noch beim Bahnhof Chedde. Für die Meterspur sind ein Ausweichgleis und Dienstgleise in Betrieb.

Unmittelbar nach Chedde folgt als steilstes Teilstück eine 90‰-Steigung. Die Bahntrasse führt alsbald durch die Schlucht der Arve. Nach einer Brücke und zwei Tunnels ist Servoz erreicht. In einem sich langsam zu einem Hochtal ausweitenden Gelände und einer weiteren Steigung von 80‰, sind die Haltepunkte Vaudagne und Viaduc Sainte-Marie erreicht. Unmittelbar danach wird der eindrückliche, gleichnamige Viadukt über die Arve passiert. Insbesondere nach Les Houches verläuft die flacher gewordene Strecke zunehmend in ausgeweiteter Talsohle. Gleichzeitig ist jedoch die Gegend stets von sehr hohem Gebirge umgeben. Bis Chamonix-Mont-Blanc folgen ein weiterer Bahnhof sowie ein paar Haltepunkte. Chamonix-Mont-Blanc weist drei Bahnsteiggleise, Dienstgleise und eine Fahrzeug-Werkstatthalle auf. Bis vor einiger Zeit gab es eine Gleisverbindung für Dienstfahrten mit der CM, der Chemin de Fer Chamonix–Montenvers. Meterspur ist wahrscheinlich deren einzige Gemeinsamkeit mit der Ligne de Savoie. Die CM ist eine reine Touristik-Eisenbahn. Sie führt zum „Mer de Glace", dem Eismeer, einem Riesengletscher bei Montenvers. Abgesehen von den Bahnhofs- und einigen Dienstgleisen in Chamonix, herrscht ausschließlich Zahnstangenbetrieb. Wie die TMB wurde sie mit 11 kV-50 Hz-Wechselstrom elektrifiziert, aber schon um 1954. Über das, ein Stück weit mit Stromschiene versehene, Verbindungsgleis konnten früher u.a. Fahrzeuge für die CM angeliefert werden. Für die Fahrgäste besteht zwischen den beiden Bahnhöfen eine Fußgänger-Brücke.

Auch bis zum Kreuzungsbahnhof Tines verläuft die Trasse weiterhin eher flach. Danach schließt sich eine 70‰-Steigung an. Der Zug passiert kurze Tunnels oder Lawinen-Galerien. Nach Überquerung der Arve und nach einem Halt in Argentière wird nach einer weiteren Steigung von 70‰ Montroc-le-Planet erreicht. Unmittelbar nach dem Bahnhof schließt sich der 1883 m lange Tunnel du Col des Montets an. Die Bahnstrecke findet darin den Scheitelpunkt von 1386 m ü NN. Nach Le Buet fügt sich ein Gefälle in Form einer 50‰-Rampe an und der Zug erreicht Vallorcine. Dies ist der eigentliche Endbahnhof der SNCF-Ligne de Savoie. Dort befinden sich 2 Bahnsteiggleise, Dienstgleise und eine große Fahrzeughalle.

Doch die PLM hatte die Trasse in einem 70‰-Gefälle bis zum Grenz-Bahnhof Le Châtelard-Frontière und damit zu der Verknüpfung mit der Eisenbahn Martigny–Châtelard gebaut. Hier vollzog sich früher meist auch das Umsteigen von der SNCF zu der MC. Die Z 200 und die Z 600 der SNCF konnten die MC-Bahnstrecke höchstens noch ein Stück weit benutzen, weil dort Zahnstangenabschnitte vorkommen. Dasselbe trifft auch heute noch für die ebenfalls reinen Adhäsionstriebwagen Z 850 zu. Die Stromzuführung von 850 V der Martigny–Châtelard-Eisenbahn geschieht jedoch ebenfalls über eine seitliche 3. Schiene. Diese Bahn wechselt aber seit längerer Zeit sukzessive auf vollständigen Oberleitungsbetrieb. Die Z 800 der SNCF und der MC können jedoch die gesamte Strecke von Saint-Gervais-les-Bains-Le-Fayet bis Martigny durchgehend befahren, was heute die Regel ist.

Zwischen Saint-Gervais-les-Bains-Le-Fayet und Vallorcine wird die Arve neunmal überquert, dazu weitere Flüsse.

Das Zusammentreffen von Normal- und Meterspur ermöglicht immer wieder interessante Fotomotive. Die BB 25175, eine der Unter-Varianten der, für das normalspurige Savoyernetz konzipierten Zweisystemloks der Reihe BB 25150, begegnet einem Z 600 auf Meterspur. Saint-Gervais-les-Bains-Le-Fayet, Januar 1976.

Jahre später hat sich „das Bild der Eisenbahn" merklich geändert. Im gleichen Bahnhof von Saint-Gervais-les-Bains-Le-Fayet konnten im Juli 2013 zwei normalspurige Triebwagen der Reihe Z 27500 (ZGC) neben einem meterspurigen Z 850 abgelichtet werden.

Das Bw der Ligne de Savoie in Saint-Gervais-les-Bains-Le-Fayet, das „Etablissement Mont-Blanc SNCF", wie es heute heißt, übernimmt auch die Aufgabe des Ausbesserungswerks der Meterspur. Ein Z 600-Triebwagenzug steht über der Baugrube. Foto Juli 1975.

Sicht vom hinteren Meterspur-Bahnsteig in Saint-Gervais-les-Bains-Le-Fayet auf das Etablissement. Der Z 607, nun als Dienstfahrzeug, stand zusammen mit dem Schotterwagen U 20204, ehemals Chemin de Fer de la Mure, zu weiteren Einsätzen bereit. Links im Hintergrund der historische Schneepflug ZR 20451, ehemals PLM. Juli 2013.

Solche Fünfwagenzüge, bestehend aus Z 600 + ZR 20600 + Z 600 + ZR 20600 + Z 600, waren viele Jahre in den Hauptverkehrszeiten die Regel. Das Gleis im Vordergrund ist normalspurig und mit 25 kV-50 Hz-Wechselstrom elektrifiziert. Saint-Gervais-les-Bains-Le-Fayet, Juli 1975.

Hier hingegen verlässt ein Dreiwagenzug Saint-Gervais-les-Bains-Le-Fayet in Richtung Chamonix. Eben wird das Flüsschen „Le Bon Nant" überquert. Juli 1975.

Ein Vierwagenzug aus Richtung Vallorcine hat in Saint-Gervais-les-Bains-Le-Fayet Einfahrt. Er besteht aus Z 600 + Z 600 + ZR 20600 + Z 600. Das Farbschema wurde zwischenzeitlich geändert. Einige Triebwagen stehen mit ihrem Packraum Richtung Vallorcine (wie im Bild), einige hingegen umgekehrt. Aufnahme Juli 1997.

Auf diesem Bahnsteig zweier Spurweiten ist das Wartehäuschen in seinem typischen PLM-Baustil nicht zu übersehen. Rechts wartet der Z 803/804 auf die Fahrgäste. Juli 2002.

Links:
Der «Viaduc de Sainte-Marie» ist das markanteste Brückenbauwerk der Strecke. Auf diesem schönen, historischen Plakat der früheren PLM-Eisenbahn-Gesellschaft wurde es eindrücklich dargestellt.
Bild aus Sammlung

Unten:
Mit etwas Glück konnten 1975 noch im Betrieb stehende, ehemalige PLM-Züge, geführt von einem Triebwagen Reihe Z 200, angetroffen werden. Im April jenes Jahres stand der Z 209 mit einem Bauzug im Bahnhof von Chamonix.

Ein in Richtung Saint-Gervais-les-Bains-Le Fayet fahrender Dreiwagen-Z 600-Triebwagen-Wendezug; vorbei an den Fahrzeughallen in Chamonix und über dessen unteres Bahnhofsvorfeld. Foto: Juli 1975.

Im oberen Bahnhofsvorfeld sehen wir die Einfahrt zweier Z 800 in Chamonix. Juli 2002.

Der Z 607 steht mit einem Dreiwagenzug in Chamonix. Nach der großen Hauptausbesserung war der Außenanstrich gemäß dem damaligen neuen, regionalen Farbschema erneuert worden. Erkennbar ist auch das SNCF-Logo der Neunzigerjahre. Aufnahme, mit der Fußgängerbrücke zum Bahnhof der Zahnradbahn „Chemin de Fer du Montenvers" (im Hintergrund), des Juli 1997.

Gleicher Ort, 16 Jahre später. Einer der Z 850-Gelenktriebwagen, genauer der ZRx 1853+Z 852+ZRx 1854, steht zur Fahrt in Richtung Saint-Gervais-les-Bains-Le Fayet bereit. Juli 2013.

Soeben verlässt dieser Zug den Tunnel du Col des Montets und fährt in den Bahnhof Montroc-le-Planet auf 1365 m ü NN ein. Z 600 + ZR 20600 + Z 600. September 1973.

Im April 1975 zeigte sich dem Fotografen beim Lokschuppen in Vallorcine eine schöne Ansammlung ehemaligen PLM-Rollmaterials. Von rechts nach links: SNCF ZS 10204, ein Z 200, ein ZS 10300, sowie, teils bereits im Lokschuppen, ein weiterer ZS 10200.

Am Bahnsteig des Grenzbahnhofs von Vallorcine steht dieser schöne Zug der SNCF in Richtung Chamonix und Saint-Gervais-les-Bains-Le-Fayet. März 1973.

Aus dem fahrenden Zug in Vallorcine aufgenommen: Ein Z 600-Dreiwagen-Triebwagenzug. Foto: März 1973.

Links: SNCF Z 607 steht mit einem Dreiwagenzug in Le Châtelard-Frontière, dem zweiten Grenzbahnhof der gemeinsamen Bahnstrecke, zugleich letzter Bahnhof der Martigny-Châtelard-Eisenbahn (MC). Im August 1976 fuhren beide Eisenbahnen noch mit Stromschiene. Rechts der Triebwagen Nr. 8 der MC. Beachten Sie im Hintergrund die beginnende Steigung nach Vallorcine!

Die MC versieht ihre Strecke sukzessive mit Oberleitung, doch ist die Stromschiene hier für die Züge der SNCF natürlich erhalten geblieben. Foto, Juli 2002: Links der Triebwagen Nr. 501 der MC mit Wendezug, rechts der Z 606 der SNCF. Die von der SNCF und MC gemeinsam beschafften Z 800 können die ganze Strecke von Saint-Gervais-les-Bains-Le-Fayet nach Martigny durchgehend befahren.

2.5 Die Fahrzeuge der Ligne de Savoie

Begründet durch die speziellen betrieblichen Bedingungen auf den bis zu 90‰ aufweisenden Steilstrecken, war die Überzahl der Zwischenwagen der PLM-Züge mit Antrieben versehen. Die späteren SNCF-Züge der Z 600 verkehrten stets nach der Formel: Z 600 + ZR 20600 + Z 600. Andererseits sieht die neuere Entwicklung von Regionalzügen sowieso nur noch mehrteilige Triebzüge vor, welche ohne Anhängewagen verkehren.

2.5.1 Die Fahrzeuge der ehemaligen PLM; das ursprüngliche Rollmaterial

Die erwähnten, steilen Streckenabschnitte, welche ausschliesslich mittels Adhäsion, also ohne Zahnstangenabschnitte, bewältigt werden müssen, stellen an die Fahrzeuge aussergewöhnliche Anforderungen. Es gab mehrheitlich Triebfahrzeuge (ZS), welche im Zugsverband mit Vielfachsteuerung verkehrten. Doch auch motorlose Zwischenwagen, die ZR 20400, gehörten zum Rollmaterial.

<u>Z 200</u>
Nur die Triebwagen an der Zugspitze verfügten über einen Führerstand. Es gab nur zweiachsige Fahrzeuge. Bei Notanhalt auf mit mittleren Schienen ausgerüsteten Streckenabschnitten dienten zur Sicherheit direkt auf diese wirkende Bremszangen. Die mit einem Führerstand versehene Reihe Z 201 bis 220 (ehemals PLM-EDf) verfügte über ein Packabteil. Der Dienst-Triebwagen Z 205 war mit einer Enteisungseinrichtung der mittleren Schiene ausgestattet.

<u>ZS 10001 bis ZS 10434</u>
Die führerstandlosen Triebfahrzeuge als Zwischenwagen verschiedener Gattungen waren in folgende Baureihen eingeteilt worden:

Personen-Triebwagen zu 5 Abteilen:
- ZS 10001 bis ZS 10004 (ehemals EAf, ursprünglich insgesamt 8 Fahrzeuge 1. Klasse)
- ZS 10066 bis ZS 10078 (ehemals EBf, ursprünglich insgesamt 30 Fahrzeuge 2. Klasse)
- ZS 10117 bis ZS 10130 (ehemals EABf, ursprünglich insgesamt 30 Fahrzeuge, 1. und 2. Klasse)

Güter-Triebwagen:
- ZS 10201 bis ZS 10208 (ehemals ENf 351 bis 358) Niederbordwagen
- ZS 10211 …. ZS 10222 (ehemals ENf 501 …. 552) Flachwagen
- ZS 10301 bis ZS 10317 (ehemals EKf 301 bis 317) Geschlossene Güterwagen
- ZS 10401 bis ZS 10434 (ehemals ETf 401 bis 434) Hochbordwagen

Die gesamte Fahrzeuggruppe verfügte über einen einfachen Hilfsführerstand, was ihr ermöglichte, im Bedarfsfall Rangierbewegungen auszuführen.

Das gesamte ehemalige PLM-Rollmaterial der Linie war mit Mittelpuffern und seitlich dazu angeordneten Zughaken versehen.

2.5.2 Triebwagen der SNCF

<u>Z 600</u>
Auch wenn die ehemaligen PLM-Fahrzeuge teils noch viele Jahre im Einsatz blieben, hatte die SNCF 1958 neue Triebwagen in Betrieb genommen: Die Vierachsigen Z 601 bis Z 608. Zusammen mit den ähnlich gebauten, motorlosen Zwischenwagen ZR 20601 bis 20604 waren 3- oder 5-teilige Triebwagenzüge gebildet worden. Anstelle einer Bremszange auf die mittlere Schiene, besassen die Z 600 Magnetschienenbremsen.

Von da an waren die neueren Fahrzeuge der Ligne de Savoie mit automatischer Scharfenbergkupplung ausgerüstet worden. Auch die angrenzende Martigny–Châtelard-Eisenbahn (MC) rüstete auf diese Kupplungsbauart um.

Z 800
Diese drei, aus den Z 801 bis Z 806 bestehenden, zweiteiligen Triebfahrzeuge wurden 1996 und 1997 angeschafft. Jeweils zwei Fahrzeuge bilden einen betrieblich nicht trennbaren Doppeltriebwagen. Zum Befahren der angrenzenden Strecke der Martigny–Châtelard-Eisenbahn (MC) sind sie auch für Zahnstangenbetrieb und Fahrt unter Oberleitung geeignet. Damit besitzt die SNCF sogar Zahnradfahrzeuge. Die MC (später MOMC) nahm ihrerseits zwei identische Fahrzeuge Z 821/822 und Z 823/824 in Betrieb. Seither werden durchgehende Züge zwischen Saint-Gervais-les-Bains-le Fayet und Martigny angeboten.

Z 850
Nach 2005 gesellten sich sechs dreiteilige Gelenktriebwagen Z 851 bis Z 856 (genauer die ZRx 1851+Z 851+ZRx 1852 bis ZRx 1861+Z 856+ZRx 1862) für reinen Adhäsionsbetrieb zum Rollmaterialpark der Ligne de Savoie der SNCF. Sie wurden von Stadler hergestellt, obwohl französische Waggonbauer bekanntlich den Bau von Meterspurfahrzeugen bestens beherrschen. 2012 stellte die MC ein ähnliches Fahrzeug, der Z 871/872, in Dienst.

2.5.3 Zwischenwagen

ZR 20400 (ehemals PLM)
Den ZS 10001-10130 ähnlich sehend, wurden 5 motorlose EAf, 1. Klasse und 17 motorlose EBf, 2. Kl., gebaut. Ihre Untergestelle waren ansonsten beinahe identisch, die Wagenkästen verfügten nur über 4 Abteile, anstatt 5. Die Einstiegsplattformen waren hingegen größer.

ZR 20600
Die motorlosen, 4-achsigen, einzigen Zwischenwagen ZR 20601 bis 20604 waren den Z 600-Triebwagen sehr ähnlich. Sie verfügten allerdings über zwei Einstiege je Seite. Sie fuhren ausschließlich zusammen mit den Z 600, wobei zwei Triebwagen stets einen Zwischenwagen einreihten. Bei Fünfwagen-Triebwagenzügen ergab sich dann folgende Zugszusammenstellung:

Z 600 + ZR + Z 600 + ZR + Z 600. Diese Anordnung hat Ähnlichkeiten mit jener der „Ligne de Cerdagne". Der ZR 20603 wurde nach Ausmusterung in einen Flachwagen für Schienentransport U 20603 umgebaut.

2.5.4 Dienstfahrzeuge

Z 450
Selbstfahrende 2-achsige Schneeschleuder, durch die PLM-Werkstätte hergestellt.

Z 691
An Konstruktions-Elemente der Z 600 angelehnte, erst 3-achsige Schneeschleuder, selbstfahrend, stets zusammen mit einem Z 600 eingesetzt. Nach 1990 Umbau auf 2-Achsen.

CN 4 - Beilhack
Selbstfahrende Diesel-Schneeschleuder, 2-achsig.

Xemh 4/4 Nr. 4, ehemals MC
Dieses, aus dem Personentriebwagen Nr. 4 der „Martigny–Châtelard"-Eisenbahn umgebaute, Zweikraftfahrzeug ist von der SNCF übernommen worden. Die endgültige Bezeichnung steht zurzeit noch aus. Denkbar wäre z.B. „B"+ Fz.-Nr. (B für Bimode = Zweikraft)

U 20201 und 20203
Flachwagen, 2-achsig

U 20202
Kranwagen, 2-achsig

U 20204 und 20205 (ehemals Chemin de Fer de La Mure)
Schotterwagen, 2-achsig

U 20603 (ehemals ZR 20603)
Schienentransportwagen, 4-achsig

ZS 10450 und ZS 10451
Schneepflüge, 2-achsig

2.5.5 Einige Daten der ehemaligen PLM-Fahrzeuge

Triebwagen Z 200, Nummern Z 201 bis 220

Baujahr	1901–1909	Triebraddurchmesser:	930 mm
Achsfolge	Bo	Dienstgewicht (Tara):	23 T
Anzahl elektrische Fahrmotoren	2	Stromsystem	750 V-Gleichstrom
Leistung	80 kW = 109 PS	Erbauer	Horme et Buire und CEM
Kraftübertragung	Tatzlagerantrieb	Der Triebwagen verfügt über einen Packraum	
Höchstgeschwindigkeit:	35 km/h		
Länge über Puffer	10,150 m		

Der SNCF - Z 209 in den Ursprungs-Farben der Gesellschaft PLM. Aufnahme in der „Cité du Train" (Eisenbahn-Museum) in Mulhouse, im April 2015. Alle Fahrzeuge besassen Holzkasten.
Die alten PLM-Fahrzeuge hatten Mittelpuffer.

Motorisierte Anhängewagen ZS 10001–10004, ZS 10066–10078, 10117–10130

Baujahr	1901–1909	Länge über Puffer	10,150 m
Achsfolge	Bo	Triebraddurchmesser:	930 mm
Anzahl elektrische Fahrmotoren	2	Dienstgewicht (Tara):	20 T
Leistung	80 kW = 109 PS	Stromsystem	750 V-Gleichstrom
Kraftübertragung	Tatzlagerantrieb	Erbauer	Horme et Buire und CEM
Höchstgeschwindigkeit:	35 km/h	Personen-Triebwagen ohne Führerstand	

ZS 10004, ehemals EAf 1. Klasse zu 2. Klasse umgebaut. Foto Jacques Defrance.

Motorisierte Güterwagen ZS 10201–10208 und ZS 10211–10217

Baujahr	1901	Länge über Puffer	8,600 m
Achsfolge	Bo	Triebraddurchmesser:	930 mm
Anzahl elektrische Fahrmotoren	2	Dienstgewicht (Tara):	18,8 T
Leistung	80 kW = 109 PS	Stromsystem	750 V-Gleichstrom
Kraftübertragung	Tatzlagerantrieb	Erbauer	Horme et Buire und CEM
Höchstgeschwindigkeit:	35 km/h	Niederbord-Triebwagen	

Niederbord-Triebwagen SNCF-ZS 10204, ehemals PLM, als Zugschluss eines Bauzugs, welcher aus motorisierten Hoch- und Niederbordwagen besteht. Im Hintergrund die Fußgänger-Brücke zwischen den beiden Bahnhöfen von Chamonix. April 1975.

Motorisierte Güterwagen ZS 10301–10317

Baujahr	1901–1906	Länge über Puffer	8,600 m
Achsfolge	Bo	Triebraddurchmesser:	930 mm
Anzahl elektrische Fahrmotoren	2	Dienstgewicht (Tara):	21,7 T
Leistung	80 kW = 109 PS	Stromsystem	750 V-Gleichstrom
Kraftübertragung	Tatzlagerantrieb	Erbauer	Horme et Buire und CEM
Höchstgeschwindigkeit:	35 km/h	Geschlossener Güterwagen als Triebwagen	

Dieser geschlossene Güter-Triebwagen, der ZS 10301, wurde für den Hilfszug verwendet. Aufnahme im September 1973 in Saint-Gervais-les-Bains-Le-Fayet.

Motorisierte Anhängewagen ZS 10401–10434

Baujahr	1901–1906	Länge über Puffer	8,600 m
Achsfolge	Bo	Triebraddurchmesser:	930 mm
Anzahl elektrische Fahrmotoren	2	Dienstgewicht (Tara):	19,4 T
Leistung	80 kW = 109 PS	Stromsystem	750 V-Gleichstrom
Kraftübertragung	Tatzlagerantrieb	Erbauer	Horme et Buire und CEM
Höchstgeschwindigkeit:	35 km/h	Hochbord-Triebwagen	

Links:
Der Hochbord-Triebwagen ZS 10421 stand im September 1973, zusammen mit dem Z 209, vor dem BW in Saint-Gervais-les-Bains-Le-Fayet. In dem Bremserhaus ist der Hilfs-Führerstand untergebracht.

Unten:
Der ZS 10420 in der «Cité du Train» im April 2015 in Mulhouse.

2.5.6 Einige Daten der durch die SNCF beschafften Fahrzeuge

Triebwagen Z 600, Nummern Z 601 bis 608

Baujahr	1958	Länge über Kupplung	18,200 m
Achsfolge	Bo´Bo´	Triebraddurchmesser:	800 mm
Anzahl elektrische Fahrmotoren	4	Dienstgewicht (Tara):	39,8 T
Leistung	400 kW = 544 PS	Stromsystem	(750) 850 V-Gleichstrom
Kraftübertragung	Tatzlagerantrieb	Erbauer	Decauville, Oerlikon
Höchstgeschwindigkeit:	70 km/h		

Ein klassischer Dreiwagenzug, bestehend aus Z 600 + ZR 20600 + Z 600, steht im Bahnhof von Chamonix, mit dem Z 605 am Zugschluss. Foto: Juli 1975.

Gegen Ende der Betriebseinsätze im Personenverkehr der Z 600 waren die Farben der Région „Rhône-Alpes" appliziert worden. Foto: Zweiwagenzug Z 600 + Z 600, Juli 2002, in Chamonix.

Triebwagen Z 800, Nummern Z 801 bis 806 sowie Z 821 bis 824 (MC)

Baujahr	1996, 1997	Höchstgeschwindigkeit:	70 km/h
Achsfolge	Bo´2´+2´Bo´ (zz)	Länge über Kupplung	37,800 m
	Doppeltriebwagen	Triebraddurchmesser:	~ 800 mm
Anzahl elektrische Fahrmotoren	4	Dienstgewicht (Tara):	71,7 T
Leistung	1000 kW = 1360 PS	Stromsystem	850 V-Gleichstrom
Kraftübertragung		Erbauer	Vevey, ADtranz, SLM
	Hypoïd-Getriebe, umschaltbar		

Der Doppel-Triebwagen Z 805/806 der SNCF fährt im Einfahrtsbereich des Bahnhofs von Saint-Gervais-les-Bains-Le-Fayet. Juli 2002.

Triebwagen Z 850, (ZRx 1851+Z 851+ZRx 1852 bis ZRx 1861+Z 856+ZRx 1862)

Baujahr	2005–2008	Höchstgeschwindigkeit:	70 km/h
Achsfolge	2´+Bo´Bo´+2´	Länge über Kupplung	39,659 m
	Gelenktriebwagen	Triebraddurchmesser:	780 mm
Anzahl elektrische Fahrmotoren	4	Dienstgewicht (Tara):	61 T
Leistung	696 kW = 946 PS	Stromsystem	850 V-Gleichstrom
Kraftübertragung	Achswellengetriebe	Erbauer	Stadler

Der SNCF-Gelenk-Triebwagen Z 852 (genauer: ZRx 1853+Z 852+ ZRx 1854) im Bahnhof von Chamonix. Juli 2013.

2.5.7 Einige Daten der Zwischenwagen
Zwischenwagen SNCF-Reihe ZR 20400, ehemals PLM 5 Wagen EAf und 17 Wagen EBf

Baujahr	1902–1914	Länge über Puffer	10,150 m
Achsfolge	2, motorlos, kein Antrieb	Dienstgewicht (Tara):	12 T
Höchstgeschwindigkeit:	35 km/h	Erbauer	Horme et Buire und CEM

Im Gegensatz zu den ZS 10001 bis ZS 10130 wiesen die ZR 20400 einen Wagenkasten mit nur vier Abteilen auf. Sie hatten jedoch größere Plattformen. Foto: Historischer PLM-Wagen EBf Nr. 451 in Saint-Gervais-les-Bains-le-Fayet: April 1975.

Zwischenwagen ZR 20600

Baujahr	1958	Länge über Kupplung	18,200 m
Achsfolge	2′2′, motorlos, kein Antrieb	Dienstgewicht (Tara):	19,7 T
Höchstgeschwindigkeit:	70 km/h	Erbauer	Decauville

Zwischen zwei Triebwagen Z 600 eingereihter Zwischenwagen ZR 20600 bei Ankunft in Vallorcine. Foto März 1973.

2.5.8 Daten einiger Dienstfahrzeuge

Schneeschleuder Z 691

Baujahr	1958
Achsfolge	1′Bo′
Umbau auf Achsfolge Bo	
Anzahl elektrische Fahrmotoren	2
Leistung	200 kW = 272 PS
Kraftübertragung	Tatzlagerantrieb
Höchstgeschwindigkeit:	40 km/h
Länge über Kupplung	9,015 m
Triebraddurchmesser:	800 mm
Dienstgewicht (Tara):	33,5 T
Stromsystem	750 V (850)-Gleichstrom
Erbauer	SNCF, Ateliers Oullins und Nevers
Ein E-Motor für zwei Turbinen der Schneeräumung	

Links und Mitte:
Die selbstfahrende Schneeschleuder Z 691 besteht aus Komponenten der Z 600-Triebwagen (sichtbar). Als Laufwerk diente zudem ursprünglich ein mit demjenigen der Z 600 praktisch identisches Drehgestell, ergänzt mit einer zusätzlichen Laufachse.

Der Antriebsmotor der Rotoren entspricht den Fahrmotoren der BB 8100 (Normalspur).

Aufnahmen April 1975 in Saint-Gervais-les-Bains-Le-Fayet.

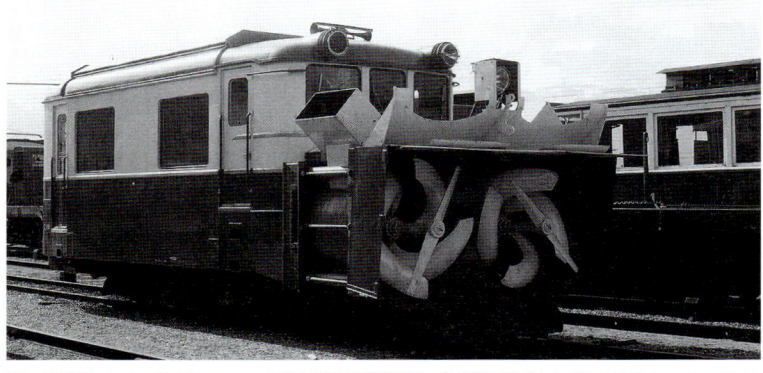

Nach Umbau zu mit einem Laufwerk mit Achsfolge B, Änderungen u.a. im Rotorbereich sowie mit geändertem Anstrich versehen, konnte die Z 691 nach Jahren in Saint-Gervais-le-Bains-Le-Fayet nochmals aufgenommen werden.
Foto: Juli 2013.

SNCF-Zweikraft-Bahndienst-Triebwagen (Xemh 4/4) Nr. 4 (ehemals MC)

Baujahr	1957, Umbau 2015	Höchstgeschwindigkeit:	50 km/h
Achsfolge	Bo´Bo´ (zz)	Länge über Kupplung	18,000 m
Anzahl elektrische Fahrmotoren	4	Triebraddurchmesser:	860 mm
1 Dieselgeneratorgruppe		Dienstgewicht (Tara):	44,0 T
Leistung	560 kW = 762 PS	Stromsystem	850-Gleichstrom
Kraftübertragung		Erbauer	
	Sécheron Lamellenantrieb		Schindler-Waggon AG Pratteln/MC

Der ehemalige Personentriebwagen der Martigny–Châtelard-Eisenbahn wurde zu einem Dienstfahrzeug umgebaut. Durch Einbau einer Dieselgenerator-Gruppe wurde es zum Zweikraftfahrzeug. Die von der MC stammende Bezeichnung ist noch nicht geändert. Der Dienst-Triebwagen Nr. 4 der SNCF ist hier in Saint-Gervais-les-Bains-Le-Fayet zu sehen. Foto Daniel Zorloni.

Schotterwagen U 20204 und U 20205

Achsfolge:	2	Baujahr: Herkunft: La Mure-Eisenbahn 1998

Schotterwagen, U 20204 ehemals Chemin de Fer de La Mure, aufgenommen beim BW Saint-Gervais-les-Bains-Le-Fayet, Juli 2013.

3. Die Eisenbahn Le Blanc–Argent der SNCF

(Le Blanc–Buzançais–) Valençay–Romorantin–Salbris
(–Argent-sur-Sauldre)

3.1 Das Loire-Gebiet

3.1.1 Geografie

Die geschichtsträchtige Region „Centre-Val-de-Loire" liegt vollständig im Innern Frankreichs. Geometrisch gesehen erreicht sie mit ihrer südöstlichsten Ecke knapp das eigentliche Zentrum des Landes. Die interessante Stadt Orléans an der Loire, rund 100 km südlich von Paris, ist die Hauptstadt dieser vorwiegend flachen und äußerst schönen Landschaft. Ebenfalls in der Nähe und an der Loire liegt die eindrückliche Stadt Tours. Für weite Teile des Gebiets beträgt die durchschnittliche Seehöhe um 100 m ü NN. Die Bahnstrecke Le Blanc–Argent kreuzt wichtige Nebenflüsse der Loire.

3.1.2 Geschichte

Bereits in der Altsteinzeit, also vor über 50'000 Jahren, gab es in dieser Gegend Besiedlungen. Nach dem 5. Jahrhundert vor Chr. breiteten sich keltische Stämme aus. Im römischen Reich, vom 1. Jh. vor Chr. bis zum 3. Jahrhundert nach Chr. lag dieses Gebiet ungefähr im Grenzbereich zwischen den Provinzen „Gallia Lugudunensis" und „Aquitania". Nach Teilung des römischen Reichs in Ost- und Westgoten kam es nach dem 9. Jahrhundert zum Königreich Frankreich. Während des „Hundertjährigen Kriegs" (1337 bis 1453) bildete die Loire stellenweise die Grenze zum nördlich davon gelegenen, englisch besetzten Gebiet. Zwischen 1415 und 1453 waren im französisch gebliebenen Teil, südlich der Loire, zahlreiche Burgen zur Verteidigung aufgebaut worden. In diese Zeit fällt auch der religiös geprägte Mythos um die, als „Jungfrau von Orléans" bekannte, Jeanne d'Arc. Vom 16. Jahrhundert an ließ der französische Adel prunkvolle, königliche Schlösser auf den Grundmauern der inzwischen verfallenen Burgen aufbauen, welche in der Folgezeit oft weiter ausgebaut oder umgebaut wurden. Dieser neue Schwerpunkt von Macht, aber auch von Kultur, führte dazu, dass die französische Hauptstadt in dieser Zeit sehr im Schatten stand. Paris verkam zeitweise fast zur Provinz. Spätestens nach der französischen Revolution 1789 änderte dieser Zustand wieder. Dennoch blieben diese sehr zahlreichen Schlösser, selbst oft große Kunstsammlungen beherbergend, eine enorme Bereicherung für diese Regionen. Eine ganze Landschaft zwischen Sully-sur-Loire und Chalonnes-sur-Loire wurde zum Weltkulturerbe der UNESCO erklärt.

3.1.3 Heutige Situation

Das östliche Loire-Gebiet, die Région Centre-Loire, wird seit Napoleon in die Departemente 18, 28, 36, 37, 41 und 45 eingeteilt.

Sozusagen im gesamten Südwestfrankreich, wozu diese Gegend gezählt wird, hatte im Wesentlichen die Eisenbahn-Gesellschaft PO (Paris-Orléans) den Bahnbau veranlasst und betrieben. Nach deren Verstaatlichung 1938 zu der SNCF-Région Sud-Ouest (Südwest) gehörend, können im Wesentlichen folgende Eisenbahnstrecken genannt werden:

- (Paris Austerlitz–) Les Aubrais-Orléans–Tours–Poitiers–(Bordeaux)
- (Paris Austerlitz–) Orléans–Vierzon –Châteauroux–Limoges (–Toulouse)

Beide wurden vor langer Zeit mit 1500 V-Gleichstrom elektrifiziert.

- (Nantes–) Tours–Gièvres–Vierzon–Bourges (–Moulins–Lyon)

Zwischen Saint-Pierre-des-Corps (bei Tours) und Vierzon seit etwa 2008 mit 25 kV-50 Hz-Wechselstrom elektrifiziert.

- Châteauroux–Buzançais–Loches–Tours
- Le Blanc–Buzançais–Écueillé–Valençay–Gièvres–Romorantin–Salbris–Argent-sur-Sauldre (im Meterspur), genannt „Le Blanc–Argent" BA

Von der ursprünglich durch die PO betriebenen BA haben bis heute zwei restliche Streckenteile überlebt: Von Valençay nach Salbris, durch die SNCF betrieben und von Argy nach Luçay-le-Mâle, von der Touristikbahn TBB übernommen. Der SNCF-Teil der Strecke hat mit dem normalspurigen Eisenbahnnetz zwei Verknüpfungspunkte: In Gièvres und Salbris. Die BA könnte ein Beispiel dafür sein, dass auch in vorwiegend flachen Gegenden Meterspurbahnen mit guten Argumenten gebaut wurden. Zur Feinverteilung in ländlichen, eher abgelegenen Gegenden, sozusagen von Kleinstadt zu Kleinstadt, von Dorf zu Dorf, kann oder konnte eine Schmalspurbahn geradezu ideal sein. Dies bei eher kleinerem Verkehrsaufkommen und niedrigeren Geschwindigkeiten. Infolge engeren Gleisradien war eine Anpassung an gewachsene Infrastrukturen und Ländereien einfacher. Für die BA treffen diese Begründungen nicht vollends zu. Der Hauptgrund waren finanzielle Entscheidungen. Trotzdem musste die Eisenbahn Le Blanc–Argent in den folgenden Jahren schmerzlicherweise enorme Streckenschließungen hinnehmen, wozu auch etliche Kriegsschäden nach dem 2. Weltkrieg beitrugen.

Die heute noch vorhandenen Teilstrecken bilden ein Reststück der einst 191 km langen Verbindung von Le Blanc nach Argent-sur-Sauldre, in den Departementen 36 (Indre) und 41 (Loir et Cher). Die nach wie vor dem öffentlichen Verkehr dienende, 56 km messende SNCF- Strecke von Valençay nach Salbris befindet sich in recht gutem Zustand. Nach einem Unterbruch hat sich die Gruppe „Société pour l'Animation du Blanc-Argent", kurz SABA genannt, einem eingestellten Teilstück von Argy über Écueillé nach Luçay-le-Mâle angenommen. Diese betreibt dort sehr anerkennenswerterweise unter dem Namen „Train du Bas-Berry" (TBB) einen schönen und interessanten Museumsbetrieb mit historischem Rollmaterial, einschließlich Dampfloks. Die Trasse musste infolge längeren Unterbruchs erst wieder betriebsfähig instand gestellt oder rekonstruiert werden. Zwischen Luçay-le-Mâle und Valençay ist die Strecke nach wie vor unterbrochen. Um Abbauplänen vorzubeugen, nimmt sich die SABA auch diesem Teilstück an. 2017 oder 2018 wird mit einer Wiedereröffnung durch die TBB gerechnet. Dann werden sich die meterspurigen Züge der SNCF und der TBB in Valençay begegnen können. Das Teilstück von Buzançais nach Argy wurde zwecks Güter-Transporten auf Normalspur umgebaut. Damit entstand dort eine Normalspur-Gleisverbindung mit der Strecke Châteauroux–Buzançais–Loches–Tours, welche mit Ausnahme des letztgenannten Teilstücks ausschließlich Güterverkehr betreibt.

Der moderne Eindruck, den die SNCF auf dem verbliebenen Meterspurstück der BA hinterlässt, stimmt optimistisch. Foto, Juli 2016: Der „Autorail" X 74501 in Romorantin-Blanc–Argent.

3.2 Die Eisenbahn Le Blanc–Argent der SNCF

3.2.1 Planung und Bau durch die PO–Eisenbahngesellschaft

1868 entstand das erste Projekt einer Verbindung zwischen den Endpunkten der späteren Linie Le Blanc–Argent, welches durch den „Plan Freycinet", dem Förderer des Baus von regionalen Eisenbahnstrecken, unterstützt wurde. Aus strategischen Gründen war anfänglich eine doppelspurige Normalspurstrecke vorgesehen worden, eine Tatsache, welche aus heutiger Sicht einigermaßen erstaunt. Doch, es wurde damals klar erkannt, dass die zu erschließende Gegend bezüglich des Baus von Eisenbahnstrecken vernachlässigt worden war und dringender Nachholbedarf bestand. Aus finanziellen Gründen fällte das Departement 36 (Indre) im Jahr 1890 jedoch den Entscheid zugunsten der Meterspur mit einer nur einspurigen Trasse.

1893 wurde der Compagnie du Chemin de Fer Paris–Orléans (PO) die Konzession zum Bau und Betrieb der Strecke erteilt. Der Baubeginn der 191 km langen Strecke fiel auf das Jahr 1899. Im Dezember 1901 wurde die erste, 30 km lange Teilstrecke zwischen Romorantin und Salbris eröffnet. Die weiteren Eröffnungsdaten waren:
- Salbris–Argent-sur-Sauldre, 41 km: Mai 1902
- Romorantin–Écueillé, 47 km: November 1902
- Écueillé–Le Blanc, 73 km: Ende November 1902

Im Jahre 1906 übertrug die PO die Betriebsführung der neugegründeten Gesellschaft Chemin de Fer du Blanc à Argent. Die ursprüngliche Planung als doppelspurige Normalspurstrecke hatte gewisse positive Auswirkungen. So weisen die meisten Gleisbogen auf offener Strecke minimale Radien von 300 m auf. Trotzdem kommen in Einzelfällen auch solche mit 150 m Halbmesser vor.

3.2.2 Einstige weitere Meterspurstrecken mit Gleisverbindung zu der BA

Die folgenden Meterspurstrecken bildeten zusammen mit der BA ein gemeinsames Netz von insgesamt gegen 1000 (eintausend) km Streckenlänge. In den nachstehend genannten Bahnhöfen bestanden Verknüpfungen mit der BA:

- Le Blanc: Tramway de l'Indre, Strecke nach Argenton
- Écueillé: CFD, Réseau de l'Indre et Loire Sud, Strecke nach Loches
- Valençay: Tramway de l'Indre, Strecke nach Châteauroux
- Romorantin: Compagnie du Tramway du Loir et Cher, Strecke nach Neung-sur-Beuvron
- Brinon-sur-Sauldre: Compagnie des Tramways du Loiret, Strecke nach Orléans
- Argent-sur-Sauldre: Société Générale des Chemins de Fer Économiques (SE), Strecke nach Guerche

Die genannten Eisenbahnstrecken wurden schon vor langer Zeit eingestellt.

Zwei Anmerkungen zum besseren Verständnis:

- In Frankreich wurden oder werden – vorwiegend schmalspurige – Nebenbahnen oft als „Tramway" bezeichnet, auch wenn diese Eisenbahnen weder bezüglich der Trasse noch bezüglich den Fahrzeugen besonders große Ähnlichkeit mit Straßenbahnen aufwiesen.

- Es gibt im Loire-Gebiet drei Flüsse, die ähnlich heißen: La Loire, Le Loir und Le Loiret. Die 1004 km lange Loire ist jedoch der wichtigste Fluss der Gegend. Die BA erreichte zu keiner Zeit die Loire selbst, wohl aber mehrere ihrer Nebenflüsse, wie u.a.: Cher, Sauldre und Indre.

3.2.3 Hauptdaten der Strecke

Analog der „Ligne de Cerdagne" (Compagnie du MIDI) wurden sogenannte Doppelkopfschienen verwendet, französisch „Rail à Double-Champignon", die sozusagen einen symmetrischen Querschnitt aufweisen und mittels gusseisernen Schienenstühlen mit den Schwellen verbunden werden. Dies im Gegensatz zu den ansonsten meist verbreiteten Vignolschienen. Auch bei Normalspurstrecken verwendeten sowohl die MIDI als auch die PO sehr oft Doppelkopfschienen, welche zwecks doppelseitiger Abnützung umgedreht wurden.

Die verhältnismäßig großzügigen Gleisbögen wurden bereits erwähnt. Der ganze Gleiskörper war auf einen Sand-Oberbau, anstelle eines Schotter-Bettes, verlegt worden. Durch eine eher flache Topografie bedingt, erreichen die Neigungen nicht mehr als 15 ‰. Die Aufnahmegebäude der Bahnhöfe wurden in schönem, regionalen Baustil erstellt. Eine Ausnahme bildet dasjenige von Valençay. Es wurde in einem Neo-Renaissance-Stil erbaut. In Gièvres und Salbris werden die Aufnahmegebäude der Normalspurstrecken mitbenutzt.

Beinahe erwartungsgemäss weist die ganze 191 km lange Strecke der BA keine Tunnels auf.

An vier Stellen gibt es für die Bahn eine Kreuzung auf zwei Ebenen: Bei Gièvres führt die Trasse der BA unter der SNCF-Linie Tours–Vierzon hindurch. Durchfahrten gibt es auch unter den Autobahnen A 85 und A 71. Bei Salbris führt die Meterspur über die Bahnstrecke (Paris Austerlitz–) Orléans–Vierzon (–Toulouse) hinweg. Zwischen Buzançais und Salbris können im Wesentlichen 11 Brücken über Flüsse gezählt werden. Die Längste, über den Cher, zwischen Chabris und Gièvres ist auf insgesamt drei Brückenabschnitte von zusammen 144 m Länge aufgeteilt. An zwei Stellen wird die Sauldre überquert: 42 m in Romorantin und 37 m bei Selles-Saint-Denis.

Die Bahnstrecke Le Blanc–Argent ist nicht elektrifiziert. Der ursprüngliche Dampfbetrieb wurde 1953 aufgegeben. Teilweise wurden Diesellok auf Fahrwerken von Dampfloks aufgebaut. Der Personenverkehr wurde bereits seit längerer Zeit durch Autorails (meist leichtgebaute, Schienenbus ähnliche Dieseltriebwagen) bewältigt. Letztere wurden in gewissen Zeitabständen jeweils durch moderneres Rollmaterial ergänzt oder abgelöst. 1988 wurde der Güterverkehr vollständig eingestellt. Eine Ausnahme bildet der Abschnitt Buzançais–Argy, welcher auf Normalspur umgebaut wurde.

Die Strecken-Höchstgeschwindigkeit beträgt 70 km/h.

3.2.4 Die Bahnhöfe der Blanc–Argent

Die ganze, ehemals 191 km lange Strecke hatte einschließlich der Haltepunkte insgesamt 38 Zwischenbahnhöfe.

Diejenigen Bahnhöfe der völlig eingestellten Streckenteile hießen:
- Zwischen Le Blanc und Buzançais: 10 St.: Azé, Doudiac, Lingé, Saint-Michel-Saint-Cyran, Mézières-en-Brenne, Subtray, Sainte-Thérèse, Vendœuvres, Chaventon, Bonneau-Habilly
- Zwischen Luçay-le-Mâle und Valençay: 1 St.: La Gauterie
- Zwischen Salbris und Argent-sur-Sauldre: 5 St.: Les Loges, Souesmes, Pierrefitte-sur-Sauldre, Brinon-sur-Sauldre, Clémont

Im heutigen, durch die SNCF betriebenen, Streckenabschnitt von 56 km Länge gibt es zwischen den beiden Endpunkten Valençay und Salbris noch 11 Zwischenbahnhöfe. Romorantin bildet das betriebliche und technische Zentrum der Bahn. Dort befinden sich auch das BW und die Werkstätten für den Fahrzeugunterhalt.

Nach Aufnahme des Museumsbetriebs auf dem 28 km langen Teilstück zwischen Argy und Luçay-le-Mâle durch die SABA, Bzw. die TBB, verbleiben dort noch 4 Zwischenbahnhöfe, wobei Écueillé das betriebliche Zentrum bildet. Der Haltepunkt Juscop wurde aufgehoben und dafür wurde das an einem kleinen See gelegene La Foulquetière als neuer Haltepunkt eingeführt.

a) Die Endbahnhöfe des von der SNCF betriebenen Teils der BA und deren wichtigster Zwischenbahnhof:
Die km-Angaben gehen von Le Blanc aus.

Valençay (km 94) liegt auf 154 m ü NN und weist drei Gleise auf
Romorantin (km 121) liegt auf 89 m ü NN und weist 3 Bahnsteigs-Gleise auf
Salbris (km 150) liegt auf 108 m ü NN und weist 2 Bahnsteig-Gleise auf. Salbris wurde als Kopfbahnhof, nur ganz wenige Meter vom Normalspurbahnhof entfernt, konzipiert. Die damals weiterfahrenden Züge der BA mussten hier Kopf machen, d.h. „gestürzt" werden.

b) Folgende SNCF-Zwischenbahnhöfe weisen mehr als ein Gleis auf:

Chabris (km 106), 84 m ü NN, 2 Bahnsteiggleise plus Dienstgleis
Gièvres (km 110), 96 m ü NN, 2 Gleise in Meterspur plus Dienstgl., 2 Gleise in Normalspur
Pruniers (km 114), 84 m ü NN, 2 Gleise
Selles-Saint-Denis (km 138), 97 m ü NN, 3 Gleise plus Dienstgl.
La Ferté-Imbault (km 141), 100 m ü NN, 2 Gleise

c) Folgende SNCF-Zwischenbahnhöfe und Haltepunkte weisen nur ein Gleis auf:

Varennes-sur-Fouzon (km 101), 83 m ü NN
Les Quatre-Roues (km 117), 86 m ü NN
Faubourg-d'Orléans (km 123), 94 m ü NN
Villeherviers (km 127), 100 m ü NN
Loreux (km 131), 96 m ü NN

d) Die Bahnhöfe des von der SABA / TBB als Touristikbahn betriebenen Teils der BA weisen folgende Gleiszahlen auf:

Argy (km 55), 124 m ü NN, 3 Gleise plus Dienstgl.
Pellevoisin (km 60), 136 m ü NN, 3 Gleise
Heugnes (km 65), 150 m ü NN, 2 Gleise
Écueillé (km 74), 142 m ü NN, mindestens 3 Gleise plus Dienstgleise, Bw und Werkstätten.
La Foulquetière (km 79), 159 m ü NN, 1 Gleis
Luçay-le-Mâle (km 83), 117 m ü NN, 2 Gleise

3.2.5 Kulturerbe
Der durch die SABA vom Abbau gerettete und durch die TBB betriebene Strecken-Abschnitt steht als Kulturerbe unter nationalem Denkmalschutz. Dies trifft für die Gleise und die Bahnstrecke an sich und insbesondere auch für die Bahnhofsgebäude und für die meisten Loks, Triebwagen (Autorails) und Wagen zu.

Aufgenommen im Juli 2016 im Bahnhof Écueillé: Links ein Autorail-Anhängewagen der Bauart Verney XR 701 bis 703, ehemals SNCF. Rechts die 020 T Nr. 11 «Corpet-Louvet».

3.2.6 Teil-Strecken-Karte der Eisenbahn Le Blanc–Argent

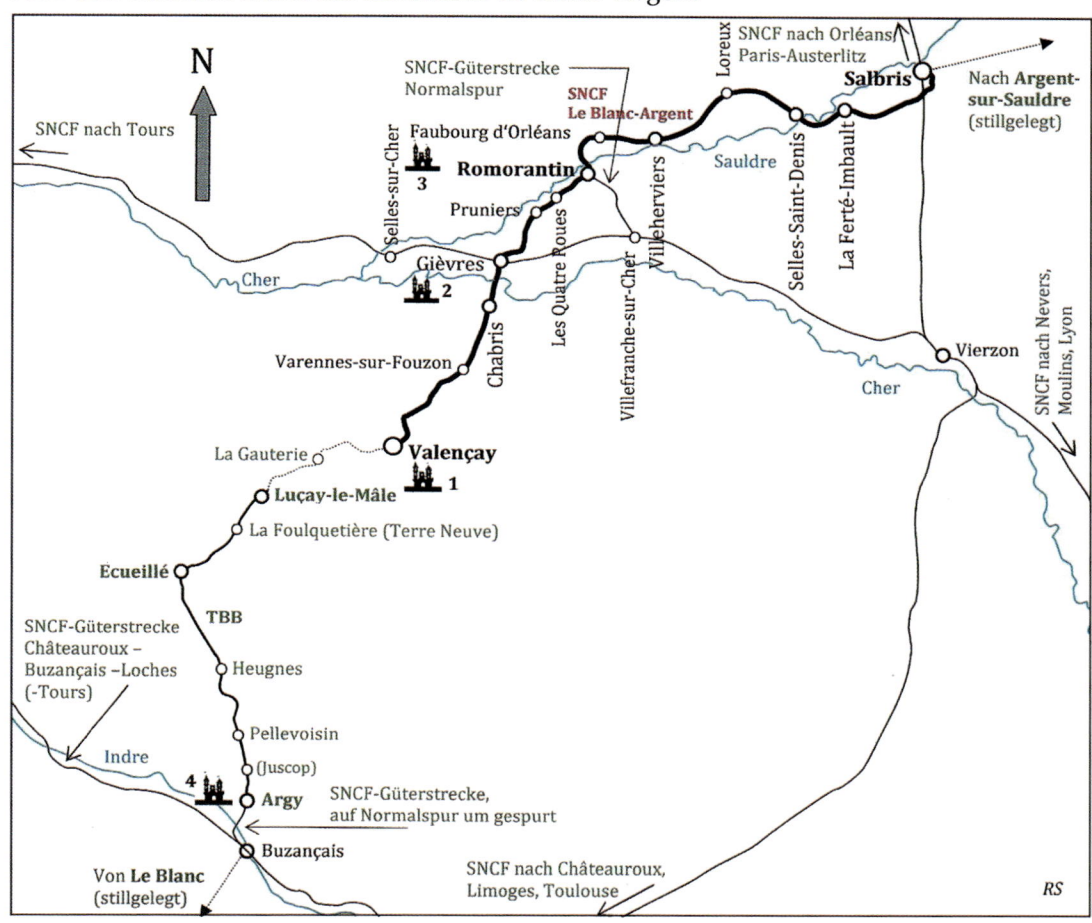

Maßstab ~ 1 : 530'000
10,6 km

- ▬▬▬ SNCF Le Blanc - Argent (BA)
- ──── TBB, ehemals BA-Streckenteil
- ──── SNCF Normalspur, einschl. Güterstrecken
- ──── Fluss
- 🏰 Nahegelegene Loire-Schlösser
  1 Château de Valençay
  2 Château de Selles-sur-Cher
  3 Château Lassay-sur-Croisne
  4 Château d'Argy

Der elegante Gelenktriebwagen (Autorail Articulé) SNCF X 74505 vor der Werkstätte in Romorantin. Sein Niederflureinstieg ist hier gut sichtbar. Juli 2016.

3.2.7 Teil-Streckenprofil der Eisenbahn Le Blanc–Argent

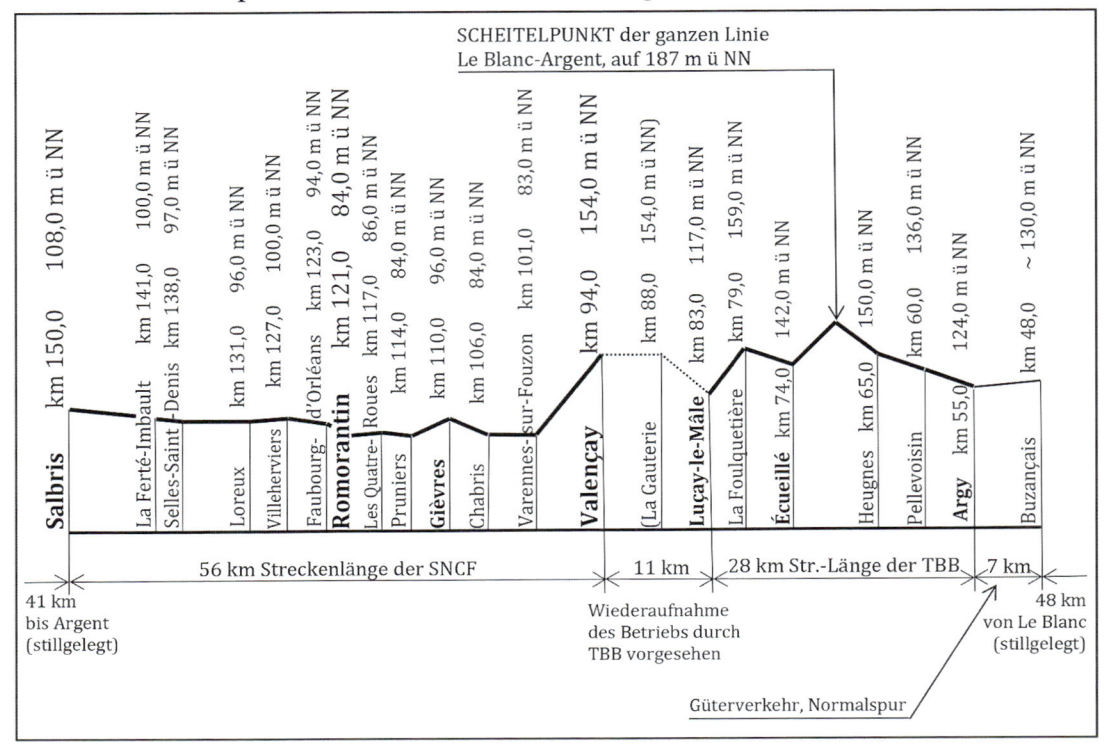

SCHEITELPUNKT der ganzen Linie Le Blanc-Argent, auf 187 m ü NN

Salbris	km 150,0	108,0 m ü NN
La Ferté-Imbault	km 141,0	100,0 m ü NN
Selles-Saint-Denis	km 138,0	97,0 m ü NN
Loreux	km 131,0	96,0 m ü NN
Villeherviers	km 127,0	100,0 m ü NN
Faubourg-d'Orléans	km 123,0	94,0 m ü NN
Romorantin	km 121,0	84,0 m ü NN
Les Quatre-Roues	km 117,0	86,0 m ü NN
Pruniers	km 114,0	84,0 m ü NN
Gièvres	km 110,0	96,0 m ü NN
Chabris	km 106,0	84,0 m ü NN
Varennes-sur-Fouzon	km 101,0	83,0 m ü NN
Valençay	km 94,0	154,0 m ü NN
(La Gauterie)	km 88,0	154,0 m ü NN
Luçay-le-Mâle	km 83,0	117,0 m ü NN
La Foulquetière	km 79,0	159,0 m ü NN
Écueillé	km 74,0	142,0 m ü NN
Heugnes	km 65,0	150,0 m ü NN
Pellevoisin	km 60,0	136,0 m ü NN
Argy	km 55,0	124,0 m ü NN
Buzançais	km 48,0	~130,0 m ü NN

56 km Streckenlänge der SNCF | 11 km | 28 km Str.-Länge der TBB | 7 km

41 km bis Argent (stillgelegt)

Wiederaufnahme des Betriebs durch TBB vorgesehen

48 km von Le Blanc (stillgelegt)

Güterverkehr, Normalspur

3.2.8 Leider erfolgte Streckenschließungen

- Salbris–Argent-sur-Sauldre, 41 km: 1939, für den Personenverkehr, 1951 auch für Güter, danach Abbau des Oberbaus
- Le Blanc–Buzançais, 48 km: Herbst 1953

- Während ein paar Jahrzehnten verblieb eine durchgehende, immerhin 102 km lange Meterspurstrecke von Buzançais nach Salbris in Betrieb. Danach:

- Buzançais–Luçay-le-Mâle, 35 km: Herbst 1980, für den Personenverkehr, 1988 auch für Güter
- Buzançais–Argy, 7 km: 1988, Umbau auf Normalspur (Güterstrecke)
- Luçay-le-Mâle–Valençay, 11 km: Herbst 2009 (heute Buslinie der SNCF)

Die beiden heute durch die SNCF auf der BA eingesetzten Fahrzeugtypen auf einem Foto: X 241/242 und X 74500. Aufgenommen im Juli 2016 beim Bw und den Werkstätten in Romorantin.

3.3 Betriebliche Aspekte

3.3.1 Der Betrieb auf der Linie Le Blanc–Argent

Der Zugbetrieb wird von Romorantin aus geleitet. Es sind Lichtsignale installiert, die die Fahrt auf die ebenfalls einspurige Strecke freigeben. Die zulässige Höchstgeschwindigkeit beträgt maximal 70 km/h. Nebst automatischen Bahnschranken sind auch solche, die vom nahegelegenen Bahnhof aus von Hand bedient werden müssen, anzutreffen.

Der seit Einstellung des Güterverkehrs ausschließliche Personenverkehr mit Autorails wirkt recht modern. Die Infrastrukturen, wie Bahnhöfe, usw., sind in gutem Zustand.

3.3.2 Fahrpläne und Fahrplangestaltung der BA

In einer zwar sehr schönen, aber trotz touristischer Bedeutung (Loire-Schlösser), bisweilen abgeschiedenen Gegend, kann kein allzu großes Fahrplanangebot erwartet werden.

Jedem Besucher, welcher ohne Auto anreist und als Eisenbahnfreund die BA besser kennenlernen möchte, sei deshalb geraten, die Fahrpläne zuvor genau zu studieren. Schon eine Konsultation der Fiches-Horaire lässt erkennen, dass die Züge je nach Tag oft zu verschieden Zeiten verkehren oder auch gar nicht.

Vergleiche zwischen den Fahrplänen von 1971 und von 2016 zeigen in etwa die folgenden Zugsangebote:

1971:
Buzançais–Salbris: 1 durchgehendes Zugpaar
Buzançais–Romorantin: 1 einzelner durchgehender Zug
Écueillé–Salbris: An verschiedenen Tagen je 1 durchgehender Zug
Salbris–Valençay: 1 durchgehender Zug, an gewissen Tagen bis Écueillé verlängert

Natürlich war auch schon damals die Zugsdichte auf Teilstrecken intensiver. Zwischen Valençay und Romorantin verkehrten gegen 7 Zugpaare, zwischen Romorantin und Salbris gegen 5.
2016:

Die SNCF verkehrt heute noch zwischen Luçay-le-Mâle und Salbris, wobei zwischen Luçay-le-Mâle und Valençay ausschließlich Busse fahren. Das Fahrplan-Angebot ist insgesamt regulärer.
- Werktag ohne Samstag

Valençay–Salbris: 4 bis 5 durchgehende Zugpaare
- Samstag

Valençay–Salbris: 3 durchgehende Zugpaare
- Sonntag

Valençay–Salbris: 1 durchgehendes Zugpaar

Auch heute bildet Romorantin hinsichtlich Fahrplan das Zentrum der BA. Deshalb werden von dort aus auch die Züge, welche nur auf Teilstrecken fahren, angeboten. Insgesamt sind es folgende Zugangebote:
- Werktag ohne Samstag

Valençay–Romorantin: 7 Zugpaare; Romorantin–Salbris: 7 Zugpaare
- Samstag

Valençay–Romorantin: 5 Zugpaare; Romorantin–Salbris: 5 Zugpaare
- Sonntag

Valençay–Romorantin: 3 Zugpaare; Romorantin–Salbris: 3 Zugpaare

Touristische Erschließung:
Es ist z. B. möglich, bei Benutzung der BA-SNCF, eine sonntägliche Besichtigung des Château de Valençay (Schloss Valençay), von außerhalb liegenden Großstädten aus, an einem Tag zu unternehmen:
Ankunft in Valençay jeweils um 11.25 Uhr:
- Von Paris Austerlitz aus, mit Umsteigen in Vierzon und Gièvres
- Von Orléans aus, ebenfalls mit Umsteigen in Vierzon und Gièvres

Bei späterer Ankunft (12.56 Uhr) auch mit nur einmaligem Umsteigen in Salbris
- Von Tours aus, mit Umsteigen in Gièvres

Die Rückfahrt von Valençay kann Sonntags entweder um 16.58 Uhr oder sogar erst um 19.35 Uhr erfolgen und man erreicht die genannten Ausgangsstädte bei analogem Umsteigen bequem noch am selben Abend.

3.3.2.1 Sommerfahrplan von 1971

Auszug aus dem Chaix-Kursbuch der SNCF, Sommer 1971.

3.3.2.2 Heutige Streckenfahrplänchen (Fiches-Horaire)

Auf dieser Seite sind die Fiches-Horaire, also die Streckenbezogenen Fahrplänchen der TER-Züge, hier für die Strecke (Luçay-le-Mâle–) Valençay–Romorantin–Salbris, abgedruckt.

Die SNCF betreibt den Abschnitt Luçay-le-Mâle–Valençay mit Autobussen. Bald wird aber die TBB die entsprechende Bahnstrecke wieder befahren, allerdings fast nur sonntags und mehrheitlich während den Sommermonaten.

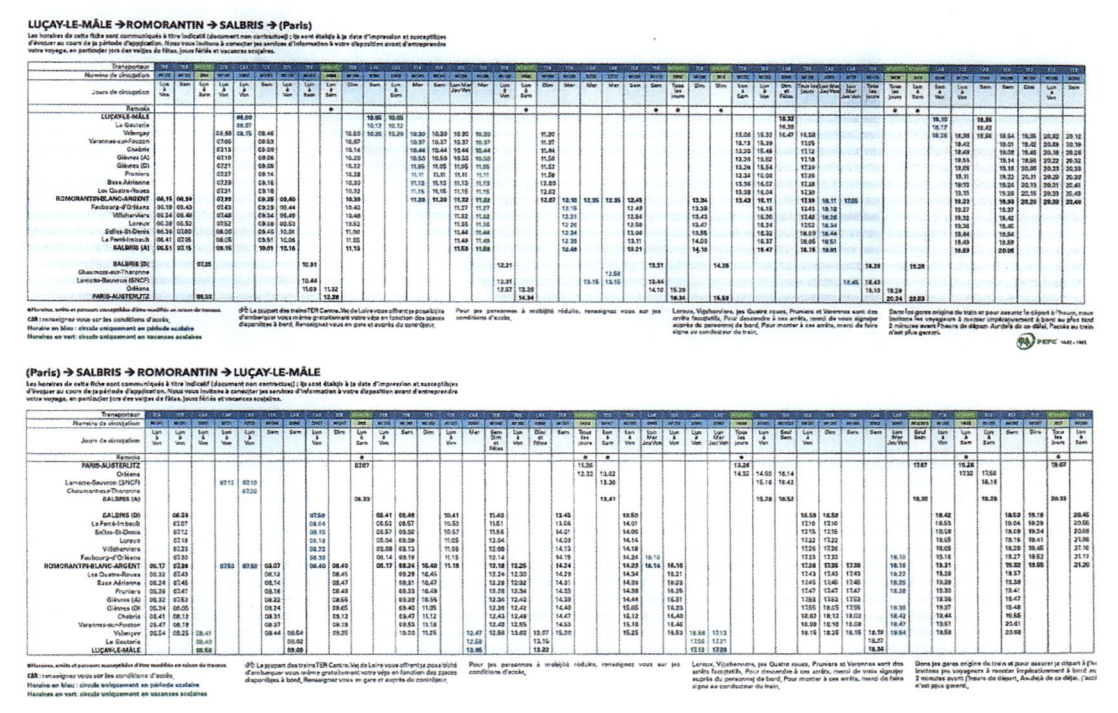

Ein Autorail der Bauart Verney, SNCF-Reihe X 211/212, steht im BA-Bahnhof von Salbris. Aufnahme vom September 1976.

3.4 Von Valençay über Romorantin nach Salbris (SNCF)

Eine Fahrt auf diesem 56 km langen, durch die SNCF betriebenen Reststück der Eisenbahn Le Blanc–Argent eignet sich gut, die durchfahrenen Landschaften kennenzulernen. Valençay, auf immerhin 154 m ü NN gelegen, ist nun Endpunkt mit 3 Gleisen. Möglicherweise wird die Touristikbahn TBB, welche den nachfolgenden Streckenabschnitt betreibt, 2017 diesen Bahnhof ebenfalls erreichen. Im Ort befindet sich ein sehr schönes und eindrückliches Schloss, welches zur Besichtigung einlädt. Diese wunderschöne Gegend sowie südlich davon bis zum Fluss Indre, wird entsprechend dem früher gebräuchliches Regionalnamen „Le Berry" genannt. Diese teilt sich zudem noch in ein Gebiet „La Brenne" und „Les Gâtines" auf. Das Gelände ist leicht gewellt, um noch nicht zu sagen „hügelig". Es ist auf alle Fälle eine sehr ländliche Gegend, in welcher sich Felder und Wälder abwechseln. Die Bahnstrecke erreicht ein wenig kurvenreich das um einiges tiefer gelegene Varennes-sur-Fouzon. Nach Chabris in einem topfeben gewordenen Gebiet, stößt die Bahnstrecke an den Fluss Cher, einem bedeutenden Nebenfluss der Loire. Dieser wird mittels einer Gitterbrücke überquert, gefolgt von einer zweiten Brücke. Beim Bau dieser Brücken musste berücksichtigt werden, dass der Fluss nicht selten beträchtliches Hochwasser führt.

Der Zug verlässt nun das Departement Indre (36) um im Departement Loir et Cher (41) seine Reise fortzusetzen (Le Loir, nicht derselbe Fluss wie „die Loire"). Die von nun an durchfahrene, teils an die Weite des „Pariser Beckens" erinnernde, Region nennt sich die „Sologne". Nach Unterqueren der zweigleisigen, mit 25 kV-50 Hz-Wechselstrom elektrifizierten, Normalspurstrecke Tours–Vierzon wird nach einem Gleisbogen in Richtung Osten der Umsteige-Bahnhof Gièvres auf 96 m ü NN erreicht. Die Gleise der Meterspur verlaufen hier parallel zu der Normalspur. Nach einer Biegung in Richtung Norden führt die Trasse, oft schnurgerade und teils einer Departement-Straße entlang nach Pruniers. Vorbei am Haltepunkt Les Quatre-Roues wird der Bahnhof Romorantin-Blanc-Argent erreicht. Hier ist das betriebliche Zentrum der BA mit relativ weiträumig angeordneten Bw- und Werkstattanlagen. Diese Kleinstadt hat eine regionale Bedeutung mit Gymnasien, Industriebetrieben und Museen. Ein Spaziergang durch die malerische Altstadt an der Sauldre lohnt sich, was auch für eine gewisse touristische Note spricht. Eine normalspurige Güterlinie führte nach Villefranche-sur-Cher. Das schöne, eher große Aufnahmegebäude des BA-Bahnhofs enthält auch eine modern angeordnete Fahrscheinausgabe mit Auskunftsstelle. Unmittelbar nach dem Bahnhof wird die Sauldre überquert und über eine Bogenfahrt wird ein peripher gelegener Stadtteil sozusagen umfahren. Romorantin entstand im Wesentlichen in einer großen Waldlichtung. Solche wechseln auf der Weiterfahrt ab mit längeren Waldpartien, welche die Bahn oft schnurgerade durcheilt. Es folgen Faubourg-d'Orléans, Villeherviers und Loreux. In Nähe zu der Sauldre, welche vom Zug aus praktisch nie sichtbar ist, erreicht die Strecke Selles-Saint-Denis. Alsbald wird die Sauldre überquert. In dieser schönen Gegend der Birkenwälder, der Waldlichtungen und der Landwirtschaft können mitunter auch kleine Seen und Weiher entdeckt werden. La Ferté-Imbault ist erreicht. Kurz vor Salbris wird die mit 1500 V-Gleichstrom elektrifizierte Bahnstrecke Orléans–Vierzon, als Teil der Magistrale Paris-Austerlitz–Toulouse Matabiau auf einer Brücke überquert. Der Zug fährt in den Kopfbahnhof Salbris der BA (108 m ü NN) ein. Ein Umsteigen auf die eben erwähnte Normalspurstrecke ist bequem zu erreichen.

Für die längst nicht mehr mögliche Weiterfahrt auf der BA in Richtung Argent-sur-Sauldre mussten die Züge damals Kopf machen, d.h. gewendet werden.

Im September 1976 deuteten u.a. holzbeladene Güterwagen noch auf einen regen Güterverkehr hin. Aufnahme in Valençay, auf 154 m ü NN. Rechts das schöne und markante Bahnhofsgebäude.

Das außergewöhnliche Aufnahmegebäude von Valençay, Juli 2016. Rechts: Die am Gebäude unter der Lampe rechts angebrachte, historische Streckentafel der alten BA von 1902, enthaltend ebenso die Darstellung der umgebenden Strecken, zur Hauptsache diejenigen der damaligen PO.

Autorail X 211 und Anhänger XR 701 stammen beide aus dem Hause «Verney». Foto des abfahrbereiten Zugs nach Salbris im Sept. 1976 im Bahnhof von Valençay.

In Valençay, im Juli 2016 an beinahe derselben Stelle: Auf Gleis 3 steht der abfahrbereite Gelenk-Autorail X 74503 in Richtung Salbris. Beachten Sie auch den breiten Mittelpuffer!

Chabris auf 84 m ü NN: Dieses Bild des schmucken Aufnahmegebäudes steht stellvertretend für die Meisten ihrer Art der BA. Im kleinen „Wellblech"-Häuschen (rechts im Bild) ist die manuelle Bedienung (Kurbel) der Bahnschranke untergebracht. Juli 2016.

Chabris eines Samstags im Juli 2016, um 20.26 Uhr: Der X 74503, als letzter Zug nach Gièvres, hat Einfahrt. Höchste Zeit für den Fotografen, den Zug noch zu besteigen. Links dreht eine SNCF-Angestellte soeben die Bahnschranke hoch.

Fahrt auf eine der drei Brückenteile, welche zwischen Chabris und Gièvres liegen. Sicht in Richtung Valençay vom Zug aus, oder genauer: Von dem, neben dem Führerstand angeordneten Sitzabteil aus.
Foto vom Juli 2016.

Am Bahnhof von Gièvres wartet der SNCF X 211 der BA auf Fahrgäste, die von den Normalspurzügen umsteigen. Der Meterspuranteil des Bahnhofs verfügte dannzumal noch über 3 Gleise.
Sept. 1976.

Auf der 1976 noch nicht elektrifizierten Normalspur-Strecke braust ein von der CC 72005 gezogener Güterzug durch den Bahnhof von Gièvres. Die Meterspur ist auf dem Foto (Sept. 1976) gerade noch erkennbar (rechts). Beachten Sie das alte Signal der PO! (links).

Zugsbegegnung zwischen der Normal- und Meterspur in Gièvres. Links die BA: Der X 74501 nach Salbris. Rechts: Der dreiteilige Dieselzug X 72707 - X 72708 aus Tours fährt in Richtung Vierzon, Bourges und Lyon, Juli 2016.

Die beiden „Verney" X 211 und 212 konnten im September 1976 in Romorantin-Blanc-Argent fotografiert werden. Links im Hintergrund steht eine „Remorque d' Autorail", also ein Triebwagen-Beiwagen der Reihe XR 700 „Verney".

Außer den „Verney" gelten die OC2 „De Dion-Bouton" als besondere „Leckerbissen" unter den Autorails. Der heute zu der TBB gehörende X 206 war damals noch auf der SNCF anzutreffen. Die Aufnahme gelang in Romorantin-Blanc-Argent, September 1976.

SNCF X 74501 vor dem Aufnahmegebäude von Romorantin. Juli 2016.

Die beiden CFD-Autorails stellten eine Weiterentwicklung der X 5000 der CFC (Korsika) dar. In vorzüglichem Zustand, in der Farbgebung der TER „Région Centre", waren im Juli 2016 beide (der X 241 und der X 242) im Werkstättenbereich von Romorantin abgestellt.

Der X 74501 hält während einer Rangierfahrt vor dem Ausfahrtsignal des Bahnhofs Romorantin in Richtung Salbris. Aufnahme vom Juni 2016.

SNCF T 11 mit beladenem Güterzug auf einem geraden Streckenabschnitt, welcher durch die Wälder der Sologne führt. Foto nach einer Bildertafel.

Mitte: Dieser „Verney"-Autorail im Original-Zustand, wurde vor vielen Jahren im Bahnhof Salbris aufgenommen. Foto Harry Luff/Online Transport Archive.

Die T 12 hat im Bahnhof Salbris gleich zwei „Verney"-Fahrzeuge am Zughaken: Einen XR 700 und einen X 200. Foto Harry Luff/Online Transport Archive.

Die Autorails SNCF X 242 und X 74502 stehen im Kopfbahnhof der BA in Salbris. Aufnahme vom Juni 2005.

Im unmittelbaren Bahnhofsvorfeld der BA in Salbris bewegt sich dieser X 74502 in Richtung Romorantin und Valençay. Juni 2005.

3.5 Von Argy über Écueillé nach Luçay-le-Mâle (SABA/TBB)

Diese interessante 28 km lange Strecke, ein Teilstück des 1988 völlig eingestellten Abschnitts Buzançais–Valençay der BA, wird seit 1995 als Chemin de Fer Touristique (Museumsbahn) „Train du Bas Berry" TBB betrieben. Damit kann, außer dem durch die SNCF betriebenen Streckenanteil, wieder ein weiteres Stück der ehemaligen BA, teilweise erst noch mit Dampfloks, befahren werden.

Die BA-Strecke, zwischen Buzançais und Salbris, topografisch betrachtet, kann mehr oder weniger in zwei Bereiche aufgeteilt werden: Die etwas höher gelegene, in eher welliger, um nicht zu sagen, ganz leicht hügeliger, Landschaft geformte Gegend bis etwas nach Valençay, der Ort mit dem eindrücklichen Schloss, einerseits und der anschließende, fast topfeben geprägte Teil bis Salbris, andererseits.

Die durch die TBB betriebene Strecke befindet sich demnach im ersteren Gebiet. Gleich nach dem Endpunkt Argy (124 m ü NN), wo auch ein schönes Schloss steht, steigt die Strecke eher kurvenreich an. Nach Zwischenhalt im, für Zugs-Kreuzungen geeigneten, Bahnhof Pellevoisin, wird

Heugnes auf einer Seehöhe von 150 m ü NN passiert. Doch die Bahn steigt noch weiter an und erreicht zwischen Heugnes und Écueillé den verhältnismäßig hohen Scheitelpunkt von 187 m ü NN. Es ist gleichzeitig der höchste Punkt der gesamten Eisenbahn Le Blanc–Argent überhaupt. Bald an Feldern oder auch Waldrändern entlang, geht es im Gefälle in Richtung Écueillé (142 m ü NN) hinunter. Dort befindet sich das betriebliche Zentrum der TBB/SABA mit Bw und Werkstätten. Nach leichtem Ansteigen wird auf 159 m ü NN La Foulquetière erreicht, um dann wieder verhältnismäßig kurvenreich zum jetzigen Endpunkt Luçay-Le-Mâle, auf 117 m ü NN, hinunter zu gelangen.

Die TBB ist bestrebt, das 11 km lange Reststück bis Valençay möglichst 2017 oder 2018 wieder befahren zu können. Die SABA und die TBB setzen sich sehr dafür ein, dass die Gleise und andere Infrastrukturen nicht abgebaut werden.

Aufnahme Juli 2016, nach Ankunft des „Train Vapeur" des Dampfzugs, mit der 020 T Nr. 11 „Corpet-Louvet" der TBB in Argy. Die kleine Zweikuppler-Lok gehörte zwar nicht zu den Ursprungsfahrzeugen der BA, eignet sich jedoch für den Einsatz sehr gut.

Große Begeisterung für die Touristikbahn des Bas-Berry, diesem Teilstück der Eisenbahn „Le Blanc-Argent". Aufnahme im Bahnhof von Argy, Juli 2016.

Oben:
Genau an diesem Punkt ist der jetzige Anfang der Meterspur der BA. Der Abschnitt zw. Buzançais und Argy wurde in eine Normalspur-Güterstrecke umgebaut.
Foto, Juli 2016: Die 020 T Nr. 11 wird hier Wasser fassen um anschließend zur Rückfahrt in die richtige Fahrtrichtung gebracht zu werden.

Mitte und unten:
Die 020 T Nr. 11 auf der kleinen Drehscheibe in Argy. Umdrehen im Handumdrehen. Juli 2016.

Oben:
Zur Fahrt nach Écueillé stehen in Argy abfahrbereit: 020 T Nr. 11, Packwagen Df 225, Personenwagen C 192 und C 163.

Mitte:
Sicht von der Straßenseite auf das Aufnahmegebäude und den Güterschuppen von Argy.

Der durch die SNCF modernisierte „Verney"-Autorail X 211 steht in Argy am Bahnsteig, Motorseite vorne. Die Farbgebung des X 211 entspricht derjenigen, welche der Vernay-Autorail bei der PO-Corrèze hatte.

Alle drei Aufnahmen:
Juli 2016.

Interessanter Betrieb auf der TBB, der Touristikbahn Le Bas-Berry: Zugkreuzung zwischen dem X 211 und der 020 T Nr. 11 in Pellevoisin.
Mitte: Bahnhof Heugnes, auf 150 m ü NN. Zwischen hier und Écueillé wird der Scheitelpunkt der BA von 187 m ü NN erreicht.
Unten: Der Dampfzug hat Écueillé, das betriebliche Zentrum der TBB, erreicht.
Alle Aufnahmen: Juli 2016.

Das Aufnahmegebäude von Écueillé. In diesem Bereich sind teils Fahrzeuge abgestellt, welche einer Aufarbeitung harren. Rechts unter der Plache z. B. „steckt" wahrscheinlich der von der SNCF übernommene X 206 (De Dion Bouton OC 2). Aufgenommen im Juli 2016.

Endpunkt der TBB ist zurzeit Luçay-le-Mâle. Bald wird das Teilstück nach Valençay (SNCF) wieder befahren werden können. Aufnahme Juli 2016: Der X 211 fährt in den durch die TBB eingerichteten, neuen, nahe eines Sees gelegegenen, Haltepunkt La Foulquetière, 4 km vor dem vorläufigen Endpunkt, ein. Der ganz leicht hügelige Charakter der Landschaft des Bas-Berry ist auf diesem Bild noch erkennbar.

3.6 Die Fahrzeuge der Eisenbahn Le Blanc–Argent

3.6.1 Von den Ursprüngen der BA bis zu der SNCF

3.6.1.1 Dampflokomotiven

Insgesamt waren auf der Strecke Le Blanc–Argent 20 Dampflokomotiven eingesetzt gewesen. Zu Betriebsbeginn beschaffte die PO im Jahre 1901 acht Dreikuppler-Tenderloks C h2 von ANF Blanc-Misseron, die 030 T Nrn. 21 bis 28. 1902 folgte eine weitere Lieferung weitgehend gleicher Loks, die 030 T Nrn. 29 bis 36. Diese waren bei Buffaud und Robatel gebaut worden. Zwischen 1947 und 1953 verkehrte eine bei Batignolles konstruierte und zuerst bei PO-Corrèze eingesetzte 1´B h2-Tenderlok, die 120 T Nr. 63. Um 1940 standen kurze Zeit zwei von den Chemins de Fer Économiques (SE) übernommene C1´ h2-Tenderloks in Betrieb, die 031 T Nrn. 42 und 43. Als ihr Hersteller zeichnete die SACM. 1938 kam eine mächtige C´C h4v-Mallet-Tenderlok zu der BA/SNCF. Sie entstammte einer 1913 bei Corpet-Louvet gebauten Serie von 18 Loks. Es handelte sich um einen für das Meterspurnetz der Côte d´Ivoire und des Niger in Westafrika vorgesehenen Export: Die 030+030 T Nr. 41. Sie lief anfangs bei den SE unter der Nr. 103. Anschließend kam sie zu den Tramways de l´Ain und leistete nach 1946 Einsätze bei der PO-Corrèze, um 1967, nach ein paar Jahren Betrieb auf dem bretonischen Meterspurnetz, ihre Karriere zu beenden. 1967 wurde sie abgebrochen während gleichzeitig Strecken des Réseau Breton auf Normalspur umgebaut wurden.

3.6.1.2 Diesellokomotiven

Auf Basis der Laufwerke von Dreikuppler-Dampfloks, ehemals Chemins de Fer du NORD sowie Chemins de Fer Indre-et-Loire wurden bei CFD Neuillé Pont-Saint-Pierre die dieselmechanischen Loks (Locotracteurs) Nrn. T 11 und T 12 zusammengebaut. Gemeinsam mit den T 13 und T 14 versahen sie den sehr umfangreichen Güterverkehr. Letztere entstanden auf ähnliche Art. Sie wurden im SNCF-Ausbesserungswerk (Etablissement de Maintenance) von Périgueux umgebaut und mit mechanischer Kraftübertragung ausgestattet. Das Engineering stammte von der SNCF Le Blanc–Argent in Romorantin.

3.6.1.3 Dieseltriebwagen („Autorails")

Seit Ende des Dampfbetriebs 1953 ist der Personenverkehr der BA sozusagen ausschließlich durch Dieseltriebwagen, sogenannte Autorails (meist leicht gebaute, oft Schienenbus ähnliche Fahrzeuge), geprägt. Doch erste Erfahrungen mit dieser Fahrzeuggattung gehen schon auf 1925 zurück. Allerdings dauerte der Einsatz eines Renault-Scemia SC 4 nicht lange. Es folgten drei Einrichtungsfahrzeuge mit nur einem Führerstand ZZ 11 bis ZZ 13 der Bauart De Dion-Bouton. Diese Autorails aus zweiter Hand wurden später mit neuen Karosserien von Heuliez ausgerüstet. Mit den ZZ 21 bis 24 kamen weitere 4 Einrichtungsfahrzeuge hinzu. Solchermaßen konzipierte Fahrzeuge mussten zur Änderung der Fahrtrichtung auf Drehscheiben gedreht werden.

1950 wurden die gedrungen gebauten X 241 bis X 244 in Betrieb genommen. Sie gehörten der klassischen Bauart Billard A 80 D an. Vom Réseau Breton, dem bretonischen Meterspurnetz wurden 1967 die X 201 bis 206 der Bauart De Dion Bouton OC 2 übernommen, jedoch nicht mehr alle in Betrieb gesetzt. Schon ab 1950 und für sehr viele Jahre prägten Autorails von Verney weitgehend das Bild der BA. Es waren die X 211 und X 212 sowie die X 221 bis 224. Vier von ihnen wurden 1983/1984 erfolgreich modernisiert. Gleichzeitig waren die beiden, damals sehr modernen, dieselhydraulischen CFD-Autorails X 241 und 242 in Dienst gestellt worden. Damit existierten diese Fahrzeugnummern ein zweites Mal auf der BA. Sie konnten als eine Weiterentwicklung der für die CFC Korsika gebauten X 5000 angesehen werden. Kaum 20 Jahre später folgten ihnen die fünf X 74500. Deren längere Wagenteile tragen die, zwar äußerlich nicht sichtbare Bezeichnung XR 714501 bis 714505. Sie stellten in vielfacher Hinsicht ein Novum dar. Ihr modernes

Äußeres lehnt sich in gewisser Hinsicht an die Autorails der Normalspur an. Sie sind klimatisiert und verfügen über bequeme Niederflur-Einstiege. Ihre zugegeben etwas eigenwillige Gelenkbauart macht sie jedoch zu einem auch in technischer Hinsicht sehr interessanten Fahrzeug. Es ist eine Meisterleistung des Waggonbaus für Meterspur von CFD in Bagnères-de-Bigorre.

3.6.1.4 Reisezugwagen (Personenwagen, Packwagen)

Anfänglich standen zweiachsige Abteilwagen mit durchgehenden Trittbrettern im Einsatz. Der Urbestand setzte sich aus acht 1. Klasse-Wagen, achtunddreißig 2. Klasse-Wagen sowie zehn Wagen beider Klassen zusammen. Von den SE, den Chemins de Fer Économiques de l´Allier, wurden Jahre später 4-achsige Reisezugwagen verschiedener Unterbauarten übernommen. Zeitweise befanden sich 15 solcher Wagen im Bestand. Angesichts der eher kleinen „Lokomotivchen" der BA erstaunt der Einsatz dieser Wagen.

Zu den Packwagen zählte die Reihe der Zweiachser Dp 51, 57 und 58, welche von der PO-Corrèze übernommen wurden.

3.6.1.5 Triebwagen-Beiwagen (Remorques d'Autorail)

Auf der BA waren unter SNCF-Regime 3 Fahrzeuge dieser Kategorie eingesetzt worden. Von Verney hergestellt, wiesen sie selbstverständlich deren Konstruktionsmerkmale auf, waren jedoch wesentlich kürzer. Ihre Bezeichnungen lauteten XR 701 bis 703.

3.6.1.6 Güterwagen und Dienstfahrzeuge

Für den über viele Jahre hindurch einst umfassenden Güterverkehr ist auch eine ansehnliche Anzahl Wagen zu erwarten. Folgende Wagenbauarten und deren Stückzahlen seien nachfolgend festgehalten: Geschlossene Zweiachswagen
- K 201 bis 275 sowie K 276 bis 28
- 2-Achs-Hochbordwagen I (TK) 301 bis 325 sowie I (TK) 326 bis 335
- 2-Achs-Flachwagen (Rungenwagen) H (N) 401 bis 415 sowie H (N) 416 bis 420
- 2-achsige Niederbordwagen HH (N) 421 bis 456 sowie HHf (N) 457 bis 460
- Kesselwagen SR
- Drehschemelwagen L 501 bis 510 sowie L 601 und 602
- Kranwagen Z-1
- Unkrautvertilgungswagen S 3012
- Schotterwagen

Vom Réseau Breton wurden nach 1967 übernommen:
- 4-achsige Flachwagen, 6 Einheiten, HM 2006… 2019

Des Weiteren wurden folgende Güterwagen von einigen Bahnstrecken übernommen, welche geschlossen wurden:
- Geschlossene Zweiachswagen Bauart 100 (ehemals PO-Corrèze)
- Hochbordwagen TK 336 bis 350 (ehemals SE Centre)
- Hochbordwagen TK 351 bis 367
- Flachwagen H 601 bis 651 (ehemals PO-Corrèze)

3.6.2 Chemin de Fer Touristique du Bas-Berry (TBB)

3.6.2.1 Dampflokomotiven

Zum Bestand gehören 2 Dampflokomotiven: Die Zweikupplerlok 020 T Nr. 11, eine „Corpet-Louvet" und die Vierkupplerlok 040 T Nr. 24, ebenfalls von „Corpet-Louvet" erbaut. Die Erstere, Baujahr 1921, fuhr zuvor u.a. auf der Museumsbahn Baie de Somme (CFBS). Die Zweite war auf der Chemin de Fer du Vivarais (CFV) eingesetzt gewesen und harrt in Écueillé einer Hauptuntersuchung.

3.6.2.2 Diesellokomotiven

Es sind 4 betriebsbereite Dieselloks, oder Kleinloks im Bestand:
- Eine Dreikuppler-Lok, Locotracteur T 12 ehemals SNCF-BA, ein bereits bekanntes Fahrzeug
- Zwei Deutz-Loks Nrn. 115 und 116 mit Achsfolge B (ohne Kuppelstangen). Sie stammen von der Euskirchener Kleinbahn in Nordrhein-Westphalen.

- Eine sehr kleine und schmale B-Lok Nr. 3162 Bauart „Brookville", zum Einsatz als Unkrautvernichter mit entsprechender Einrichtung (ein hydraulischer Gelenk-Arm) versehen.

Eine weitere Diesellok steht außer Dienst: Die 030 CFD Nr. 4, als einstiger Prototyp der CFD-Locotracteurs beachtenswert. Später wurde sie auf Normalspur umgebaut und steht beim Bahnhof von Argy sozusagen als Denkmal aufgestellt.

3.6.2.3 Dieseltriebwagen („Autorails")

Drei Fahrzeuge, welche auf der SNCF-BA eingesetzt waren, finden sich im Bestand: X 205 von „De Dion-Bouton", X 211 und X 224, beide „Verney". Letzterer befindet sich nahe dem letzten, leicht modernisierten Zustand bei der SNCF.

An dieser Stelle kann die 2-achsige Motor-Draisine Nr. 713 von „Renault" erwähnt werden, welche ursprünglich normalspurig war und von der ETAT stammt. Sie wird vom Personal der TBB als „Pitchounette" bezeichnet.

Eine weitere Draisine, aus dem Hause „Billard", als Nr. 208 bezeichnet, zählt ebenfalls zum Bestand.

3.6.2.4 Reisezugwagen (Personenwagen, Packwagen)

Personenwagen
Drei vorzüglich aufgearbeitete Drehgestell-Wagen mit offenen Einstiegsplattformen Nrn. Cv 39 bis 41 entstammen dem Tramway de la Sarthe. Sie fuhren ab 1970 auf den CFV. Zwei 2-achsige Personenwagen Nrn. C 163 und 192 wurden von der Oberaargau-Jura-Eisenbahn (OJB) aus der Schweiz übernommen und nach Instandstellung eingesetzt. Auch sie verfügen über Einstiege mit offenen Plattformen an den Wagenenden. Aus dem geschlossenen Güterwagen K 106 entstand ein sehr kurzer, dreifenstriger Personenwagen mit offenen Plattformen und wird als „Baladeuse" (Wagen für „Spazierfahrten") bezeichnet. Zwei weitere „Baladeuses" mit halbhohen Seitenwänden und einfachem Dach entstanden
a) aus den Hochbordwagen TK 331 und
b) aus dem geschlossenen Güterwagen K 207.

Beide Fahrzeuge können, ähnlich wie bei der Ligne de Cerdagne, als eine Art von „Baignoire" (Badewanne) angesehen werden. Alle drei letztgenannten Fahrzeuge entstammen dem früheren Güterwagenbestand der BA.

Packwagen
Der 2-achs-Packwagen Df 225 mit einer Einstiegsplattform sowie ein zweiter, ebenfalls zweiachsiger Packwagen, mit zwei Einstiegsplattformen, der D 51, gehören zum Bestand. Die historisch erhaltenswerten Wagen Cv 39-41, D 51 und Df 225 stehen unter Denkmalschutz.

3.6.2.5 Triebwagen-Beiwagen (Remorques d'Autorail)

Alle drei Verney-Beiwagen der SNCF-BA, die XR 701 bis 703, finden sich bei TBB wieder. Sie befinden sich teils noch in Aufarbeitung.

3.6.2.6 Güterwagen und Dienstfahrzeuge

Etwaiger Bestand:
Von den geschlossenen Güterwagen der Bauart K 201 bis 285 der BA findet sich eine beachtliche Anzahl wieder: Es handelt sich um rund 8 bis 10 Fahrzeuge, welche teils historisch erhaltenswert eingestuft sind. Dazu gesellen sich 2 bis 4 Hochbordwagen I (TK), fünf Flachwagen, wovon einer mit Drehgestellen, verschiedener Herkunft sowie ein Kesselwagen SR.

Zu den Dienstfahrzeugen zählt der Kranwagen Z1.

Zwei Güterwagen stehen vor der neuen Remise der TBB/SABA in Écueillé: Der K 204 (BA), dahinter ein Wagen K 231.

3.6.3 Einige Fahrzeugdaten der BA-SNCF

Dampflok SNCF 030 T Nrn. 21 bis 29 und 030 T Nrn. 29 bis 36

Achsfolge	C n2 t	Triebraddurchmesser	940 mm
Baujahr	1902	Dienstgewicht	20 T
Indizierte Leistung		Erbauer	ANF-Blanc-Misseron (21–28)
Länge über Puffer	~ 7,700 m	Erbauer	ANF-Blanc-Misseron (29–36)
Höchstgeschwindigkeit	~ 40 km/h		

Lok 030 T Nr. 21 der SNCF. Sie stand zum Zeitpunkt der Aufnahme offenbar bereits ausser Betrieb. Solche Funkenfänger waren für die Loks der BA typisch.
Foto aus Sammlung des Autors.

Dampflok SNCF 120 T Nr. 63

Achsfolge	1´B n2 t	Höchstgeschwindigkeit:	~ 40–50 km/h
Baujahr	1903	Triebraddurchmesser	1200 mm
Indizierte Leistung		Dienstgewicht	21 T
Länge über Puffer	~ 8,000 m	Erbauer	Batignolles

Die Lok Nr. 63 der SNCF war die einzige der Bauart 120 T auf der BA. Mit ihren, mit den Wasser-Kästen verbundenen, Windleitblechen, war sie eine besondere Erscheinung. Foto aus Sammlung des Autors.

Dampflok SNCF 031 T Nrn. 42 und 43

Achsfolge	C1′ n2 t	Höchstgeschwindigkeit:	~ 40–50 km/h
Baujahr	1892	Triebraddurchmesser:	~ 1000 mm
Indizierte Leistung		Dienstgewicht:	28 T
Länge über Puffer	~ 8,310 m	Erbauer	SACM Mulhouse

*Die Achsfolge 031 T (C 1′), war bei französischen Meterspur-Bahnen keine Seltenheit. Das Bild zeigt die mit den 031 T Nrn. 42 und 43 fast baugleiche Lok E 301 des Réseau Breton.
Foto aus Sammlung des Autors.*

Dampflok SNCF 030+030 T (Mallet) Nr. 41

Achsfolge	C′C h4v t	Höchstgeschwindigkeit	~ 40–50 km/h
Baujahr	1913	Triebraddurchmesser:	~ 1010 mm
Indizierte Leistung	540 PS	Dienstgewicht:	51,6 T
Länge über Puffer	~ 10,895 m	Erbauer	Corpet-Louvet La Courneuve

Die legendäre Mallet-Lok, SNCF 030+030 T Nr. 41, welche erst für den Export nach Westafrika bestimmt war, jedoch aufgrund verschiedener Ereignisse in Frankreich blieb. Nach Einsatz auf der BA fuhr sie noch bis 1967 auf dem Réseau-Breton. Lucien Maurice Vilain, Sammlung des Autors.

Diesellok 030 SNCF Nrn. T 11 und 12

Achsfolge	C	Triebraddurchmesser	840 mm
Baujahre	1940, 1941	Dienstgewicht	16,5 T
Leistung	132 kW = 180 PS	1 Dieselmotor	8 Zylinder
Länge über Puffer	6,000 m	Kraftübertragung	Mechanisch
Höchstgeschwindigkeit	40 km/h	Erbauer	CFD Neuillé Pont-St-Pierre (Umbau)

Der Locotracteur T 12 der SNCF unterschied sich vom T 11 durch eine etwas andere Form seines Vorbaus über dem Dieselmotor. Foto aus Sammlung des Autors.

Diesellok 030 SNCF Nrn. T 13 und 14

Achsfolge	C	Triebraddurchmesser	940 mm
Baujahre	1952, 1953	Dienstgewicht	17,5 T
Leistung	132 kW = 180 PS	1 Dieselmotor	8 Zylinder
Länge über Puffer	~ 8,450 m	Kraftübertragung	Mechanisch
Höchstgeschwindigkeit	45 km/h	Erbauer	SNCF, Etab. de Périgeux

Ebenfalls Dreikuppler-Dieselloks waren die 030 Nrn. T 13 und 14 der SNCF. Foto aus Sammlung des Autors.

Dieseltriebwagen (Autorail) BA Renault Scemia SC4

Achsfolge	B (oder A1)	Kraftübertragung	Mechanisch
Baujahr	1925	Erbauer	Renault Scemia
Höchstgeschwindigkeit	~ 50 km/h	Zweirichtungsfahrzeug	

Der Autorail Renault-Scemia SC4 war ein frühes Exemplar seiner Gattung. Das Foto aus Sammlung zeigt den Triebwagen auf einer Postkarte im Bahnhof Luçay-le-Mâle.

Dieseltriebwagen (Autorail) SNCF ZZ 11 bis 13 De Dion Bouton

Achsfolge	1 A	Erbauer	De Dion Bouton
Baujahr	nach 1936		neue Karosserie von Heuliez
Höchstgeschwindigkeit:	~ 50 km/h	Einrichtungsfahrzeug	
Kraftübertragung	Mechanisch		(nur einen Führerstand)

Dass die Autorails in ihren frühen Formen eine Verwandtschaft mit den Autobussen aufwiesen, lässt sich anhand des vorliegenden Konzepts aufzeigen: Es gab nur einen Führerstand (Fahrersitz) und nur die hintere Achse des Fahrzeugs war angetrieben. Solche Fahrzeuge mussten auf Drehscheiben gewendet werden, es sei denn, sie besassen eine eigene, integrierte Wendeeinrichtung, bei leichtem Anheben des Fahrzeugs. Bild: Der ZZ 13 der SNCF. Foto aus Sammlung.

Dieseltriebwagen (Autorail) SNCF ZZ PE 21 bis 24 (De Dion Bouton MZ 181 bis 183)

Achsfolge	1 A	Leistung	110 kW = 150 PS
Baujahr	nach 1936	Erbauer	De Dion Bouton
Höchstgeschwindigkeit	~ 50 km/h	Einrichtungsfahrzeug	
Kraftübertragung	Mechanisch		(nur einen Führerstand)

Die ZZ PE 21 bis 24 waren nach demselben Konzept wie die ZZ 11 bis 13 konstruiert worden. Die Form des Wagenkastens schien hingegen für die damalige Zeit klassischer. Das Foto zeigt die Motor- und Führerstandseite des ZZ PE 23 der SNCF.

Auf der Tafel am Bahnsteig steht: «Ligne de Salbris et ses au dela». (Linie nach Salbris und noch weiter.) Foto aus Sammlung.

Dieseltriebwagen (Autorail) SNCF X 241 bis 244 (Billard A 80 D)

Achsfolge	B´2´	Höchstgeschwindigkeit	80 km/h
Baujahre	ab 1937	Dienstgewicht (Tara)	8,5 T
Leistung	59 kW = 80 PS	Kraftübertragung	Mechanisch
Länge über Puffer	11,330 m	Erbauer	Billard

Der Billard-A 80 D-Autorail war quasi ein «Klassiker» auf der französischen Meterspur. Auf dem Foto, Mai 1999, ist der X 314 im damaligen Bahnhof von Tournon der CFV abgebildet. Das Fahrzeug ist mit den X 241 bis 244 der BA fast identisch.

Dieseltriebwagen (Autorail) SNCF X 201 bis 206 (De Dion Bouton OC 2)

Achsfolge	(1 A) (A1)	Höchstgeschwindigkeit	70 km/h
Baujahre	1946, 1947	Dienstgewicht (Tara)	18 T
Leistung	132 kW = 180 PS	Kraftübertragung	Mechanisch
Länge über Puffer	19,120 m	Erbauer	De Dion Bouton
Triebraddurchmesser	650 mm	X205 heute bei TBB	

Fünf De Dion-Bouton OC 2-Autorails kamen nach Schliessung des Meterspurnetzes in der Bretagne zu der BA, jedoch nicht alle waren eingesetzt worden. Auf dem Bild der SNCF X 206, im September 1976, aufgenommen in Romorantin.

Dieseltriebwagen (Autorail) SNCF X 211 und 212 (Verney)

Achsfolge	B′2′	Höchstgeschwindigkeit:	80 km/h
Baujahre	1950, 1951	Dienstgewicht (Tara)	18 T
Leistung	132 kW = 180 PS	Kraftübertragung	Mechanisch
Länge über Puffer	18,535 m	Erbauer	Verney
Triebraddurchmesser	750 mm	X211 heute bei TBB im Einsatz	

Von den beiden «Verney»-Autorails ex PO-Corrèze steht der SNCF X 211 im September 1976 in seinem Ursprungszustand im Umsteige-Bahnhof von Gièvres.

Nach umfangreicher Modernisierung der X 211 und 212 sowie der X 221 und 223 (Letztere wurden in X 213 und 214 umnummeriert) präsentierten sich diese Fahrzeuge auch in neuer Farbgebung (kein Foto), welche anfänglich den X 241 und 242 (CFD Montmirail) angeglichen wurde.

Das abgebildete Fahrzeug, der X 212, weist wieder die über viele Jahre vertraute Farbgebung der SNCF-Autorails Rot-Creme auf. Aufnahme des X 212 auf der Chemin de Fer de la Baie de Somme in Noyelles-sur-Mer, April 2013.

Dieseltriebwagen (Autorail) SNCF X 221 bis 224 (Verney)

Achsfolge	B′2′	Höchstgeschwindigkeit:	80 km/h
Baujahre	1950, 1951	Dienstgewicht (Tara)	17,5 T
Leistung	103 kW = 140 PS	Kraftübertragung	Mechanisch
Länge über Puffer	18,535 m	Erbauer	Verney
Triebraddurchmesser	750 mm	X224 heute bei TBB im Einsatz	

Der X 221 der SNCF konnte im Monat September 1976 bei dem kleinen Lokschuppen in Valençay fotografiert werden. Nach erfolgter Modernisierung wurde das Fahrzeug in X 214 umnummeriert.

Der X 224 erhielt noch zu SNCF-Zeiten eine Modernisierung, welche vor allem den Fahrgastraum betraf, oder in dessen Zusammenhang stand. Er „übersiedelte" schließlich zu der TBB nach Écueillé und konnte im Juli 2016 in deren Fahrzeughalle fotografiert werden.

Dieseltriebwagen (Autorail) SNCF X 241 und 242 (CFD)

Achsfolge	B´2´	Höchstgeschwindigkeit	85 km/h
Baujahre	1983, 1984	Dienstgewicht (Tara)	25 T
Leistung	177 kW = 241 PS	Kraftübertragung	Hydraulisch
Länge über Puffer	18,280 m	Erbauer	CFD, Socofer, SSCM
Triebraddurchmesser	750 mm		

Im Juni 2005 konnte der seltene SNCF X 242 im Endbahnhof von Salbris aufgenommen werden. Der Farbanstrich entsprach den um 1983 aktuellen Regionalfarben. Auf der Seite trug er das Wappen von „Valençay".

Dieseltriebwagen (Autorail) SNCF X 74501 bis 74505 (CFD)
(Die längeren Wagenteile der Gelenkfahrzeuge tragen die Bezeichnung XR 714501 bis 714505)

Achsfolge	B´+2´2´	Höchstgeschwindigkeit	85 km/h
Baujahr	2002	Dienstgewicht (Tara)	40,5 T
Leistung	300 kW = 408 PS	Kraftübertragung	Hydrodynamisch
Länge über Puffer	18,280 m	Erbauer	CFD Bagnères de Bigorre
Triebraddurchmesser	mm		

Im selben Bahnhof stand im Juni 2005 der damals noch Fabrikneue Autorail X 74502. Ein interessantes Gelenk-Fahrzeug der SNCF mit sehr gutem Fahrkomfort, Niederflureinstieg und Klimatisierung.

Personen- und Packwagen

Oben: In der Anfangszeit der BA waren u.a. solche Abteilwagen mit durchgehenden Trittbrettern in Betrieb. Auf dem Foto des April 2013 sind stellvertretend zwei sehr ähnliche Fahrzeuge abgebildet. Die Zweiachser Ac 21 und B 111 der früheren Chemin de Fer d'Anjou, vorübergehend auf der «Baie de Somme» eingesetzt.

Oben rechts: 4-Achswagen der Reihe Bf 61 bis 67, ursprünglich zu den SE, den Chemins de Fer Économiques de l'Allier gehörend.
Foto aus Sammlung des Autors.

Rechts: 4-Achswagen der Reihe ABf 91 bis 95, ursprünglich ebenfalls zu den SE, den Chemins de Fer Économiques de l'Allier gehörend.
Foto aus Sammlung des Autors.

Zweiachs-Packwagen DP 58 (Reihe DP 51, 57 und 58), ursprünglich bei PO-Corrèze eingesetzt. Aufnahme in Valençay, September 1976.

Triebwagen-Beiwagen (Remorques d'Autorail) XR 701 bis 703

Achsfolge	2′2′	Höchstgeschwindigkeit:	70 km/h
Baujahr	1951	Dienstgewicht (Tara)	9,5 T
Länge über Puffer	12,975 m	Erbauer	Verney

Zusammen mit den «Verney»-Autorails wurden drei Beiwagen XR 701 bis 703 in Betrieb genommen. Auf dem, in Valençay aufgenommenen, oberen Foto (September 1976) wird ein Triebwagen-Zug mit einem X 211/212 und einem XR 701/703 gezeigt.

Der modernisierte XR 701 (ehemals SNCF) der TBB in Écueillé, Juli 2016.

Güterwagen der BA-SNCF (heute einige davon der TBB gehörend)

Als die SNCF auf der BA noch intensiven Güterverkehr aufwies, hier gesehen am Beispiel Holztransport: Einige Hochbordwagen der Reihe I (TK) 301–325 und TK 326–335, im Vordergrund der TK 320 der SNCF. Valençay, im September 1976.

Der K 268 der BA-Reihe K 201 bis 275 stand im Juli 2016 im Bahnhof von Écueillé der TBB.

Ein Niederbordwagen, wahrscheinlich der BA-Reihe HH (N) 421 bis 456 angehörend. Écueillé, Juli 2016.

Diese drei Schotterwagen standen im Juli 2016 im Bereich des Bws und der Werkstätten von Romorantin.

Der BA-Kranwagen K-1 beim Bahnhof Argy. Beachten Sie das bewegliche Gegengewicht auf Rollen! Juli 2016.

Der Unkrautvertilgungswagen S 3012 der BA, ehemals Réseau Breton, trägt den Spitznamen «Attila». Foto aus Sammlung des Autors.

3.6.4 Einige Fahrzeugdaten der TBB/SABA

Dampflok 020 T Nr. 11

Achsfolge	B h2 t	Höchstgeschwindigkeit	~ 40 km/h
Baujahr	1921	Triebraddurchmesser	800 mm
Indizierte Leistung		Dienstgewicht	16,6 T
Länge über Puffer	6,240 m	Erbauer	Corpet-Louvet La Courneuve

Die kleine, schmucke Corpet-Louvet-Lok mit der Achsfolge B (020 T), welche zur Führung der Touristikzüge eingesetzt wird. Aufnahme in Argy, im Juli 2016.

Dampflok 040 T Nr. 24

Achsfolge	D h2 t	Höchstgeschwindigkeit	~ 40 km/h
Baujahr	1923	Triebraddurchmesser	900 mm
Indizierte Leistung	270 PS	Dienstgewicht	31 T
Länge über Puffer	8,500 m	Erbauer	Corpet-Louvet La Courneuve

Im Juli 1976 war die Lok 040 T Nr. 24 auf den Gleisen des früheren Bahnhofs Tournon der CFV anzutreffen. Heute wird sie bei der TBB in Écueillé wieder betriebsbereit aufgearbeitet.

Diesellok 020 Nrn. 115 und 116

Achsfolge	B	Triebraddurchmesser:	850 mm
Baujahr	1955	Dienstgewicht	17 T
Leistung	132 kW = 180 PS	Kraftübertragung	Hydraulisch
Länge über Puffer	6,150 m	1 Dieselmotor	6 Zylinder
Höchstgeschwindigkeit	~ 35 km/h	Erbauer	Klöckner-Humboldt-Deutz

Die Dieselhydraulische Lok Nr. 115 war zusammen mit ihrer Schwesterlok Nr. 116 bei der Euskirchener Kleinbahn eingesetzt gewesen. Aufnahme vor der Fahrzeughalle in Écueillé, im Juli 2016.

Diesellok 030 Nr. T 12 BA

Achsfolge	C		
Baujahr	1940	Dienstgewicht	16,5 T
Leistung	132 kW = 180 PS	Kraftübertragung	Mechanisch
Länge über Puffer	6,000 m	1 Dieselmotor	8 Zylinder
Höchstgeschwindigkeit	40 km/h	Erbauer	CFD Neuillé Pont-St-Pierre
Triebraddurchmesser	840 mm		Umbau

Die ehemalige SNCF-BA-Lok 030 Nr. T 12, nun im Bestand der TBB, wo sie aufgearbeitet wird. Die T 12 unterschied sich äußerlich nur wenig von der T 11. Foto Train du Bas Berry.

Diesellok 030 CFD Nr. 4 sowie B-Lok Nr. 3162 „Brookville"

Links: Die CFD-Lok Nr. 4 beim Bahnhof von Argy, rechts: Modell der Nr. 3162 „Brookville", Juli 2016.

Autorails der TBB: X 205 De Dion-Bouton, X 211 Verney, X 224 Verney

Die technischen Daten der drei Autorails X 205, X 211 und X 224 finden sich bei den Fahrzeug-Beschreibungen der SNCF-BA. Bild: X 211 in Luçay-le-Mâle, Juli 2016.

Draisinen

Links: Die „Billard"-Draisine Nr. 208, vor Aufarbeitung durch die TBB, rechts: Die 2-achsige Motor-Draisine Nr. 713 von „Renault". Fotos Train du Bas Berry.

Personen- und Packwagen

Die prächtigen Vierachs-Drehgestell- Wagen Nrn. Cv 39 bis 41, ehemals dem «Tramway de la Sarthe» gehörend, sind auch historisch besonders wertvoll und stehen unter nationalem Denkmalschutz. Zusammen mit der Lok 040 T Nr. 24 wird es einen schönen Zug ergeben. Foto Train du Bas Berry.

Die beiden Zweiachs-Personenwagen C 163 und C 192 fuhren einst auf der „Oberaargau-Jura-Bahn" (Schweiz).
Écueillé, Juli 2016.

Der Packwagen Df 225 gehört ebenfalls zu den historisch erhaltenswerten Fahrzeugen. Er entstammt dem Réseau Breton. Aufnahme in Argy, Juli 2016.

4. Die Korsischen Eisenbahnen CFC / SNCF
Chemins de Fer de la Corse
Camini di Ferru di a Corsica (korsisch)

**Bastia–Ponte-Leccia–Corte–Ajaccio und
Ponte-Leccia–Ile-Rousse–Calvi**

4.1 Die Insel Korsika (französisch La Corse, korsisch a Corsica)

4.1.1 Geografie
Die Fläche Korsikas, genannt auch „Ile de Beauté" (Insel der Schönheit) misst 8.680 km² bei einer Einwohnerzahl von 307.000 Menschen. Mit 67.500 Einwohnern ist die im Südwesten gelegene Stadt Ajaccio die Größte der Insel und zugleich deren Hauptstadt. Korsika ist eine Region Frankreichs und besteht aus den zwei Departementen „Haute-Corse" (Ober Korsika, Departement 2B, Hauptstadt Bastia) und „Corse-du-Sud" (Südkorsika, Departement 2A, Hauptstadt Ajaccio). Die größte Ausdehnung der Insel beträgt von Nord nach Süd 183 km und von Ost nach West 83 km. Das sehr gebirgige Korsika ist 180 km von Nizza, 85 km von Livorno (Toskana, Italien) und nur 12 km von Sardinien entfernt. Geologisch gesehen bildet es mit letzterer Insel eine eigene, von den Kontinental-Platten unabhängige Erdplatte. Der höchste Berg Korsikas, der Monte-Cinto, misst 2710 m ü NN.

4.1.2 Geschichte
Die frühgeschichtliche Zeit erinnert an die der Provence. Älteste nachgewiesene Besiedlungen gehen immerhin auf die Jahre 7000 bis 6000 v. Chr. zurück.

780 v. Chr. haben die Etrusker die Insel bewohnt, gefolgt 565 v. Chr. von den Griechen, genauer von den Phokäern. Diese nannten die Insel Korsai und gründeten die kleine, an der Ostküste gelegene Stadt Aléria. Auch der Name Cyrnos für Korsika tauchte aus jener Zeit auf. Im Jahre 259 v. Chr. erfolgte die Eroberung durch die Römer. Sie gaben der Insel den Namen Corsica, den sie seither behielt. Ihre Herrschaft über Korsika dauerte über mehrere Jahrhunderte an.

Im Jahr 700 fielen die Mauren in Korsika ein. Sie bestimmten die Geschehnisse auf der Insel bis zum 10. Jahrhundert prägend mit. Aus dieser Zeit geht auch der Ursprung des in Korsika allgegenwärtigen Symbols, des Maurenkopfes, zurück.

725 erfolgte eine Invasion der Lombarden und zwar unter Anführung des Römisch-Deutschen Kaiserreichs und Karl dem Großen. Die Lombarden gaben die Insel 774 an die Päpste weiter. Korsika stand in der Folge ein paar Jahrhunderte lang unter deren Einfluss und Macht.

Zwischen 1284 und 1768, also über einen Zeitraum von rund 500 Jahren, herrschten die Genuesen über die ganze Insel und gaben ihr ebenfalls ein Gepräge. Viele Befestigungsbauten lassen dies auch heute noch erkennen.

Eine interessante Geschichte, die sich während der Zeit der genuesischen Herrschaft über die Insel ereignete, ist die Folgende: Der bekannte Seefahrer und Wiederentdecker Amerikas, Cristofero Colombo (Kolumbus), stammt aus der Nordkorsischen Stadt Calvi.

Auf einem Schild in der Rue (Straße) Colombo steht: „Ici est né, en 1441, Christophe Colomb, immortalisé par la découverte du Nouveau Monde, alors que Calvi était sous la domination génoise". (Übersetzt: „Christoph Kolumbus, durch die

Entdeckung der Neuen Welt verewigt, war 1441 hier geboren worden, als Calvi unter genuesischer Herrschaft stand.")

Zwischen 1755 und 1769 versuchte Pascal Paoli Korsika in die Unabhängigkeit zu führen, aber nach Abschluss des Versailler Vertrags von 1768 übergaben die Genuesen die Insel an Frankreich. Nach der französischen Revolution 1789 entschied sich die National-Versammlung (das Parlament) in Paris für einen Verbleib Korsikas bei Frankreich.

Die beiden Weltkriege verschonten auch Korsika und deren Eisenbahnen in keiner Weise. Trotzdem war die Insel am 8. Oktober 1943 das erste befreite Gebiet Frankreichs.

4.1.3 Heutige Situation
Was die korsischen Autonomisten, berechtigt oder nicht, nach deren Radikalisierung ab 1965 beklagten, war unter anderem: Die isolierte Situation, technische Rückständigkeit, schlechte Verkehrswege, zu teure Verbindungen mit dem Kontinent, mittelmäßige Versorgungseinrichtungen, keine Universität.

Unter den französischen Regierungen nach 1981, welche für Korsika mehr Verständnis aufbrachten, traten gewisse Verbesserungen ein. So wurde die Universität von Corte, die es zu Zeiten Pascal Paolis schon einmal gab, wiedereröffnet. 1991 erhielt diese Insel als Region eine weitgehende Autonomie von Frankreich. Dieser Sonderstatus ist so weitreichend wie derjenige der französischen Überseegebiete und demnach wesentlich Autonomer als die Regionen und Departemente des Mutterlands. Der Regionalrat Korsikas nennt sich „Cullettività Territuriale di Corsica" (Französisch: „Collectivité Territoriale de la Corse", oder Deutsch, sinngemäß: „Regional-Gemeinschaft Korsikas").

Herkunft und Ausdrucksweise der korsischen Sprache: Wie das Französische basiert sie auf dem Latein, ist dabei aber der italienischen Sprache näher. Zurzeit ist die alleinige Amtssprache das Französische. Doch die korsische Sprache behält ihre Bedeutung, welche sich durch eine mögliche Anhebung zur Amtssprache noch vergrößern würde. In den Schulen wird Korsisch als Freifach unterrichtet. Manche der korsischen Dialekte sind mit sardischen Sprachen verwandt. In Bonifacio wird ein genuesischer Dialekt gesprochen. Viele Straßen- und Hinweisschilder sind zweisprachig: Französisch und Korsisch.

- Dass Korsika eine Insel ist, wirkt sich selbstverständlich auch auf die Eisenbahn aus. Heute gibt es ein Streckennetz von 232 km Länge und besteht aus zwei Bahnlinien: Bastia–Casamozza–Ponte-Leccia– Corte–Ajaccio = 158 km
- Ponte-Leccia–Ile-Rousse–Calvi = 74 km

Die dritte Bahnstrecke (Bastia–) Casamozza–Alésia–Porto-Vecchio (152 km), entlang der Ostküste, wurde während des 2. Weltkriegs durch die deutsche Wehrmacht zerstört und danach leider nie wiederaufgebaut. Die ursprüngliche Netzlänge betrug demnach also 384 km. Es gab Projekte für weiterführende Eisenbahnlinien, welche jedoch nie ausgeführt wurden, so unter anderem: Von Ajaccio nach Propriano und von Porto-Vecchio nach Bonifacio. Solche Eisenbahnverbindungen hätten die Bedeutung der Eisenbahnen auf Korsika wesentlich erhöht.

Die aufgrund des Inseldaseins benachteiligte Situation der Eisenbahnen Korsikas, wird dennoch ein Stückweit ausgeglichen. Nebst ergänzenden Busverbindungen stellen vor allem die Fährschiffe die wichtigsten, weiterführenden Verkehrsmöglichkeiten dar. Diese ausschließlichen Autofähren nehmen zwar auch Passagiere ohne Kraftfahrzeug auf. Doch ihre Fahrpläne sind grundsätzlich nicht auf die der Eisenbahn abgestimmt. In Ajaccio und Bastia, den zwei wichtigsten Fährhäfen, sind die Bahnhöfe der CFC denn auch nicht direkt bei den Landungsstegen der Schiffe.

In früheren Jahren existierende Gleisanschlüsse zu den Häfen wurden zurückgebaut.

Nachdem die CFC im Laufe der Jahre wechselnden Unternehmen angehörten, kam es 1983 unter dem damaligen französischen Verkehrsminister zu einer Verstaatlichung. Die CFC wurden also Teil der SNCF. Es wurden große Erneuerungsarbeiten in Angriff genommen. Diese betrafen sowohl die Infrastruktur als auch das Rollmaterial. Der Zustand der Gleise und der Bahnhöfe hat sich seither drastisch verbessert. Ein Teil des bestehenden Rollmaterials wurde zudem revidiert und es wurden neue Autorails angeschafft. Dies waren ausschliesslich für Korsika entwickelte, dieselhydraulische Trieb- und Steuerwagen der SNCF-Reihe X 97051–97057 und XR 9701–9706.

Nach 2011 änderte sich die Situation der CFC abermals: Im Rahmen der umfassenderen Autonomie Korsikas wurde aus der CFC ein eigener, korsisch verwalteter Eisenbahnbetrieb. Dies, nachdem modernste Autorails analog denen der CP, die AMG 800, noch unter der Regie der SNCF, in Betrieb gesetzt wurden.

Es kann heute davon ausgegangen werden, dass die noch vorhandenen Eisenbahnstrecken Korsikas für die nächste Zukunft gesichert sind. Die Zeiten, als 1955 ein Minister die Strecke Ponte-Leccia – Calvi aufheben wollte, sind hoffentlich vorbei. Auch solche Äusserungen, wie die Folgende, die ein Minister 1960 von sich gegeben hatte, sind in naher Zukunft eher nicht zu erwarten. Dieser sagte: «Ein Autobus und 5 LKWs genügen, um den öffentlichen Verkehr auf Korsika zu bewältigen.»

Schon in den Fünfziger- und Sechzigerjahren manifestierten die Korsen zugunsten der Erhaltung der Eisenbahn zurecht und eindringlich.

Zwei Autorails der Reihe X 2000 rangieren vor dem Bahnbetriebswerk in Bastia. Die Aufnahme entstand noch knapp in der Zeit als die CFC durch die SNCF betrieben worden war. Aufnahme im Juli 2011.

4.2 Die Eisenbahnen auf Korsika

4.2.1 Planung und Bau der drei Eisenbahnstrecken

1855 entstand die Idee einer Korsisch-Sardischen Eisenbahn, welche die Aufgabe erfüllen sollte, den Seeweg von Frankreich nach Algerien über diese beiden Inseln zu verkürzen. Auf dem Gebiet Korsikas wäre eine Bahnlinie von Bastia der Ostküste entlang nach Bonifacio verlaufen. Zweiglinien hätten unter anderem von Aléria aus Corte und von Porto-Vecchio aus Ajaccio erreicht. 1878 schließlich waren die Abschnitte Ajaccio–Mezzana und Bastia–Corte über Ponte-Leccia zur volkswirtschaftlichen Notwendigkeit erklärt worden. 1879 folgte der positive Entscheid über den Abschnitt Corte–Vizzavona–Mezzana. Bei der Planung war erst ein steigungsreicher Abschnitt über den Col de Vizzavona nach dem System Fell (mit mittlerer Schiene, zur Erhöhung der Adhäsion) in Erwägung gezogen, dann aber doch zugunsten eines Scheiteltunnels von 3916 m Länge entschieden worden. Der „Plan Freycinet", als der Förderer von Sekundär-Eisenbahnen, begünstige dieses und weitere Vorhaben des Streckennetzausbaus. Dazu wurde 1883 ein Vertrag zwischen dem französischen Staat, genauer der Abteilung „Ponts et Chaussées" (Brücken und Strassen), und der CFD (Compagnie des Chemins de Fer Départementaux) unterzeichnet. Die CFD regelte den Bau der korsischen Eisenbahnen und führte danach den Betrieb für lange Zeit durch.

1888 war die Strecke der Ostküste bis Ghisonaccia fertiggestellt worden; die „Ligne de La Balagne" Ponte-Leccia–Calvi wurde 1890 eröffnet. Die restlichen Teilstücke der „Hauptlinie" waren wie folgt fertiggestellt worden:
1889: Ajaccio–Vizzavona
1892: Vizzavona–Vivario, durch den Scheiteltunnel
1892: Fertigstellung der wichtigsten Brücke, des Pont du Vecchio, eine Konstruktion von Gustave Eiffel.
1892: Vivario–Corte, welcher Abschnitt über diese Brücke führte
1894: Aufnahme des durchgehenden Betriebs zwischen Ajaccio und Bastia.

Damit hatte das Bahnnetz der CFC eine vorläufige Gesamtlänge von 297 km.

Nach einer neuen, 1911 vereinbarten, Konzession sollte die CFD den Bau der Ostküstenlinie bis Porto-Vecchio weiterführen. Doch der erste Weltkrieg und die Finanzen verhinderten dies. Die Verlängerung bis Solenzara war schließlich 1930 eröffnet worden und Porto-Vecchio wurde erst 1935 erreicht. Damit hatte das korsische Eisenbahnnetz seine maximale Größe von 384 km erreicht.

Die beiden geplanten Strecken Porto-Vecchio–Bonifacio und (Ajaccio–) Caldaniccia–Propriano wurden leider nie gebaut. Auch da dürften vor allen Dingen finanzielle Gründe eine Rolle gespielt haben. Weitere drei, nicht realisierte Projekte waren: Caldaniccia–Vico, Bastia–Macinaggio und Folelli-Orezza (südlich von Casamozza)–Orezza-les-Eaux.

Zum großen Leidwesen der korsischen Eisenbahnen war die Ostküstenlinie 1943 durch die Wehrmacht so stark zerstört worden, dass nur noch 10 km bis Folelli-Orezza betrieben werden konnten. 1953 wurde auch dieser restliche Schienenverkehr der „Ligne de la Côte Orientale" Casamozza–Porto-Vecchio eingestellt. Das Geld reichte für einen Wiederaufbau nicht. Der Staat soll zudem nicht mehr daran interessiert gewesen sein. Damit blieb dem korsischen Eisenbahnnetz seine bis heute erhaltene Ausdehnung von 232 km.

4.2.2 Die Betreiber der korsischen Eisenbahnen

Wie bereits erwähnt, führte die CFD den Betrieb seit Anfang durch. Der Vertrag endete jedoch 1941, also mitten im zweiten Weltkrieg. Es wurde eine weiterführende Übereinkunft vereinbart. Nach der Befreiung Korsikas 1943 übernahm das Militär vorübergehend die Betriebsführung. Die CFD erklärte sich nach 1945 nicht mehr bereit, den Betrieb weiterzuführen, denn ihre rentabelste Strecke, die Ostküstenlinie, war verloren gegangen. Die Weiterführung des Betriebs geschah von 1945 an direkt durch Ponts et Chaussées, welche auch Erneuerungen durchführte, z.B. durch die Anschaffung von 8 Renault-ABH 8-Autorails. Weil der Betrieb zunehmend defizitär wurde, sollte jedoch das ganze korsische Bahnnetz in den 60-er Jahren eingestellt werden. Dies scheiterte zum großen Glück am Widerstand der Bevölkerung.

Zur Übernahme der neuen Betriebsführung wurde 1965 die Gesellschaft SACFS, die „Société Auxiliaire des Chemins de Fer Secondaires" (Nebenbahn-Betriebs-Gesellschaft) beauftragt.

Der Betrieb wies jedoch zunehmend negative Zahlen auf, sodass die CFTA, die „Société Générale des Chemins de Fer et des Transports Automobiles" (Eisenbahn- und Autobus-Gesellschaft) von 1971 an, vorerst interimsmäßig, beauftragt wurde. In dieser Zeit wurde ein Teil der Gleise erneuert und der Fahrzeugpark war durch Neuanschaffungen ergänzt worden. Ein offizieller Vertrag zwischen dem Staat und der CFTA wurde 1977 unterschrieben.

Nach politischem Wechsel 1981 unterzeichnete der neue Verkehrsminister den Vertrag mit der CFTA nur noch für eine Verlängerung um ein Jahr. Am 1. Januar 1983 übernahm die SNCF den Betrieb. Danach wurde die gesamte Infrastruktur einer sehr umfangreichen Erneuerung unterzogen. Es wurden neue Fahrzeuge angeschafft, die den Anforderungen der Bahn sehr gut entsprachen. Nach 2009 fand, mit dem Eintreffen der AMG 801/802 –823/824, ein weiteres Mal eine bedeutende Fahrzeugerneuerung statt: Die Größte welche die CFC je erlebt hatte.

Nach 2012 war die Betriebsführung, wohl in Zusammenhang der größeren Autonomie der Insel, einer neuen Gesellschaft, der CTC, mit Beteiligung der CFC und der SNCF übergeben worden. Die Anschriften an den neuen Fahrzeugen lautet denn auch sehr korsisch „Cullettività Territuriale di Corsica" (CTC).

Altes Logo

Neues Logo

Der AMG 801/802 „Aiacciu" (der korsische Name für Ajaccio) stand im Juli 2011, zusammen mit älteren Autorails, auf den Bahnhofsgleisen von Bastia.

4.2.3 Hauptdaten der Strecke Bastia–Ponte-Leccia–Corte–Ajaccio

Der Topografie der Insel entsprechend sind die Kunstbauten dieser, auch Transkorsische Gebirgsbahn genannte, Strecke zahlreich. Die seit 1954 ausschließlich dieselbetriebene, praktisch 158 km lange Bahnstrecke weist erwartungsgemäß zahlreiche Kunstbauten auf. Alle Tunnels und Galerien über 30 m gezählt sind es deren 42, wobei 12 Objekte eine Länge über 200 m aufweisen, der Scheiteltunnel mit seinen 3916 m Länge eingeschlossen. Bezüglich den Brücken und Viadukten über 30 m Länge erreicht die Zahl ebenfalls 42. Zwischen Vecchio, Vizzavona und Ucciani beträgt die Maximalsteigung 30 ‰. Der minimale Kurvenradius ist mit 100 m ziemlich klein. Dennoch wurde auf geraden Streckenabschnitten bereits bis zu 80 km/h gefahren. Der Höhenunterschied zwischen dem tiefsten Punkt (Ajaccio, 3 m ü NN) und dem Scheitelpunkt der Strecke bei Vizzavona (906 m ü NN) misst 903 m. Der Scheiteltunnel befindet sich in einem Gefälle in Richtung Ajaccio von 22 ‰. Der längste Viadukt, der Ponte Vecchio, misst 140 m Länge.

4.2.4 Die Bahnhöfe und Haltepunkte zwischen Bastia und Ajaccio

Es gibt 38 Zwischenstationen, 13 von ihnen sind Bahnhöfe und 25 sind Haltepunkte mit „Halt auf Verlangen".

Bahnhof	m ü NN	km	Bemerkungen
Bastia	12,3	0,0	Ausgangs- und Endbahnhof
Lupino	18,5	1,69	Haltepunkt (HP)
Bassanese			HP
L'Arinella			HP
Montesoro			HP
Erbajolo			HP
Polyclinique			HP
Furiani	6,9	5,83	Zwischenbahnhof
Saltatojo			HP
Ceppe			HP
Casatorra			HP
Biguglia	22,2	9,66	Zwischenbahnhof
Tragone			HP
Purettone			HP
Maison-d'arrêt-Borgo			HP
Borgo	47,1	16,23	HP
Lucciana			HP
Casamozza	32,4	21,02	Zwischenbhf. u. Werkstätte
Barchetta	97,6	29,59	HP
Ponte-Novu	166,0	39,13	Zwischenbahnhof
Ponte-Leccia	195,4	46,73	Abzweigbahnhof nach Calvi
Francardo	266,6	54,59	Zwischenbahnhof
Soveria	457,4	65,22	HP
Corte	396,4	73,80	Zwischenbahnhof
Poggio-Riventosa	545,8	82,08	Zwischenbahnhof
Venaco	564,7	85,12	Zwischenbahnhof
Vecchio	475,4	89,79	Pont du Vecchio
Vivario	616,7	95,92	Zwischenbahnhof
Camping Savaggi			HP
Tattone	802,4	102,81	HP
Vizzavona	905,6	106,65	Zwischenbahnhof
Bocognano	672,5	116,62	Zwischenbahnhof

Bahnhof	m ü NN	km	Bemerkungen
Tavera	464,7	123,49	HP
Ucciani	380,7	126,78	HP
Carbuccia	207,1	136,00	HP
Mezzana	55,6	144,95	Zwischenbahnhof
Effrico			HP
Cavone			HP
Ricanto			HP
Les Salines			HP
Caldaniccia	14,7	148,95	Ohne HP, geplante Abzweig.
Ajaccio	3,0	157,4	Anfang- und Endbahnhof

4.2.5 Hauptdaten der Strecke Ponte-Leccia–Ile-Rousse–Calvi

Die noch vorhandene zweite Eisenbahnstrecke Korsikas weist zwischen Ponte-Leccia und Ile-Rousse ebenfalls durchaus Gebirgsbahncharakter auf. Natürlich herrscht auch hier Dieselbetrieb. Die Bahntrasse ist im ersten, erwähnten Abschnitt auffallend kurvenreich angelegt, wohl deshalb, um aufwändige Kunstbauten zu vermeiden. Es sind 10 Tunnels und Galerien über 30 m Länge vorhanden. Der Längste unter ihnen weist 380 m auf. Die Anzahl der Brücken über 30 m beträgt drei. Es wird eine Maximalsteigung von 20 ‰ erreicht. Der minimale Kurvenradius beträgt auch hier 100 m. Der Höhenunterschied zwischen dem tiefsten und dem höchsten Punkt beträgt 449 m. Der Scheitelpunkt liegt beim Haltepunkt Novella auf 451,8 m ü NN. Zwischen Ile-Rousse und Calvi verläuft die Trasse in nahezu ebenem Gelände und in Meeresnähe.

4.2.6 Die Bahnhöfe und Haltepunkte zwischen Ponte-Leccia und Calvi

Es gibt 19 Zwischenstationen, wovon 1 Bahnhof und 18 Haltepunkte „Halt auf Verlangen".

Bahnhof	m ü NN	km	Bemerkungen
Ponte-Leccia	195,4	46,73 von Bastia	Abzweigbhf. nach Ajaccio
Pietralba	258,3	52,68	HP
Novella	451,8	65,35	HP
Palasca	284,2	75,15	HP
PK 79 + 800			HP
Belgodère	158,9	82,80	HP
Le Regino	72,9	88,08	HP
Camping Monticello			HP
Ile-Rousse	3,0	98,10	Zwischenbahnhof
Bodri			HP
Marine-de-Davia			HP
Aregno			HP
Algajola	13,4	106,31	HP
Sant'Ambroggio			HP
Club-Med-Cocody			HP
Lumio-Arinella			HP
Camp Raffalli			HP
Tennis Club			HP
Balagne-Orizontenovo			HP
Lido			HP
Calvi	4,9	119,92	Anfang- und Endbahnhof

4.2.7 Streckenplan der Chemins de Fer de la Corse CFC / SNCF

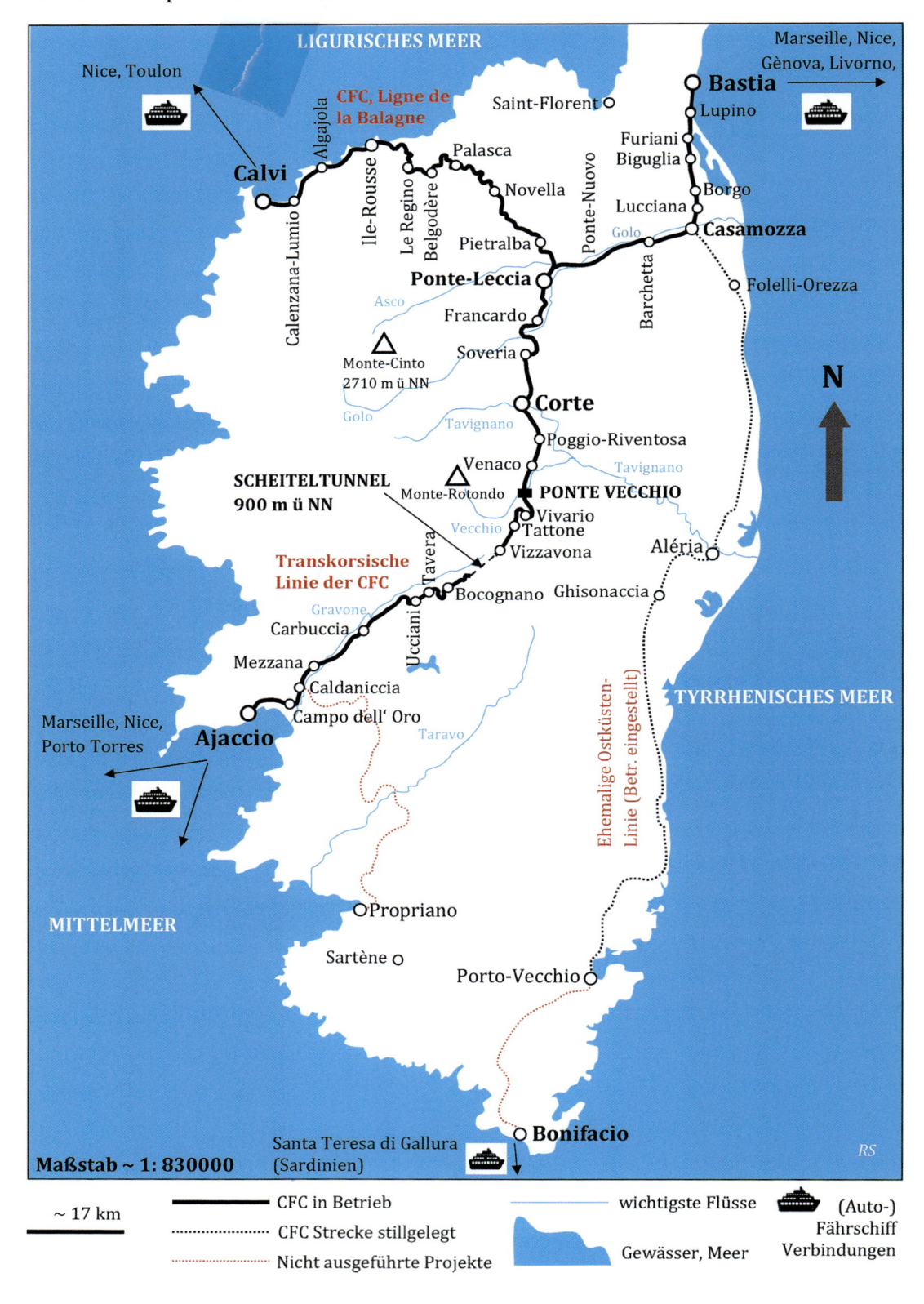

4.2.8 Linien-Entwicklung bei Vivario

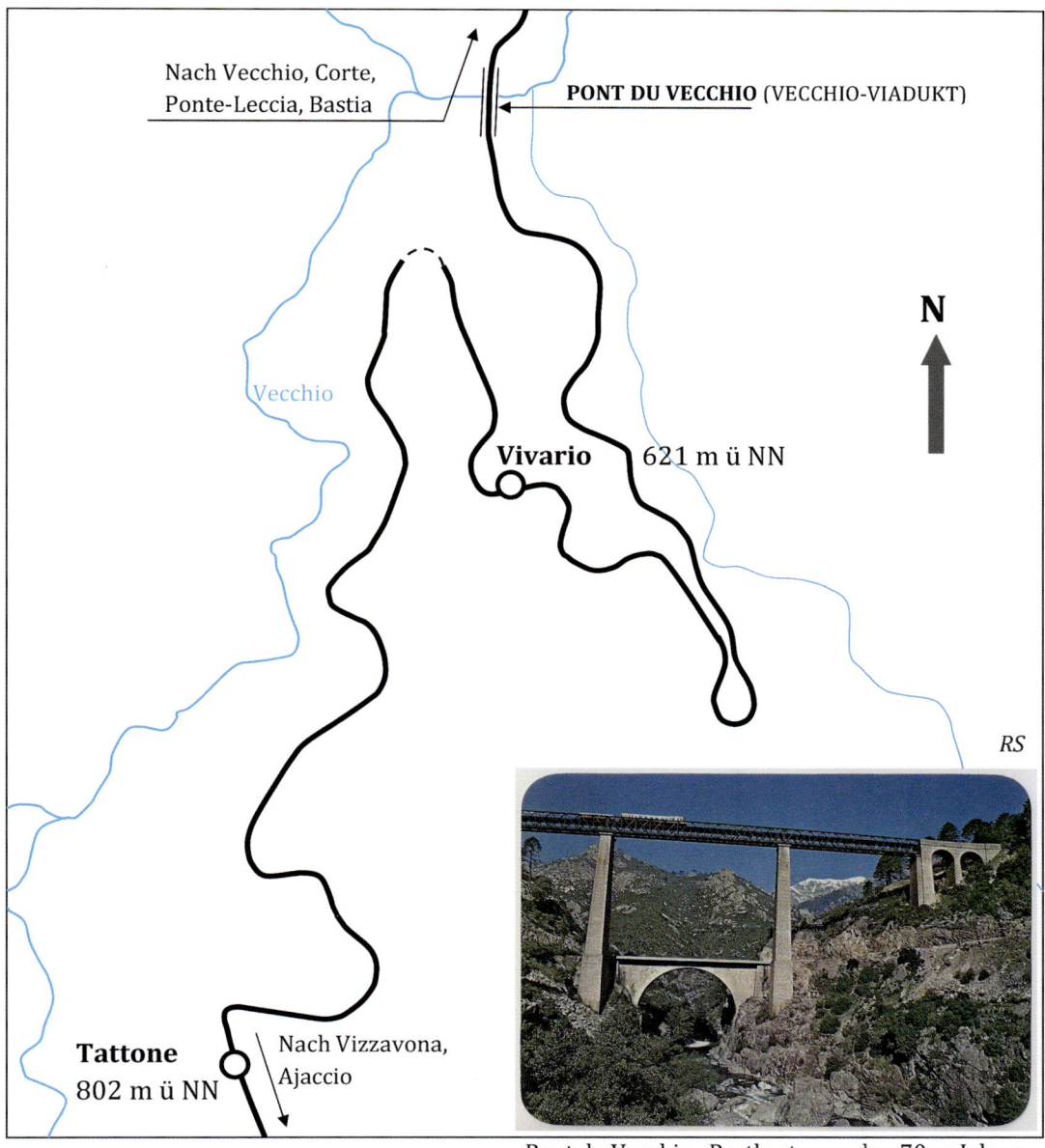

Nach Vecchio, Corte, Ponte-Leccia, Bastia

PONT DU VECCHIO (VECCHIO-VIADUKT)

Vecchio

Vivario 621 m ü NN

N

RS

Tattone 802 m ü NN

Nach Vizzavona, Ajaccio

Pont du Vecchio   Postkarte aus den 70er Jahren

Maßstab ~ 1 : 32'000

~ 640 m

Chemin de Fer de la Corse (CFC)   Fluss

4.2.9 Streckenprofil Bastia–Ajaccio

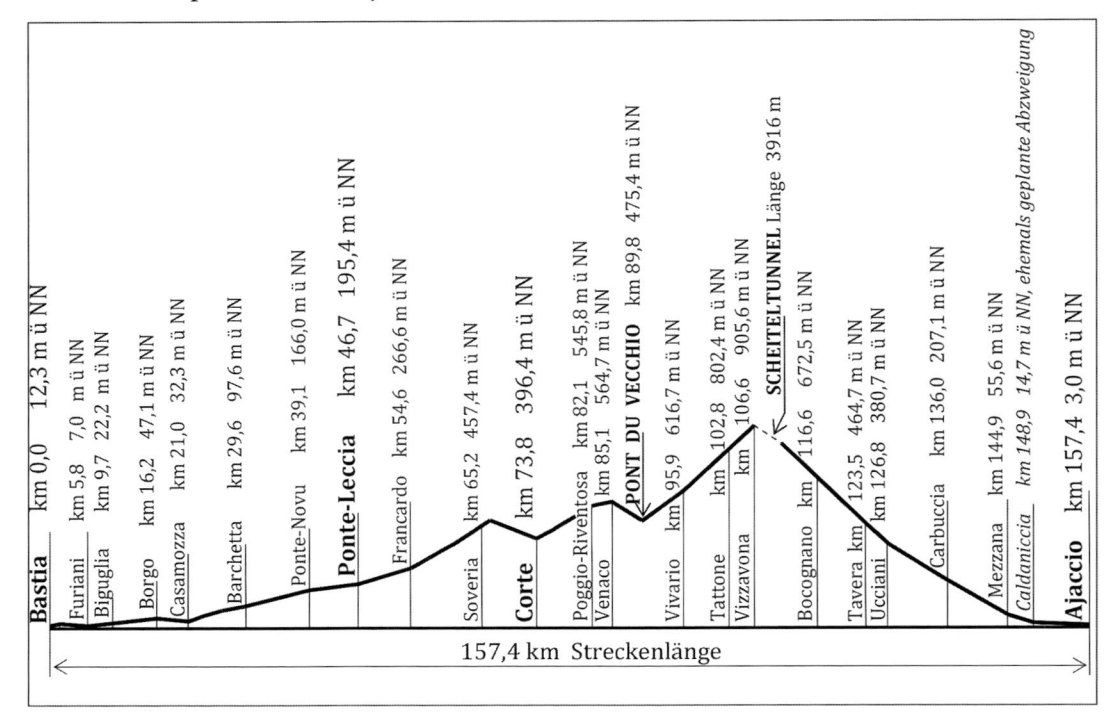

[Streckenprofil-Diagramm mit folgenden Stationen:]

Bastia km 0,0 12,3 m ü NN; Furiani km 5,8 7,0 m ü NN; Biguglia km 9,7 22,2 m ü NN; Borgo km 16,2 47,1 m ü NN; Casamozza km 21,0 32,3 m ü NN; Barchetta km 29,6 97,6 m ü NN; Ponte-Novu km 39,1 166,0 m ü NN; **Ponte-Leccia** km 46,7 195,4 m ü NN; Francardo km 54,6 266,6 m ü NN; Soveria km 65,2 457,4 m ü NN; **Corte** km 73,8 396,4 m ü NN; Poggio-Riventosa km 82,1 545,8 m ü NN; Venaco km 85,1 564,7 m ü NN; **PONT DU VECCHIO** km 89,8 475,4 m ü NN; Vivario km 95,9 616,7 m ü NN; Tattone km 102,8 802,4 m ü NN; Vizzavona km 106,6 905,6 m ü NN; **SCHEITELTUNNEL** Länge 3916 m 672,5 m ü NN; Bocognano km 116,6 672,5 m ü NN; Tavera km 123,5 464,7 m ü NN; Ucciani km 126,8 380,7 m ü NN; Carbuccia km 136,0 207,1 m ü NN; Mezzana km 144,9 55,6 m ü NN; *Caldaniccia km 148,9 14,7 m ü NN, ehemals geplante Abzweigung*; **Ajaccio** km 157,4 3,0 m ü NN

157,4 km Streckenlänge

4.2.10 Streckenprofil Ponte-Leccia–Calvi

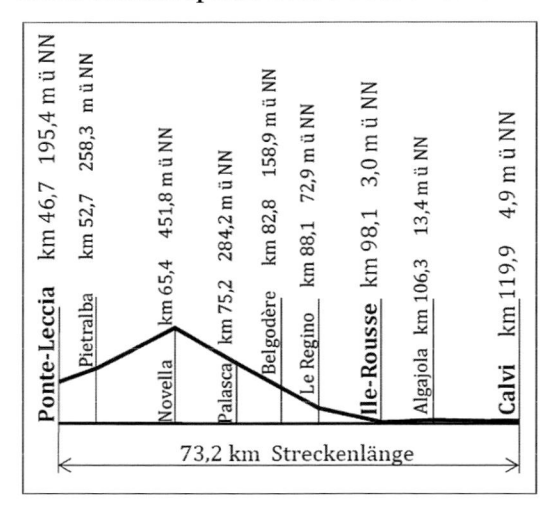

Ponte-Leccia km 46,7 195,4 m ü NN; Pietralba km 52,7 258,3 m ü NN; Novella km 65,4 451,8 m ü NN; Palasca km 75,2 284,2 m ü NN; Belgodère km 82,8 158,9 m ü NN; Le Regino km 88,1 72,9 m ü NN; **Ile-Rousse** km 98,1 3,0 m ü NN; Algajola km 106,3 13,4 m ü NN; **Calvi** km 119,9 4,9 m ü NN

73,2 km Streckenlänge

4.3 Betriebliche Aspekte

4.3.1 Der heutige Betrieb auf beiden Strecken

Alle Personenzüge werden seit Einstellung des Dampfbetriebs 1954 durch immer modernere und geräumigere Autorails geführt. Die wenigen Dieselloks bewältigen einen minimalen, verbliebenen Güterverkehr oder stehen Dienstfahrten zur Verfügung.

Ein Vergleich der Fahrpläne von 1971 und von 2016 zeigt aber teilweise Erstaunliches. Eine Fahrt von Bastia nach Ajaccio dauerte 1971 rund 3 ¾ Stunden. Es gab vier durchgehende Zugpaare sowie ein morgendliches und abendliches Zugpaar zwischen Ajaccio und Corte. In Ajaccio bestand eine kurze Verlängerung zum

Hafen (Ajaccio Port). Zwischen Bastia und Calvi gab es zwei durchgehende Zugpaare sowie eine Verbindung mit Umsteigen in Ponte-Leccia.

Auf der „Ligne de La Balagne", also auf dem Teilstück zwischen Calvi und Ile-Rousse gab es 1971 zehn durchgehende Regionalverbindungen in beiden Richtungen sowie drei zusätzliche Zugpaare zwischen Calvi und Lumio.

Zu den heutigen Fahrplänen, Sommer 2016:

Die Verbindung Bastia–Ajaccio weist nach wie vor vier durchgehende Zugpaare auf sowie je ein Zugpaar zwischen Corte und Ajaccio und zwischen Corte und Bastia. Eine Fahrt über die ganze Strecke dauert 2016 teilweise nahezu vier Stunden. Es gibt allerding mehr Zwischenhalte als damals.

Eine wesentliche Verbesserung bilden die Vorortzüge zwischen Bastia und Casamozza sowie zwischen Ajaccio und Mezzana: Bastia–Casamozza, 21 km, werktags 16 Zugpaare, Ajaccio–Mezzana, rund 13 km, werktags 11 Zugpaare.

Zwischen Bastia und Calvi gibt es heute ein durchgehendes Zugpaar sowie eine weitere Verbindung mit Umsteigen in Ponte-Leccia. Die Umsteigeverbindung gilt auch für Fahrten zwischen Calvi und Ajaccio. Zwischen Calvi und Ile-Rousse verkehren 2016 nur noch fünf Zugpaare, beinahe seit jeher „Tramway de La Balagne" genannt.

Insgesamt gingen die jährlichen Fahrgastzahlen dennoch erheblich nach oben. 1975 fuhren etwa 400.000 Passagiere mit den korsischen Eisenbahnen, im Jahr 2000 waren es bereits 950.000 und seither stieg die Zahl weiter an. Ein spezielles Phänomen ist die Zunahme der Zugleistungen in den Sommermonaten. 1999 lag die Zahl im Februar etwa bei 57.000 Zugkilometer und im Juli-August bei 82.000. Bei den Fahrgastzahlen ist die Differenz noch höher, was auf die zunehmende Bedeutung der CFC für den Tourismus hinweist.

4.3.2 Zugsicherheit

Die Verständigungen liefen, wie früher meist üblich, über Telegraph, dann folgten das Telefon und schließlich der Funk, einschließlich des Zugfunks.

Seit der Regie durch die SNCF, wurden die Zughalte in den Bahnhöfen mit dem „Guidon d'Arrêt", einem Anhaltesignal, kennzeichnet.

Nach und nach wurden und werden Lichtsignale aufgestellt.

Foto: Lichtsignale bei der Ausfahrt aus Bastia.
Aufnahme Juli 2011.

Darstellung rechts: Ein «Guidon d'Arrêt» in den Bahnhöfen. Quelle: SNCF.
Ohne Abbildung: Grüne Lichtsignale zeigen dem Lokführer ebenfalls die Schließung der Schranken der Bahnübergänge an.

4.3.3 Fahrpläne

CHEMINS DE FER DE LA CORSE
Horaires du 28 juin au 12 septembre 1971

BASTIA ↔ CORTE ↔ AJACCIO

	1	3	13	5	15	7	9	17	
BASTIA		7 22	8 37	9 06		14 45	15 46	16 33	
Casamozza		7 49	9 07	9 33		15 13	16 14	17 00	
PONTE-LECCIA A	SAUF DIMANCHES ET FÊTES	8 20	9 40	10 05		15 44	16 45	17 33	
D		8 24	9 46	10 08	10 57	15 47	16 48	17 43	
CORTE A		9 01		10 47		16 25	17 26		
D	7 10	9 04		10 49		16 28	17 29		
Venaco	7 29	9 18		11 04		16 44	17 44		
Vivario	7 41	9 36	Calvi	11 22	Calvi	17 02	18 02	Calvi	
Tattone	7 55	9 50		11 35		17 17	18 15		
Vizzavona	8 02	9 57		11 43		17 25	18 23		
Bocognano	8 18	10 11		11 57		17 39	18 37		
AJACCIO (gare)	9 13	11 02		12 51		18 32	19 28		
AJACCIO (port)	9 18	11 07		12 56		18 37	19 33		

	12	2	14	4	18	6	8	10	
AJACCIO (port)		6 55		7 50		14 45	15 48	16 58	
AJACCIO (gare)		7 00		7 55		14 50	15 53	17 03	
Bocognano		8 00		8 59		15 52	16 54	18 05	
Vizzavona		8 16		9 16		16 09	17 10	18 23	
Tattone		8 23		9 23		16 16	17 17	18 30	
Vivario		8 34	Calvi	9 36	Calvi	16 27	17 28	18 41	
Venaco		8 49		9 52		16 43	17 44	18 55	
CORTE A	Calvi	9 03		10 06		16 57	17 58	19 11	
D		9 05		10 08		17 00	18 01		
PONTE-LECCIA A	8 15	9 42	10 03	10 47	16 42	17 39	18 38		SAUF DIMANCHES ET FÊTES
D	8 21	9 46		10 50	16 50	17 42	18 41		
Casamozza	8 53	10 19		11 22	17 24	18 14	19 12		
BASTIA	9 21	10 45		11 48	17 50	18 40	19 38		

TRAINS-TRAMWAYS CALVI-ALGAJOLA-ILE ROUSSE
(Ces trains desservent 17 arrêts entre CALVI et l'ILE ROUSSE)

Départ de CALVI : 8 30, 10 00, 11 30, 11 50 (■), 14 00, 14 30, 15 30, 16 20, 17 10, 17 40, 18 10, (■), 18 40, 19 00 (■).

Départs de l'ILE ROUSSE : 9 20, 10 40, 12 00, 12 10, (★), 14 10, 14 40, 15 40, 16 30, 17 20, 17 50, 18 20, 19 20 (★), 19 20.

(■) Jusqu'à LUMIO seulement.
(★) A partir de LUMIO seulement.
(certains de ces trains circulent à partir du 10 mai et jusqu'au 15 octobre).

RENSEIGNEMENTS ET RESERVATION :
Voyageurs en groupes : tél. 0.61 à Bastia. Voyageurs isolés : tél. 0.01 à Bastia.
Adresser la correspondance à C.F.C. Boîte postale 170. 20-BASTIA.

BASTIA et AJACCIO de et vers CALVI

	2/13	13	5/15	4/15	6/17	17
AJACCIO (port)	6 55			7 50	14 45	
AJACCIO (gare)	7 00			7 55	14 50	
Bocognano	8 00			8 59	15 52	
Vizzavona	8 17			9 16	16 09	
Tattone	8 23			9 23	16 16	
Vivario	8 34			9 36	16 27	
Venaco	8 49			9 52	16 43	
CORTE A	9 03			10 06	16 57	
D	9 05			10 08	17 00	
BASTIA		8 37	9 06			16 33
Casamozza		9 07	9 33			17 00
PONTE-LECCIA A	9 42	9 40	10 05	10 47	17 39	17 33
D	9 46	10 57	10 57	12 08	18 55	17 43
ILE-ROUSSE	10 57	11 11	11 22	12 20	18 55	18 55
Algajola	11 11	11 22	12-23	12 23	19 16	19 05
Lumio	11 22	11 30	12 42	12 42	19 24	19 16
CALVI	11 30					19 24

	12	12/3	14/5	14/4	18	18/9
CALVI	6 36	6 36	8 21	8 21	15 00	15 00
Lumio	6 43	6 43	8 30	8 30	15 09	
Algajola	6 54	6 54	8 41	8 41	15 20	
ILE-ROUSSE	7 05	7 05	8 52	8 52	15 33	15 33
PONTE-LECCIA A	8 15	8 15	10 03	10 03	16 42	16 42
D	8 21				16 48	
Casamozza	8 53				11 22	17 24
BASTIA	9 21				11 48	17 50
CORTE A		9 01	10 47			17 26
D		9 04	10 59			17 29
Venaco		9 18	11 04			17 44
Vivario		9 36	11 22			18 02
Tattone						18 15
Vizzavona		9 57	11 43			18 23
Bocognano		10 11	11 57			18 37
AJACCIO (gare)		11 02	12 51			19 28
AJACCIO (port)		11 07	12 56			19 33

● Changement de train.

La réservation est **OBLIGATOIRE** pour les groupes trois jours à l'avance.
Autorails spéciaux sur demande.

Die korsischen Eisenbahnen, aus dem Indicateur (Kursbuch) „Chaix" von 1971. Unten links: Trains-Tramways (de La Balagne) zeigt die damals große Häufigkeit der Zugfolge zwischen Calvi und Ile-Rousse an.

C. F. T. A.
CHEMINS DE FER DE LA CORSE
DESSERTE SUBURBAINE DE BASTIA
HORAIRES du 25 SEPTEMBRE 1977 au 27 MAI 1978
(Sauf dimanches et fêtes)

STATIONS	201	203	205	207	209	211	213	215	217	219	221	223
● BASTIA Gare D	7.20	7.55	8.45	10.30	11.28	12.10	13.20	14.20	15.20	16.17	17.27	18.12
LUPINO	7.23	7.58	8.48	10.33	11.31	12.13	13.23	14.23	15.23	16.20	17.30	18.15
RIVOLI	7.24	7.59	8.49	10.34	11.32	12.14	13.24	14.24	15.24	16.21	17.31	18.16
BASSANESE	7.25	8.00	8.50	10.35	11.33	12.15	13.25	14.25	15.25	16.22	17.32	18.17
L'ARINELLA	7.26	8.01	8.51	10.36	11.34	12.16	13.26	14.26	15.26	16.23	17.33	18.18
● MONTESORO	7.27	8.02	8.52	10.37	11.35	12.17	13.27	14.27	15.27	16.24	17.34	18.19
LA ROCADE	7.28	8.03	8.53	10.38	11.36	12.18	13.28	14.28	15.28	16.25	17.35	18.20
FURIANI	7.30	8.05	8.55	10.40	11.39	12.20	13.30	14.30	15.30	16.27	17.37	18.22
● FORNACINA	7.32	8.07	8.57	10.42	11.40	12.22	13.32	14.32	15.32	16.29	17.39	18.24
CEPPE	7.33	8.08	8.58	10.43	11.41	12.23	13.33	14.33	15.33	16.30	17.40	18.25
● BIGUGLIA A	7.35	8.10	9.00	10.45	11.43	12.25	13.35	14.35	15.35	16.32	17.42	18.27

	202	204	206	208	210	212	214	216	218	220	222	224
● BIGUGLIA D	7.37	8.17	9.05	11.05	11.52	12.27	13.37	14.55	15.52	17.00	17.55	18.30
CEPPE	7.39	8.19	9.07	11.07	11.54	12.29	13.39	14.57	15.54	17.02	17.57	18.32
● FORNACINA	7.40	8.20	9.08	11.08	11.55	12.30	13.40	14.58	15.55	17.03	17.58	18.33
FURIANI	7.43	8.23	9.11	11.11	11.58	12.33	13.43	15.01	15.59	17.06	18.01	18.36
LA ROCADE	7.44	8.24	9.12	11.12	11.59	12.34	13.44	15.02	16.00	17.07	18.02	18.37
● MONTESORO	7.45	8.25	9.13	11.13	12.00	12.35	13.45	15.03	16.01	17.08	18.03	18.38
L'ARINELLA	7.46	8.26	9.14	11.14	12.01	12.36	13.46	15.04	16.02	17.09	18.04	18.39
BASSANESE	7.47	8.27	9.15	11.15	12.02	12.37	13.47	15.05	16.03	17.10	18.05	18.40
RIVOLI	7.48	8.28	9.16	11.16	12.03	12.38	13.48	15.06	16.04	17.11	18.06	18.41
LUPINO	7.49	8.29	9.17	11.17	12.04	12.39	13.49	15.07	16.05	17.12	18.07	18.42
● BASTIA A	7.52	8.32	9.20	11.20	12.07	12.42	13.52	15.10	16.08	17.15	18.10	18.45

Autres arrêts : SOLE MEO
Polyclinique de FURIANI

Der Fahrplan der Vorortzüge von Bastia von 1977/1978. Diese Züge fuhren damals bis Biguglia, allerdings nur werktags, einschließlich samstags.

HORAIRES DES TRAINS
Du 27 juin au 04 septembre 2016

1 - Bastia - Ajaccio

Train N°		21	23	71	25	27	53
Nota		TLJ	TLJ	sf DF	TLJ	TLJ	sf Sa
BASTIA	D	7.52	9.41		15.08	16.44	18.11
Lupino	AF	7.54	9.43		15.10	16.46	18.13
Bassanese	AF	7.55	9.44		15.11	16.47	18.14
L'Arinella	AF	7.57	9.46		15.13	16.49	18.15
Montesoro	AF	7.58	9.47		15.14	16.50	18.16
Erbajolo	AF						18.18
Polyclinique	AF	7.59	9.48		15.15	16.51	18.19
Furiani		8.01	9.50		15.17	16.53	18.21
Saltatojo	AF						18.22
Ceppe	AF						18.23
Casatorra	AF						18.25
Biguglia		8.07	9.56		15.23	16.59	18.27
Tragone	AF	8.09	9.58		15.25	17.01	18.29
Purettone	AF	8.10	9.59		15.26	17.02	18.30
Maison d'arrêt Bor	AF	8.11	10.00		15.27	17.03	18.31
Borgo	AF	8.14	10.03		15.30	17.06	18.34
Lucciana	AF	8.17	10.06		15.33	17.09	18.37
CASAMOZZA		8.23	10.11		15.38	17.14	18.41
Barchetta	AF	8.35	10.23		15.50	17.26	18.53
Ponte Novu		8.49	10.39		16.04	17.43	19.07
PONTE LECCIA		9.04	10.50		16.16	17.58	19.20
Francardo		9.14	11.00		16.26	18.08	19.30
Soveria	AF	9.28	11.14		16.40	18.22	19.44
CORTE		9.44	11.29	13.33	16.55	18.40	19.54
Poggio-Riventosa	AF	9.55	11.40	13.44	17.06	18.51	
Venaco		10.00	11.45	13.49	17.11	18.56	
Vivario		10.16	12.01	14.05	17.27	19.12	
Camping Savaggi	AF	10.24	12.09	14.13	17.35	19.20	
Tattone	AF	10.27	12.12	14.16	17.38	19.23	
Vizzavona		10.38	12.22	14.24	17.50	19.31	
Bocognano		10.51	12.35	14.37	18.03	19.44	
Tavera	AF	11.00	12.44	14.46	18.12	19.53	
Ucciani	AF	11.04	12.48	14.50	18.16	19.57	
Carbuccia	AF	11.15	12.59	15.01	18.27	20.08	
Mezzana		11.28	13.10	15.13	18.38	20.18	
Effrico	AF	11.32	13.14	15.17	18.42	20.22	
Cavone	AF	11.36	13.18	15.21	18.46	20.26	
Ricanto	AF	11.38	13.20	15.23	18.48	20.28	
Les Salines	AF	11.41	13.23	15.26	18.51	20.31	
AJACCIO	A	11.46	13.28	15.31	18.56	20.36	

2 - Ajaccio - Bastia

Train N°		52	22	24	70	26	28
Nota		sf DF	TLJ	TLJ	sf DF	TLJ	TLJ
AJACCIO	D		7.41	9.22	11.05	14.51	16.34
Les Salines	AF		7.46	9.27	11.10	14.56	16.39
Ricanto	AF		7.49	9.30	11.13	14.59	16.42
Cavone	AF		7.51	9.32	11.15	15.01	16.44
Effrico	AF		7.55	9.36	11.19	15.05	16.48
Mezzana			8.01	9.42	11.27	15.12	16.53
Carbuccia	AF		8.11	9.52	11.37	15.22	17.03
Ucciani	AF		8.22	10.03	11.48	15.33	17.14
Tavera	AF		8.26	10.07	11.52	15.37	17.18
Bocognano			8.38	10.19	12.04	15.49	17.30
Vizzavona			8.54	10.37	12.21	16.04	17.49
Tattone	AF		9.00	10.43	12.27	16.10	17.55
Camping Savaggi	AF		9.02	10.45	12.29	16.12	17.57
Vivario			9.10	10.53	12.37	16.20	18.05
Venaco			9.25	11.08	12.52	16.35	18.20
Poggio-Riventosa	AF		9.29	11.12	12.56	16.39	18.24
CORTE		6.23	9.45	11.28	13.06	16.54	18.42
Soveria	AF	6.34	9.56	11.39		17.05	18.53
Francardo		6.48	10.10	11.53		17.19	19.07
PONTE LECCIA		6.58	10.27	12.04		17.30	19.21
Ponte Novu		7.09	10.40	12.15		17.45	19.32
Barchetta	AF	7.22	10.53	12.28		17.58	19.45
CASAMOZZA		7.36	11.07	12.42		18.13	20.00
Lucciana	AF	7.39	11.10	12.45		18.16	20.03
Borgo	AF	7.43	11.14	12.49		18.20	20.07
Maison d'arrêt Bor	AF	7.45	11.15	12.50		18.21	20.08
Purettone	AF	7.46	11.16	12.51		18.22	20.09
Tragone	AF	7.47	11.17	12.52		18.23	20.10
Biguglia		7.51	11.21	12.56		18.27	20.14
Casatorra	AF	7.53					
Ceppe	AF	7.55					
Saltatojo	AF	7.57					
Furiani		8.01	11.27	13.02		18.33	20.20
Polyclinique	AF	8.03	11.28	13.03		18.34	20.21
Erbajolo	AF	8.04					
Montesoro	AF	8.06	11.29	13.04		18.35	20.22
L'Arinella	AF	8.07	11.30	13.05		18.36	20.23
Bassanese	AF	8.09	11.32	13.07		18.38	20.25
Lupino	AF	8.10	11.33	13.08		18.39	20.26
BASTIA	A	8.12	11.35	13.10		18.41	20.28

Chemins de Fer de la Corse

Renseignements :
- Gare d'Ajaccio : 04.95.23.11.03.
- Gare de Bastia : 04.95.32.80.61.
- Gare de Calvi : 04.95.65.00.61.
- Gare de Corté : 04.95.46.00.97.
- Gare d'Ile Rousse : 04.95.60.00.50.

Réservations groupes :
Pôle Commercial - SAEML-CFC
BP237 - 20294 BASTIA CDX
Fax : 04.95.34.09.15.
Tél. : 04.95,32,80,57

- **TLJ** : Tous les jours - Ogni ghjorni - Everyday - Tutti i giorni -
- **A** : Arrivée - Ghjunta - Arrival - Ankunft - Arrivo -
- **D** : Départ - Partenza - Departure - Start -
- **AF** : Arrêt facultatif - Firmata facultativa - Request stop - Bedarfshaltestelle - Fermata a richiesta -
- **DF** : circule dimanches et fêtes - Circuleghja dumenica è feste - operates on sundays and public holidays - fährt-sonntags und feiertagen - circulo domeniche e festivi -
- **sf DF** : sauf dimanches et fêtes - Fora di dumenica è feste - except sundays and public holidays - außer sonntags und feiertags - eccetto domeniche e festivi -

Protégez-vous ! Pour votre sécurité, empruntez les passages équipés ne circulez pas entre les voies , n'engagez pas les gabarits ferroviaires.
For your safety, only use designated crossings.
Never walks on tracks. Do not obsructs the railway gauge.

- Attention - Caution - Vorsicht - Attenzione -
Les correspondances avec les bateaux et avions ne sont pas garanties.
Connections with ships and planes are not guaranteed.
Die anschluß mit den schiffen und den flugzeugen sind nicht garantiert.
Le coincidenze con navi ed aerei non sono garantite.

HORAIRES DES TRAINS
Du 27 juin au 04 septembre 2016

3 - Bastia - Calvi

		111	27	113
Train N°				
Nota		TLJ	TLJ	TLJ
BASTIA	D	9.11	16.44	
Lupino	AF	9.13	16.46	
Bassanese	AF	9.14	16.47	
L'Arinella	AF	9.16	16.49	
Montesoro	AF	9.17	16.50	
Erbajolo	AF			
Polyclinique	AF	9.18	16.51	
Furiani		9.20	16.53	
Saltatojo	AF			
Ceppe	AF			
Casatorra	AF			
Biguglia		9.26	16.59	
Tragone	AF	9.28	17.01	
Purettone	AF	9.29	17.02	
Maison d'arrêt Borgo	AF	9.30	17.03	
Borgo	AF	9.32	17.06	
Lucciana	AF	9.35	17.09	
CASAMOZZA		9.43	17.14	
Barchetta	AF	9.55	17.26	
Ponte Novu		10.09	17.43	
PONTE LECCIA	A	10.20	17.53	
PONTE LECCIA	D	10.28	→	18.06
Pietralba	AF	10.37		18.13
Novella	AF	10.51		18.29
Palasca	AF	11.08		18.46
PK 79 + 800	AF	11.17		18.55
Belgodère	AF	11.22		19.00
Le Regino	AF	11.33		19.11
Camping Monticello	AF	11.42		19.20
ILE ROUSSE		11.48		19.24
Bodri	AF	11.52		19.28
Marine de Davia	AF	11.55		19.31
Aregno	AF	11.58		19.34
Algajola	AF	12.02		19.38
Sant'Ambroggio	AF	12.07		19.43
Club-Med-Cocody	AF	12.09		19.45
Lumio-Arinella	AF	12.12		19.48
Camp Raffalli	AF	12.15		19.51
Tennis Club	AF	12.18		19.54
Balagne-Orizontenov	AF	12.20		19.56
Lido	AF	12.23		19.59
CALVI	A	12.24		20.00

4 - Calvi - Bastia

		110	112	26
Train N°				
Nota		TLJ	TLJ	TLJ
CALVI	D	7.00	15.20	
Lido	AF	7.01	15.21	
Balagne-Orizontenov	AF	7.04	15.24	
Tennis-Club	AF	7.06	15.26	
Camp Raffalli-GR20	AF	7.09	15.31	
Lumio-L'Arinella	AF	7.12	15.36	
Club-Med Cocody	AF	7.15	15.41	
Sant'Ambroggio	AF	7.17	15.43	
Algajola	AF	7.23	15.49	
Aregno	AF	7.26	15.52	
Marine de Davia	AF	7.29	15.55	
Bodri	AF	7.32	15.58	
ILE ROUSSE		7.38	16.03	
Camping Monticello	AF	7.40	16.05	
Le Regino	AF	7.50	16.15	
Belgodère	AF	7.59	16.24	
PK 79 + 800	AF	8.05	16.30	
Palasca	AF	8.14	16.39	
Novella	AF	8.31	16.56	
Pietralba	AF	8.47	17.12	
PONTE LECCIA	A	8.55	17.20	
PONTE LECCIA	D	9.03	→	17.30
Ponte Novu		9.14		17.45
Barchetta	AF	9.27		17.58
CASAMOZZA		9.42		18.13
Lucciana	AF	9.45		18.16
Borgo	AF	9.49		18.20
Maison d'arrêt Borgo	AF	9.51		18.21
Purettone	AF	9.52		18.22
Tragone	AF	9.53		18.23
Biguglia		9.56		18.27
Casatorra	AF			
Ceppe	AF			
Saltatojo	AF			
Furiani		10.02		18.33
Polyclinique	AF	10.03		18.34
Erbajolo	AF			
Montesoro	AF	10.04		18.35
L'Arinella	AF	10.05		18.36
Bassanese	AF	10.07		18.38
Lupino	AF	10.08		18.39
BASTIA	A	10.10		18.41

Chemins de Fer de la Corse

Renseignements :
* Gare d'Ajaccio : 04.95.23.11.03.
* Gare de Bastia : 04.95.32.80.61.
* Gare de Calvi : 04.95.65.00.61.
* Gare de Corté : 04.95.46.00,97.
* Gare d'Ile Rousse : 04.95.60.00.50.

Réservations groupes :
Pôle Commercial - SAEML-CFC
BP237 - 20294 BASTIA CDX
Fax : 04.95.34.09.15.
Tél. : 04,95,32,80,57

Protégez-vous ! Pour votre sécurité, empruntez les passages équipés ne circulez pas entre les voies , n'engagez pas les gabarits ferroviaires . For your safety, only use designated crossings. Never walks on tracks. Do not obstructs the railway gauge.

Légende
A : Arrivée - Arrival - Ankunft - Arrivo -
D : Départ - Departure - Start - Partenza -
AF : Arrêt facultatif - Request stop - Bedarfshaltestelle - Fermata a richiesta -
TLJ : Tous les jours - Everyday - Tutti i giorni -

Ce signe repère un arrêt où la longueur du quai est réduite : merci de vous signaler au contrôleur
Indicates a stop where the plateform has a reduced lenght : please , contact the staff onboard

Diese beiden Fiches Horaires (die Taschen-Fahrplänchen) zeigen die Durchgehenden Zugsverbindungen beider korsischen Eisenbahnstrecken: Bastia–Ajaccio und Bastia–Calvi. Die Fahrzeiten zwischen Bastia und Ajaccio sind gegenüber 1971 sogar etwas länger, doch die Anzahl der Zwischenhalte hat zugenommen. Möglicherweise wird die angestrebte Fahrzeitverkürzung dank Einführung der AMG 800 in einiger Zeit Wirklichkeit werden. Das Zeichen beim gelben Feld unten rechts bedeutet: Haltepunkt mit kurzen Bahnsteigen. Melden Sie sich bitte beim Schaffner.

Du 27 Juin au 04 septembre 2016
Bastia → Casamozza

Train n°		221	223	21	225	111	23	227	229	231	233	25	235	27	237	53"	237S*	239	239S*
Nota		sf DF	sf DF	TLJ	TLJ	TLJ	TLJ	sf DF	TLJ	sf DF	sf DF	TLJ	sf DF	TLJ	sf SDF	sf Sa	Sa	sf SDF	Sa
BASTIA	D	6.10	7.19	7.52	8.28	9.11	9.41	10.20	12.10	13.44	14.50	15.08	16.12	16.44	17.25	18.11	18.11	19.15	19.18
Lupino	AF	6.12	7.21	7.54	8.30	9.13	9.43	10.22	12.12	13.46	14.52	15.10	16.14	16.46	17.27	18.13	18.13	19.17	19.20
Bassanese	AF	6.13	7.22	7.55	8.31	9.14	9.44	10.23	12.13	13.47	14.53	15.11	16.15	16.47	17.28	18.14	18.14	19.18	19.21
L'Arinella	AF	6.14	7.23	7.57	8.32	9.16	9.46	10.24	12.14	13.48	14.54	15.13	16.16	16.49	17.29	18.15	18.15	19.19	19.22
Montesoro	AF	6.15	7.24	7.58	8.33	9.17	9.47	10.25	12.15	13.49	14.55	15.14	16.17	16.50	17.30	18.16	18.16	19.20	19.23
Erbajolo	AF	6.17	7.26		8.35			10.27	12.17	13.51	14.57		16.19		17.32	18.18	18.18	19.22	19.25
Polyclinique	AF	6.18	7.27	7.59	8.36	9.18	9.48	10.28	12.18	13.52	14.58	15.15	16.20	16.51	17.33	18.19	18.19	19.23	19.26
FURIANI	AF	6.20	7.29	8.01	8.38	9.20	9.50	10.30	12.20	13.54	15.00	15.17	16.22	16.53	17.35	18.21	18.21	19.25	19.28
Saltatojo	AF	6.21	7.30		8.39			10.31	12.21	13.55	15.01		16.23		17.36	18.22	18.22	19.26	19.29
Ceppe	AF	6.22	7.31		8.40			10.32	12.22	13.56	15.02		16.24		17.37	18.23	18.23	19.27	19.30
Casatorra	AF	6.24	7.33		8.42			10.34	12.24	13.58	15.04		16.26		17.39	18.25	18.25	19.29	19.32
BIGUGLIA		6.25	7.34	8.07	8.43	9.26	9.56	10.35	12.25	13.59	15.05	15.23	16.27	16.59	17.40	18.27	18.27	19.30	19.33
Tragone	AF	6.28	7.37	8.09	8.46	9.28	9.58	10.38	12.28	14.02	15.08	15.25	16.30	17.01	17.43	18.30	18.30	19.33	19.36
Purettone	AF	6.29	7.38	8.10	8.47	9.29	9.59	10.39	12.29	14.03	15.09	15.26	16.31	17.02	17.44	18.30	18.31	19.34	19.37
Mon d'ar.Borgo	AF	6.30	7.39	8.11	8.48	9.30	10.00	10.40	12.30	14.04	15.10	15.27	16.32	17.03	17.45	18.31	18.32	19.35	19.38
Borgo	AF	6.33	7.43	8.14	8.51	9.32	10.03	10.43	12.33	14.07	15.13	15.30	16.35	17.06	17.48	18.34	18.34	19.38	19.41
Lucciana	AF	6.35	7.45	8.17	8.53	9.35	10.06	10.45	12.35	14.09	15.15	15.33	16.37	17.09	17.50	18.37	18.37	19.40	19.43
CASAMOZZA	A	6.38	7.48	8.20	8.56	9.38	10.09	10.48	12.38	14.12	15.18	15.36	16.40	17.12	17.53	18.40	18.40	19.43	19.46

Casamozza → Bastia

Train n°		222	52	224	226	110	22	228	24	230	232	234	236	26	238	238S*	28	240	240S*
Nota		sf DF	sf DF	TLJ	TLJ	TLJ	TLJ	sf DF	TLJ	TLJ	TLJ	TLJ	TLJ	TLJ	TLJ	sf SDF	TLJ	TLJ	Sa
CASAMOZZA	D	6.45	7.36	7.53	9.01	9.42	11.07	10.53	12.42	13.10	14.17	15.39	16.45	18.13	18.42	18.45	20.00	19.48	19.51
Lucciana	AF	6.47	7.39	7.55	9.03	9.45	11.10	10.55	12.45	13.12	14.19	15.41	16.47	18.16	18.44	18.47	20.03	19.50	19.53
Borgo	AF	6.50	7.43	7.58	9.06	9.49	11.14	10.58	12.49	13.15	14.22	15.44	16.50	18.20	18.47	18.50	20.07	19.53	19.56
Mon d'ar.Borgo	AF	6.52	7.45	8.00	9.08	9.51	11.15	11.00	12.50	13.17	14.24	15.46	16.52	18.21	18.49	18.52	20.08	19.55	19.58
Purettone	AF	6.53	7.46	8.01	9.09	9.52	11.16	11.01	12.51	13.18	14.25	15.47	16.53	18.22	18.50	18.53	20.09	19.56	19.59
Tragone	AF	6.54	7.47	8.02	9.10	9.53	11.17	11.02	12.52	13.19	14.26	15.48	16.54	18.23	18.51	18.54	20.10	19.57	20.00
BIGUGLIA		6.58	7.51	8.07	9.14	9.56	11.21	11.06	12.56	13.23	14.30	15.52	16.59	18.27	18.55	18.58	20.14	20.01	20.04
Casatorra	AF	6.59	7.53	8.08	9.15		11.07		13.24	14.31	15.53	17.00		18.56	18.59			20.02	20.05
Ceppe	AF	7.00	7.55	8.09	9.16		11.08		13.25	14.32	15.54	17.01		18.57	19.00			20.03	20.06
Saltatojo	AF	7.02	7.57	8.11	9.18		11.10		13.27	14.34	15.56	17.02		18.59	19.02			20.05	20.08
FURIANI	AF	7.03	8.01	8.13	9.20	10.02	11.27	11.11	13.02	13.28	14.35	15.57	17.04	18.33	19.00	19.03	20.20	20.06	20.09
Polyclinique	AF	7.05	8.03	8.15	9.22	10.03	11.28	11.13	13.03	13.30	14.37	15.59	17.06	18.34	19.02	19.05	20.21	20.08	20.11
Erbajolo	AF	7.06	8.04	8.16	9.23		11.14		13.31	14.38	16.00	17.07		19.03	19.06			20.09	20.12
Montesoro	AF	7.08	8.06	8.18	9.25	10.04	11.29	11.16	13.04	13.33	14.40	16.02	17.09	18.35	19.05	19.08	20.22	20.11	20.14
L'Arinella	AF	7.09	8.07	8.19	9.26	10.05	11.30	11.17	13.05	13.34	14.41	16.03	17.10	18.36	19.06	19.09	20.23	20.12	20.15
Bassanese	AF	7.10	8.09	8.20	9.27	10.07	11.32	11.18	13.07	13.35	14.42	16.04	17.11	18.38	19.07	19.10	20.25	20.13	20.16
Lupino	AF	7.11	8.10	8.21	9.28	10.08	11.33	11.19	13.08	13.36	14.43	16.05	17.12	18.39	19.08	19.11	20.26	20.14	20.17
BASTIA	A	7.13	8.12	8.23	9.30	10.10	11.35	11.21	13.10	13.38	14.45	16.07	17.14	18.41	19.10	19.13	20.28	20.16	20.19

Die Fahrpläne des Vorort-Verkehrs von Bastia (oben) und Ajaccio (unten) zeigen die recht starke Intensität der Zugsfolgen sowie die eindrückliche Zahl der Zwischenhalte. 1978 war das Angebot zwischen Bastia und Biguglia bereits sehr ähnlich.

Du 27 juin au 04 septembre 2016
Ajaccio → Mezzana

Train n°		510	512	22	24	70	514	26	28	516	518	520
Nota		Sf SDF	Sf DF	TLJ	TLJ	Sf DF	TLJ	TLJ	TLJ	Sf DF	Sf DF	Sf SDF
Ajaccio	D	6.30	7.17	7.41	9.22	11.05	12.15	14.51	16.34	17.15	18.15	19.25
Les Salines	AF	6.35	7.22	7.46	9.27	11.10	12.20	14.56	16.39	17.20	18.20	19.30
Ricanto	AF	6.38	7.25	7.49	9.30	11.13	12.23	14.59	16.42	17.23	18.23	19.33
Cavone	AF	6.40	7.27	7.51	9.32	11.15	12.25	15.01	16.44	17.25	18.25	19.35
Effrico	AF	6.44	7.31	7.55	9.36	11.19	12.29	15.05	16.48	17.29	18.29	19.39
Mezzana	A	6.48	7.35	7.59	9.40	11.23	12.33	15.09	16.52	17.33	18.33	19.43

Mezzana → Ajaccio

Train n°		511	513	21	23	515	71	517	25	519	521	27
Nota		Sf SDF	Sf SDF	TLJ	TLJ	Sf DF	Sf DF	Sf DF	TLJ	Sf DF	Sf SDF	TLJ
Mezzana	D	6.54	8.03	11.28	13.10	13.35	15.13	17.38	18.38	19.02	19.48	20.18
Effrico	AF	6.58	8.07	11.32	13.14	13.39	15.17	17.42	18.42	19.06	19.52	20.22
Cavone	AF	7.02	8.11	11.36	13.18	13.43	15.21	17.46	18.46	19.10	19.56	20.26
Ricanto	AF	7.04	8.13	11.38	13.20	13.45	15.23	17.48	18.48	19.12	19.58	20.28
Les Salines	AF	7.07	8.16	11.41	13.23	13.48	15.26	17.51	18.51	19.15	20.01	20.31
Ajaccio	A	7.12	8.21	11.46	13.28	13.53	15.31	17.56	18.56	19.20	20.06	20.36

Calvi - Ile Rousse

Train N°		310	312	314	316	318
Nota		TLJ	TLJ	TLJ	TLJ	TLJ
CALVI	D	8.00	10.00	12.30	14.30	17.30
Lido	✕	8.03	10.03	12.33	14.33	17.33
Balagne-Orizontenov	✕	8.06	10.06	12.36	14.36	17.36
Tennis-Club	✕	8.08	10.08	12.38	14.38	17.38
Club Olympique	✕	8.10	10.10	12.40	14.40	17.40
Dolce Vita GR20	✕	8.12	10.12	12.42	14.42	17.42
Camp Raffalli		8.13	10.13	12.43	14.43	17.43
Sainte-Restitude	✕	8.16	10.16	12.46	14.46	17.46
Lumio-Arinella	✕	8.18	10.18	12.48	14.48	17.48
Giorgio	✕	8.20	10.20	12.50	14.50	17.50
Club-Med Cocody	✕	8.23	10.23	12.53	14.53	17.53
Sant'Ambroggio	✕	8.25	10.25	12.55	14.55	17.55
Algajola	✕	8.30	10.30	13.00	15.00	18.00
Aregno	✕	8.35	10.35	13.05	15.05	18.05
Marine de Davia	✕	8.38	10.38	13.08	15.08	18.08
Bodri	✕	8.41	10.41	13.11	15.11	18.11
ILE ROUSSE	A	8.45	10.45	13.15	15.15	18.15

Ile Rousse - Calvi

Train N°		311	313	315	317	319
Nota		TLJ	TLJ	TLJ	TLJ	TLJ
ILE ROUSSE	D	9.00	11.00	13.30	16.30	18.30
Bodri	✕	9.04	11.04	13.34	16.34	18.34
Marine de Davia	✕	9.07	11.07	13.37	16.37	18.37
Aregno	✕	9.09	11.09	13.39	16.39	18.39
Algajola	✕	9.14	11.14	13.44	16.44	18.44
Sant'Ambroggio	✕	9.19	11.19	13.49	16.49	18.49
Club-Med Cocody	✕	9.22	11.22	13.52	16.52	18.52
Giorgio	✕	9.25	11.25	13.55	16.55	18.55
Lumio-Arinella	✕	9.27	11.27	13.57	16.57	18.57
Sainte-Restitude	✕	9.29	11.29	13.59	16.59	18.59
Camp Raffalli		9.32	11.32	14.02	17.02	19.02
Dolce-Vita GR 20	✕	9.33	11.33	14.03	17.03	19.03
Club Olympique	✕	9.35	11.35	14.05	17.05	19.05
Tennis-Club	✕	9.37	11.37	14.07	17.07	19.07
Balagne-Orizontenov	✕	9.39	11.39	14.09	17.09	19.09
Lido	✕	9.42	11.42	14.12	17.12	19.12
CALVI	A	9.45	11.45	14.15	17.15	19.15

Fahrplan des „Tramway de La Balagne" genannten Regionalverkehrs zwischen Calvi und Ile-Rousse. Die Namen einzelner Zwischenhalte können von Zeit zu Zeit variieren.

Haltepunkt mit kurzen Bahnsteigen.
Melden Sie sich bitte beim Schaffner.

4.4 Von Bastia nach Ajaccio

Unmittelbar nach Verlassen des 1981 eröffneten, neuen Bahnhofs geht die Fahrt erst durch den 1422 m langen Stadt-Tunnel „Tunnel de la Torreta", wozu sich die Gleise zu der Einspur vereinigen. Die Bahnstrecke liegt die ersten 21 km bis Casamozza in eher flachem Gelände und bedient dabei eine schöne Anzahl von Haltepunkten der Banlieue (des Vorortverkehrs) von Bastia. In Casamozza befindet sich seit 1978 die neue, große Waggon-Werkstätte der CFC. Hier zweigte einst die Küstenlinie nach Porto-Vecchio ab. Die Strecke wendet sich nach Westen und erreicht, dem Fluss Golo folgend, nach weiteren 26 km das bereits auf 195 m ü NN gelegene Ponte-Leccia. In diesem Bahnhof trennen sich die Strecken nach Ajaccio einerseits und nach Calvi andererseits. Die Trasse nach Ajaccio geht nun in Richtung Süden weiter. Die Landschaft wird jetzt noch gebirgiger und etwas nach Omessa verlässt die Bahn das Tal des Golo. Mit Steigungen um 21 ‰ wird nach Soveria auf einer Höhe von 482 m ü NN ein erster Scheitelpunkt erreicht. Unter leichtem Gefälle fährt der Zug, 74 km nach Bastia, in den Bahnhof von Corte, der alten Haupt--stadt der Insel, ein. 1981 wurde in dieser Stadt die Korsische Universität „Pascal Paoli" eröffnet. Nach Überqueren des Tavignano und nochmaligem Ansteigen bei 22 ‰ erreicht die Bahn bei Venaco auf 564,7 m ü NN den zweiten kleinen Scheitelpunkt der Strecke. Dem Fluss Vecchio folgend, werden die besonders interessantesten, kurven- und steigungsreichen Streckenabschnitte bald erreicht. Nach Fahrt über die von Gustave Eiffel gebaute, imposante Stahl-Gitter-Brücke, dem Vecchio-Viadukt, steigt die Bahnlinie mit 30‰-Steigung weiter an. Sie führt auf interessanter Linienentwicklung bei Vivario hoch über den Schluchten des Vecchio vorbei. Die kurvenreiche Trasse strebt bei 30 ‰, über Vivario und Tattone dem Scheitelpunkt der Strecke bei Vizzavona, 106,6 km nach Bastia, auf 905,6 m ü NN, entgegen. Es folgt der 3916 m lange Tunnel, welcher die Bahn sozusagen auf die Südhälfte der Insel führt. Im Tal des Gravone geht es zuerst über Bocognano auf 30 ‰-Gefälle und stets Kurven- und Brücken reicher Trasse vorbei an Tavera, nach Ucciani. In weiterhin spürbarem Gefälle bei immerhin noch 20 ‰ wird Mezzana über Carbuccia erreicht. Von hier an fahren auch die häufig verkehrenden Vorortzüge nach Ajaccio. Das richtig flache Gelände wird erst bei Caldaniccia erreicht. Ein letzter Abschnitt führt der Bucht von Ajaccio entlang. Es geht dem Ziel zügig entgegen und nach 158 km ist die heutige korsische Hauptstadt erreicht. Der Kopfbahnhof von Ajaccio wurde mit quer zu den Gleisen stehendem Aufnahmegebäude errichtet. Über ein kurzes Anschlussstück konnte bis 1993 der Hafen erreicht werden. Diese Fahrt erforderte erst ein Zurücksetzen der Züge. Das Gleis führte alsdann am Bahnhofsgebäude vorbei zum Hafenareal.

Im April 1978 fuhren die Vorortzüge (die «Trains de Banlieue») der CFC von Bastia erst mal bis Biguglia. Foto: Ein X 2000 aus Biguglia verlässt den Stadttunnel mit Namen „de la Torreta" und nähert sich den Bahnsteigen von Bastia.

Im April 1978 standen bereits die neuen Gleisanlagen in Bastia in Betrieb. Der neue Bahnhof von Bastia wurde 1981 in Betrieb genommen. Während des Neubaus wurde dieses Provisorium genutzt. Der etwas betagt wirkende Autorail Nr. 207 steht zur Fahrt nach Calvi bereit. Die Motorseite war stets in Richtung Bastia ausgerichtet. Foto: April 1978.

Beinahe an selber Stelle stand im Juli 2011 auch dieser X 97056 mit Steuerwagen XR 9706. Es ist für Korsika konzipiertes, vorzügliches Rollmaterial der SNCF und befand sich bereits einige Jahre in Betrieb. Auf der Stirnseite prangt das mittlerweile bereits nicht mehr ganz neue Logo der CFC, doch auch dasjenige der SNCF war seitlich angebracht worden.

Ein X 2000 in Biguglia, dem damaligen Endziel des Vorortverkehrs von Bastia. Foto April 1978.

Nebst den 12 werktäglichen Vorortzügen wurde Biguglia auch von je zwei Zügen aus Ajaccio und Calvi bedient. Die „Trains Rapides" von und nach Ajaccio hielten hier jedoch nicht. Bild: Ein Zug nach Bastia, mit ABH 8 und RL-210, fährt in Biguglia ein. Aufnahme April 1978.

Der Umsteigebahnhof Ponte-Leccia bietet Anschlüsse von und nach Calvi. Der X 207 nach Ajaccio steht auf Gleis 1 bereit. Im Vordergrund ist die Nichtmotorseite des Autorails. Diese stand stets in Richtung Ajaccio. Die durchgehenden Züge von Calvi nach Bastia machen in diesem Bahnhof Kopf. Aufnahme vom April 1978.

Die sehr interessante Diesellok BB 406 stand mit einigen Dienstfahrzeugen in Ponte-Leccia zu weiteren Einsätzen bereit. Juli 2011.

Zugskreuzung zweier X 1200 der Schnellverbindung zwischen Bastia und Ajaccio im schön gelegenen Bahnhof. Auf Bahnsteig 1 geht es nach Bastia, auf Bahnsteig 2 nach Ajaccio. Corte April 1978.

Die ähnliche Szene ergab sich gleichentags mit zwei Renault ABH 8 jeweils mit modernisiertem RL-210-Anhängewagen.

Von Ajaccio kommend fährt dieser X 206 (ABH 8) in Corte ein. April 1978.

Ein X 97050 + XR 9700-Wendezug befährt den berühmten Pont du Vecchio zwischen Venaco und Vivario. Aus Sammlung.

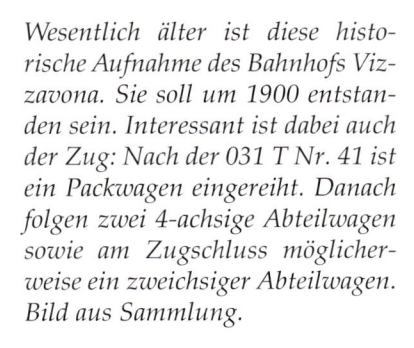

Wesentlich älter ist diese historische Aufnahme des Bahnhofs Vizzavona. Sie soll um 1900 entstanden sein. Interessant ist dabei auch der Zug: Nach der 031 T Nr. 41 ist ein Packwagen eingereiht. Danach folgen zwei 4-achsige Abteilwagen sowie am Zugschluss möglicherweise ein zweichsiger Abteilwagen. Bild aus Sammlung.

Eine weitere Postkarte von Ende 1970-er Jahre ist diese: Ein X 1200 befährt einen Viadukt im Tal des Gravone, der Südseite der Strecke Bastia–Ajaccio. Aus Sammlung.

Trotz Einschränkung der Einsätze der AMG 800 im Juli 2011, infolge technischer Probleme, konnte dieser AMG 809/810 im Endbahnhof Ajaccio abgelichtet werden.

Mit Steuerwagen XR 9702 voraus fuhr der kurze X 97050-Wendezug der SNCF im Juli 2011 von Bastia nach Ajaccio. Aufnahme im Bahnhof der korsischen Hauptstadt.

Zurück zu April 1978: Die BB 404 stand mit einem Güterzug in Ajaccio. Kurz vor ihrer Fahrt erfolgte noch eine letzte Überprüfung am Drehgestell der Lok.

Aufnahmen von April 1978:
Oben:
Das Empfangsgebäude des Bahnhofs von Ajaccio sowie einige der Nebengebäude stehen quer zu den Gleisen. Bis 1993 gab es eine Verlängerung zum Hafen; Fahrzeit 5 min. Der Verlauf dieses Gleises ist auf diesem Foto links zu erkennen. Soeben verlässt ein ABH 8 den Bahnhof und wird danach über das erwähnte Hafengleis zurücksetzen.
Mitte:
Am Eingang zu dem Hafenareal stand dieses Tor.
Unten:
Der ABH 8 206 hatte diese Stelle soeben passiert.

4.5 Von Ponte-Leccia nach Calvi

Für die knapp 74 km lange Strecke erfordert eine Bahnfahrt nahezu zwei Stunden. Der einzige durchgehende Zug aus Richtung Bastia erreicht Calvi nach etwa drei Stunden und 10 Minuten. Nach Verlassen von Ponte-Leccia in nordwestlicher Richtung beginnen auch schon mäßige Steigungen von 16 bis 18 ‰. Der Scheitelpunkt Novella ist, nach teils häufig nacheinander folgenden kleinen Kurven und Gegenkurven, auf einer Höhe von 451,8 m ü NN erreicht. In von nun an eher weit ausholender, der Topografie angepasster, stets kurvenreicher Streckenführung verliert die Trasse bei rund 20 ‰-Gefälle stets an Höhe. Vorbei an Palasca, Belgodère und Le Regino wird 88,0 km nach Bastia Ile-Rousse auf einer Höhe von 3 m ü NN als tiefste Stelle der Strecke erreicht. Die Bahnstrecke des „Tramway de la Balagne" verläuft sehr oft in Meeresnähe, sozusagen in ebenem Terrain und dennoch kurvenreich, zu dem Endpunkt Calvi. Dieser Bahnhof, nahezu 120 km nach Bastia und auf einer Höhe von 4,9 m ü NN, wurde als Durchgangsbahnhof gebaut. Der Grund: Ein bisher noch nicht genanntes Bahnprojekt soll Angaben zu Folge als Weiterführung nach dem Ort Porto an der Westküste geplant gewesen sein.

Einfahrt des Abendzugs aus Bastia, Ponte-Leccia in Ile-Rousse: X 204 mit Billard RL-Anhängewagen.

Der besondere Autorail, der X 113, ein umgebauter Billard-A150 D, stand im Bahnhof von Ile-Rousse zu weiteren Fahrten als „Tramway de la Balagne" bereit. Beide Fotos: April 1978.

Renault ABH 8, Nr. X 202 wartet im Bahnhof von Ile Rousse. April 1978.

Wendezug mit einem ABH 8, genauer dem X 202 und dem Steuerwagen XR 526 auf der Strecke zwischen Ile Rousse und Algajola. Foto Les Folkard/Online Transport Archive.

Der X 204 fährt nahe des Dorfrands von Algajola vorbei in den Bahnhof. Aufnahme April 1978.

Zugkreuzung im Bahnhof von Algajola der beiden auf der Linie nach Calvi im April 1978 eingesetzten ABH 8: Des X 202 und des X 204

Im Dienst des „Tramway de La Balagne" nähert sich dieser ABH 8, der X 202, unter Pinien hindurch der Stadt Calvi. April 1978.

Dieser X 2000 der SNCF/CFC fährt, kurz nach Verlassen des Bahnhofs von Calvi in Richtung von Ile Rousse. Foto Les Folkard/Online Transport Archive.

Endbahnhof Calvi: Ein ABH 8 steht zur Fahrt nach Bastia bereit. Das Weiteren sind sichtbar: Ein RL-210 und ein Packwagen. Aufnahme von April 1978.

Im Juli des Jahres 2011 zeigte sich der Bahnhof Calvi bereits einige Zeit nach seiner Erweiterung unter SNCF-Regime.

Im Juli 2011 stand immer noch ein ABH-Autorail in Betrieb.
Der X 206 zeigte sich mit seinem Steuerwagen XR 113 frühmorgens im Bahnhof von Calvi.

4.6 Die Fahrzeuge der Chemins de Fer de la Corse

4.6.1 Dampflokomotiven

Die häufigste Lokbauart der CFC, der Chemins de Fer de la Corse, waren wohl

031 T, Nrn. 28–37 sowie 38–41	C1'-Tenderlok
130 T, Nrn. 53–56	1'C-Tenderlok
020+020 T, Nrn. 301–308	B'B-Mallet-Tenderlok
020+020 T, Nrn. 309–319 sowie 351–353	B'B-Mallet-Tenderlok
020+020 T, Nrn. 251, 253, 254 und 258	B'B-Mallet-Tenderlok (ehemals SNCFA)
050 T, Nrn. 50 und 51	E-Tenderlok (ehemals SNCFA/SNCFT)

Die ersten beiden Bauarten, Lieferungen 1886 und 1891, wirkten aufgrund des ursprünglichen Führerhauses und des Außenrahmens etwas ungewohnt. Die Mallet-Loks, gefolgt von Loks der Achsfolge C1'. In Korsika fuhren ausschließlich Tenderloks. Im Einzelnen waren dies:

Mallet-Loks waren zwischen 1895 und 1932 geliefert worden. 1954 wurde der Dampfbetrieb der korsischen Eisenbahnen eingestellt.

4.6.2 Diesellokomotiven

Nach 1951 kamen die dieselelektrischen Bo'Bo'-Loks 401–403 von Brissonneau & Lotz, einem Einheitstyp für französische Meterspurbahnen, zum Einsatz. Sie waren in erster Linie für den früher beachtlichen Güterverkehr bestimmt.

Es gab auf den CFC zeitweise drei B'B'-Dieselloks mit Mittelführerstand. Die beiden der Bauart CFD: Die BB 404 (die ehemalige BB 403/53 der CP) sowie die direkt gelieferte BB 405. Beide verfügten über hydromechanische Getriebe und Kuppelstangen an den Drehgestellen. Die BB 01, die spätere BB 406, war durch Umbau aus einer Normalspurlok entstanden. Ihre Achsen werden mittels Kardanwellen angetrieben. Eine Diesellok der ganz besonderen Art ist die 114. Sie entstand durch Umbau aus einem Billard-Autorail gleicher Nummer. Bald hatten die Eisenbahner auch Spitznamen für dieses Fahrzeug gefunden und zwar gleich deren drei: „Sous-Marin", „Libellule" oder „Bête de Calvi" (Unterseeboot, Libelle oder Bestie von Calvi) wurde sie genannt.

Vier Bauarten von Dieselrangierloks können aufgeführt werden:

Nr. 403, aus Umbau aus Autorail Nr. 103 entstanden	Achsfolge B
Nr. 1 entspricht einer CFD-Bauart mit Kuppelstangen	Achsfolge C
Nr. 2 Antrieb über Kuppelstangen	Achsfolge C
Nr. 3 (031) Antrieb über Kuppelstangen	Achsfolge C1'

Über die Baufirma CFG (= Constructions Ferroviaires Giragr) war eine Anzahl von B'B'-dieselhydraulischen Loks in Korsika eingesetzt gewesen. Sie gehörten ehemals der CFR (Rumänien) und auch der PKP (Polen) und waren von 760 mm-Spur auf Meterspur umgebaut worden.

4.6.3 Dieseltriebwagen (Autorails)

Bereits 1924 wurden versuchsweise zwei Benzol-Elektrische Triebwagen in Betrieb genommen. Ihre schwere Bauart und die, angesichts des Gebirgsbahncharakters der CFC, zu geringe PS-Leistung führten schon wenige Jahre danach zur Weitergabe an die CFD Charentes. Doch 1935 kam der erste dieselmechanische Autorail mit der Nr. 101, Bauart Billard A 210 D, auf das korsische Eisenbahnnetz. Nach diesem Prototyp folgten 1936 die Autorails Nrn. 102 bis 106. Sie waren grundsätzlich gleicher Bauart, hatten jedoch formschönere Wagenkästen erhalten und trugen die Bezeichnung A 210 D1. Billard entwickelte diese Fahrzeuge ausschließlich für Korsika. Ihre niedrige, gedrungene Bauart entsprach aber allen Billard-Meterspur-Fahrzeugen. Schon 1938 folgten weitere sechs Diesel-Fahrzeuge und zwar die bekanntere Billard-Bauart A 150 D mit den Nummern 111 bis 116. Dazu kamen acht Triebwagen-Beiwagen (Remorques d' Autorail) der Bauart R 210 (ähnlich den RL 1–7 der CP) von Billard hinzu.

Das Erscheinen der Renault-Autorails ABH 8 in den Jahren 1949 und 1950 veränderte den Triebfahrzeugpark nochmals deutlich. Es handelte sich um eine Entwicklung, die mit den ABH 1 und ABH 5 der CP begann und mit den Renault-ABH-Exportvarianten für afrikanische Eisenbahnen weitergeführt wurde. Diese dieselmechanischen Fahrzeuge, Nrn. 201 bis 208, setzten mit ihrer Größe und der Abkehr der gedrungenen-Billard-Bauart sozusagen neue Maßstäbe. Im Fahrgastabteil verfügten sie anfänglich über eine Bar. Sie verkehrten in den Anfängen mit Anhängewagen aus dem bestehenden Reisezug-Wagenpark der CFC und später mit den Billard R 210. Zuletzt standen zwei der Autorails 201–208, zusammen mit zu Steuerwagen umgebauten „Billards" als Wendezüge auf der Strecke Bastia–Ponte-Leccia–Calvi, im Einsatz; auf dem Anschnitt Calvi–Ile Rousse, als sogenannte „Tramways de la Balagne". Ende der 60-er Jahre kam nochmals eine ansehnliche Anzahl von Autorails verschiedener eingestellter Bahnstrecken der CFD nach Korsika. Es waren dies im Einzelnen:

Billard A 80 D	Nummern 501–504 und 510–513
Billard A 150 D 6	Nummern 524–526, 241–245 sowie 248–251

Teilweise verfügten diese Autorails über neue oder geänderte Wagenkästen/Karosserien wobei sie das typische Aussehen eines „Billard"-Autorails mehr oder weniger verloren. Schließlich fuhr eine Zeitlang auch noch ein De Dion-Bouton OC 1-Autorail, die Nr. X 158, auf dem korsischen Eisenbahnnetz.

1975/1976 nahmen die modernen X 1200 /X 2000 bei den CFC den Betrieb auf. Diese später einheitlich in X 2001 bis 2005 umnummerierten, eher sehr leicht gebauten, dieselhydraulischen Autorails von CFD Montmirail waren mit den SY 05 bis 06 (X 305–306) der CP praktisch baugleich. Sie sollten den korsischen Eisenbahnen ein neues Gepräge geben, in der Absicht, weitere Fahrgäste zu gewinnen. Die X 1201, 1202 und 1204 verfügten anfänglich über ein 1. Klasse-Abteil in Wagenmitte. Wie bei den analogen Fahrzeugen der CP sollte ihr rot-silber gestaltetes Äußeres etwas an „die große Eisenbahn" erinnern: An die damals aktuellsten, äußerlich von Paul Arzens gestalteten Loks der SNCF, die BB 15'000 und die CC 6500.

1981 folgten nochmals zwei ähnliche, jedoch in wesentlich verstärkter Ausführung gebaute Fahrzeuge: Die beiden X 5001 und 5002.

Nachdem die CFC von 1983 an schließlich durch die SNCF betrieben wurden, waren zwischen 1989 und 1997 insgesamt 7 dieselhydraulische Autorails und 6 fast baugleiche Steuerwagen beschafft worden. Diese technisch von den normalspurigen X 2100 und X 2200 der SNCF abgeleiteten X 97051–97057 und XR 9701–9706 stellten für die korsischen Eisenbahnen endlich wieder ein geeignetes Rollmaterial dar. Dadurch verbesserte sich das Image der CFC, was zu einer deutlichen Zunahme der Fahrgastzahlen führte. Auch Touristen nutzten die Bahn in Korsika von da an häufiger als in früheren Jahren.

Der dringende Bedarf an Ergänzungen und weiteren Modernisierungen des Rollmaterials führte 2009 zu der Beschaffung von 12 Doppeltriebwagen der Bauart AMG 800, welche mit den AMP der CP und den AMT der SNCFT (für das tunesische Meterspurnetz) weitgehend identisch sind. Diese dieselhydraulischen, weitgehend symmetrisch gebauten Fahrzeuge verfügen über bequeme Niederflur-Einstiege und Panoramaabteile. Sie sollen die Fahrzeit zwischen Bastia und Ajaccio von zurzeit gut 3,5 Stunden auf etwa 2 Std und 45 Min verkürzen. Insgesamt war wohl keine Rollmaterial-Erneuerung so weitreichend und erfolgreich, wie während der eher kurzen SNCF-Epoche der korsischen Eisenbahnen.

Die Zeit bleibt nicht stehen: Im Zuge von Fahrzeugerneuerungen wurden mittlerweile als „älteres" Rollmaterial betrachtete

Fahrzeuge außer Betrieb gesetzt. Die Touristikbahn „Chemin de Fer du Vivarais" (CFV), südlich von Lyon, übernahm z.B. die Autorails X 2001, 2002, 2005, 5001 und 5002. Der ABH 8 Nr. 201 wird durch das Eisenbahnmuseum in Valmondois (nördlich von Paris) der Nachwelt ebenfalls erhalten.

4.6.4 Reisezugwagen: Personenwagen, Packwagen und Postwagen

1888 wurden 12 zweiachsige Personenwagen als Abteilwagen mit Einzel-Außentüren und durchgehenden Trittbrettern in Betrieb genommen. Ebenfalls von Anfang an gehörten 33 ähnlich gebaute, jedoch 4-achsige Drehgestell-Wagen zum Bestand. Außerhalb dieses Konzepts gesellten sich zwei Salonwagen hinzu.

Nach 1920 wurden 4-achsige Reisezugwagen mit Seitengang angeschafft. Ihre Bauart und die geschlossenen End-Einstiege erinnerten an Wagen für Fernzüge der damaligen Zeit. Nach weiteren Beschaffungen, welche 1927 und 1932 erfolgten, standen insgesamt 21 Wagen dieser schönen Bauart in Dienst. Je nach Aufteilung 1.-, 2.- und 3.-Klasse wurden sie als AAA, AAB, ABC, CCC, usw. bezeichnet. Es gab auch Umbauten mit Pack- und Postabteil. Einige von ihnen wurden als Anhängewagen der ABH 8-Autorails eingesetzt. Es befinden sich heute 4 Fahrzeuge auf der CFV, der Touristikbahn Chemin de Fer du Vivarais, südlich von Lyon. Auf der CFC wurden viele zu Flachwagen umgebaut.

Es gab zwei Bauarten von zweiachsigen Packwagen: 17 kürzere mit Bezeichnung Df und 8 Längere, als DDifv bezeichnet. Mit ihren Holzkastenaufbauten erinnerten sie an Güterwagen.

4.6.5 Remorques d'Autorail (Triebwagen-Anhängewagen und Steuerwagen)

Zu den bereits erwähnten, gedrungen gebauten acht Billard R-210 mit Drehgestellen, werden noch zwei kurze Güter-Beiwagen gezählt: Die Nrn. 20 und 21. Von den R-210 gab es solche mit Dachgepäckträger und Aufstiegsleitern, wie früher bei Reisebussen. Die drei RL-210 bis 212 kamen später hinzu. Durch Umbauten entstanden aus A 80 D ferner die folgenden vier Anhänger: 242, 243, 245 und 248. Auch von den RL 210 wurden einige umgebaut. Verschiedene Anhängewagen verkehrten auch mit den X 1200 / 2000.

Im Jahre 1977 entstanden durch Umbau aus A 210 D1-Autorails die zwei Großraum-Anhängewagen R 104 und 105. Bezüglich äußerer Formgebung waren sie offensichtlich von den X 1200 / 2000 inspiriert worden, nur gedrungener gebaut. Der R 104 wurde jedoch außer Betrieb gesetzt; der R 105 verkehrt heute als XR 105 auf den CP.

Aus dem rekonstruierten A 80 D Nr. 526 entstand der Steuerwagen XR 526, aus dem X 113 der Steuerwagen XR 113. Die ab 1989 beschafften sechs SNCF-Steuerwagen XR 9701–9706 wurden im Kapitel der Autorails X 97050 bereits erwähnt.

4.6.6 Güterwagen und Dienstfahrzeuge

Der einst bedeutende Güterverkehr der Eisenbahnen Korsikas umfasste maximal über 500 Güterwagen verschiedener Bauart. Um das Jahr 2000 sollen immer noch über 90 Einheiten im Bestand gewesen sein. 2004 hat die CFC den Güterverkehr offiziell eingestellt, was aber nicht bedeutet, dass bei Bedarf nicht doch noch einzelne Güter auf der Bahn transportiert werden.

Zwischen 1888 und 1900 gebaute, zweiachsige Güterwagen:
- Geschlossene Güterwagen E, Ef und Ff: 52 Stück
- Hochbordwagen G und Gf: 76 Stück
- Flachwagen H und Hf: 30 Stück
- Drehschemel-Wagen I und If: 45 Stück

f = Handbremse auf Bremserstand

Zwischen 1902 und 1930 gebaute, zweiachsige Güterwagen:
- Geschlossene Güterwagen Kv und Kifv: 40 Stück
- Hochbordwagen Gv: 186 Stück, teils mit mittlerem Bügelträger für Plache ausgerüstet
- Flachwagen Hv: 10 Stück
- Flachwagen, Metall Lv: 40 Stück
- Drehschemel-Wagen HTv: 30 Stück, heute teils für Bau-Züge im Einsatz

Einige Wagen verfügen über eine Wurfhebel-Handbremse.
- Die CFC hatten drei dreiachsige Kranwagen mit den Nummern 3, 6 und 9 im Bestand.

Zum aktuellen Bestand gehören u.a.:
- 20 verschiedene, vierachsige Flachwagen Pft. Diese sind durch Umbau aus Untergestellen von Personenwagen entstanden. Einige von ihnen können auch für den Autotransport (im Winter) verwendet werden.
- Vier vierachsige Drehgestell-Schotterwagen (werden wohl als Dienstfahrzeuge eingestuft). Sie stammen von einer Mine in Lothringen und tragen die Nrn.: 1, 7, 9, 27.
- Zwei Diesel-Draisinen VTM (=Véhicules de Traction et de Maintenance) 850.01 und 02 mit hydraulischer Hebebühne
- Richt- und Stopfmaschine Bauart MATISA-B 85
- Unkrautvertilgungswagen und weitere Spezial-Fahrzeuge

Am Anfang einer Reihe in Bastia abgestellter Güterwagen steht der Packwagen DD ifv 2625. Foto Harry Luff/Online Transport Archive.

4.6.7 Einige Fahrzeugdaten der CFC / SNCF

Dampflok 031 T Nrn. 28 bis 37 und Nrn. 38 bis 41

Achsfolge	C1 n2 t	Höchstgeschwindigkeit	~ 40 km/h
Baujahre	1886–1888	Triebraddurchmesser	1000 mm
Indizierte Leistung		Dienstgewicht	28,7 T
Länge über Puffer	~ 7,700 m	Hersteller	Fives-Lille

Die Lok Nr. 39 wurde zum Zeitpunkt der Aufnahme noch mit Rangieraufgaben betraut. Foto Images anciennes des Chemins de Fer de la Corse.

Dampflok 020+020 T Nrn. 301 bis 308, 309 bis 319 und Nrn. 351 bis 353

Achsfolge	B'B n4v t	Triebraddurchmesser	1000 mm
Baujahre	1892–1924, 1927–1332	Dienstgewicht	34–35,5 T
Indizierte Leistung		Hersteller	SACM
Länge über Puffer	9,020 m	Nrn. 351 bis 353:	
Höchstgeschwindigkeit	40 km/h		Schwerere Ausführung

Schöne Seitenansicht der Mallet-Lok Nr. 317. Foto Images anciennes des Chemins de Fer de la Corse.

Diesellok BB 401 bis 403

Achsfolge	Bo´Bo´	Triebraddurchmesser	mm
Baujahr	1951	Dienstgewicht	48,5 T
Leistung	440 kW = 600 PS	Hersteller	Brissonneau & Lotz
Länge über Puffer	13,400 m	Kraftübertragung	(Diesel-) Elektrisch
Höchstgeschwindigkeit	60 km/h	Dieselmotor:	2 zu je 12 Zylindern

Die Diesel-Elektrische Bo'Bo'-Lok der CFC, die Nr. 401, steht auf den Gleisen beim alten Ausbesserungswerk von Bastia. Foto Harry Luff/ Online Transport Archive.

Diesellok BB 404 und 405

Achsfolge	B´B´	Dienstgewicht	32 T
Baujahre	1963, 1966	Hersteller	CFD
Leistung	300 kW = 408 PS	Kraftübertragung	Hydromechanisch
Länge über Puffer	10,760 m		mit Kuppelstang
Höchstgeschwindigkeit	50 km/h	Dieselmotor:	2 zu je 6 Zylindern
Triebraddurchmesser	860 mm		

Die BB 405 war damals für den Güterverkehr immer noch unentbehrlich. Gut sichtbar sind die mit Kuppelstangen versehenen Achsen des Drehgestells. Aufnahme in Bastia, vor dem Lokschuppen, April 1978. Die BB 404 war die ehemalige BB 403/53 der CP.

Diesellok SNCF/CFC BB 406 (ehemals BB-01)

Achsfolge	B´B´	Dienstgewicht	35 T
Baujahr	1973	Hersteller	CFD
Leistung	470 kW = 640 PS	Kraftübertragung	Hydromechanisch mit Kardanwellen
Länge über Puffer	~ 12,450 m		
Höchstgeschwindigkeit:	50 km/h	Dieselmotor:	2 zu je 6 Zylindern
Triebraddurchmesser:	860 mm		

Die diesel-hydraulische SNCF BB 406 wurde im Juli 2011 in Ponte-Leccia aufgenommen. Sie war ursprünglich als normalspurige BB-01 in Dienst gestellt worden.

Diesellok CFG 60 006 (ehemals 87 0037 der CFR, 760 mm-Spur)

Achsfolge	B´B´	Dienstgewicht	32 T*
Baujahr	1968	Hersteller	„23. August" Bukarest
Leistung	331 kW = 450 PS	Kraftübertragung	Hydraulisch
Länge über Puffer	10,200 m	Dieselmotor:	1 zu 6 Zylindern*
Höchstgeschwindigkeit:	45 km/h	*vor Umbau	
Triebraddurchmesser:	750 mm		

Die CFG hatte eine Anzahl Dieselloks der 760 mm-Spurweite in osteuropäischen Ländern aufgekauft und setzt sie nach Umspurens auf Meterspur für Bauzüge in Frankreich ein. Im Juli 2011 stieß der Fotograf in Ponte-Leccia auf die Lok CFG 60006, ehemals CFR.

Diesellok Nr. 114, Umbau aus A 150 D, Nr. 114

Achsfolge	B'2'	Dienstgewicht	12,2 T
Baujahre	1938, Umbau 1955	Hersteller	Billard/Umbau durch CFC
Leistung	191 kW = 260 PS*	Kraftübertragung	Mechanisch
Länge über Puffer	~ 8,800 m	Dieselmotor:	1, Berliet
Höchstgeschwindigkeit	~ 50 km/h	*vor Umbau 150 PS	
Triebraddurchmesser	600 mm		

Für diese Umbau-Lok verwendete die Werkstätte der CFC 1955 Teile des Billard-Autorails Bauart A 150 D, Nr. 114. Unter dem Dieselmotor befindet sich das Triebdrehgestell. Es hat einen größeren Achsabstand als das Laufdrehgestell. Der Vorbau- und Kastenaufbau sind eine Eigenkonstruktion der Bahn. Die Spitznamen dieser Lok sind: „Sous-Marin", „Libellule" oder „Bête de Calvi" (= Unterseeboot, Libelle, oder Bestie von Calvi). Aufnahme in Calvi im April 1978.

Die Nichtmotor-Seite der Lok: Sie hat auch die Funktion eines Packwagens. Ihre Leistung reichte für den ganz leichten Güterverkehr mit 2 bis 3 Waggons. Eine durchgehende Druckluftbremse war nicht vorhanden, weshalb Sicherheits-Ketten unerlässlich waren.
Calvi, April 1978.

Diesellok Nr. 1, ehemals Nr. 103 der Chemins de Fer du Tarn der CFD

Achsfolge	C	Dienstgewicht	17 T
Baujahr	1948	Hersteller	CFD
Leistung	132,5 kW = 180 PS	Kraftübertragung	Mechanisch, Kuppelstangen
Länge über Puffer	6,700 m		
Höchstgeschwindigkeit	~ 40 km/h	Dieselmotor:	1, 8 Zylinder
Triebraddurchmesser	820 mm		

Diese C-gekuppelte Lok Nr. 1 (ehemals Nr. 103 der CFD) ist mittlerweile durch das Eisenbahn-Museum in Valmondois (nördlich von Paris) der Nachwelt erhalten geblieben. Im April 1978 stand sie vor dem damaligen Lokschuppen in Ajaccio.

Diesellok Nr. 403, Umbau aus Autorail X 103

Achsfolge	B	Dienstgewicht	~ 13 T
Baujahr	1956 (Umbau)	Hersteller	CFC Bastia, Umbau aus Billard X 103
Leistung	~ 154,5 kW = 210 PS		
Länge über Puffer	m	Kraftübertragung	Mechanisch
Höchstgeschwindigkeit	~ 40 km/h	Dieselmotor	1
Triebraddurchmesser	600 mm		

Die Diesellok Nr. 403 wurde durch die CFC auf dem Trieb-Drehgestell des X 103 (A 210 D 1) aufgebaut. Schon 1962 wurde sie aus dem Betrieb genommen. Ihre Loknummer wurde an die BB 403 weitergegeben. Aufnahme in Ajaccio. Foto Harry Luff/Online Transport Archive.

Benzol-Elektrischer Triebwagen

Bild eines der beiden Benzol-Elektrischen Triebwagen, die zwischen 1924 und 1928 als Ae 51 und Ae 52 auf der CFC eingesetzt waren.
Foto aus Magazine des Tramways à Vapeur et des Secondaires.

Autorails A 210 D 1 Nrn. 102 bis 106

Achsfolge	B'2'	Höchstgeschwindigkeit	75 km/h
Baujahr	1936	Dienstgewicht (Tara)	22,5 T
Leistung	154,5 kW = 210 PS	Hersteller	Billard
Länge über Puffer	17,595 m	Kraftübertragung	Mechanisch
Triebraddurchmesser	600 mm	Dieselmotor	1

Die von Billard hergestellten A 210 D 1 stellen eine Variante dar, welche es nur in Korsika gab. Das Foto zeigt das Fahrzeug in Bastia; die Motorseite vorne. Foto Images anciennes des Chemins de Fer de la Corse.

Autorails A 150 D Nrn. 111 bis 116

Achsfolge	B'2'	Hersteller	Billard
Baujahr	1938	Höchstgeschwindigkeit:	75 km/h
Leistung	110 kW = 150 PS	Dienstgewicht (Tara):	12,3 T
Länge über Puffer	14,835 m	Kraftübertragung	Mechanisch
Triebraddurchmasser	600 mm	Dieselmotor:	1

Der Billard-Autorail Nr. 113, der bekannten Bauart A 150 D angehörend, steht (vor seinem Umbau) mit Motorseite vorne, zusammen mit einem RL 210, im alten Bahnhof von Bastia. Foto Les Folkard/ Online Transport Archive.

Autorail X 158, Bauart De Dion Bouton OC 1, ein Einzelstück

Achsfolge	(1A) (A1)	Höchstgeschwindigkeit:	~ 60 km/h
Baujahr	1937	Dienstgewicht (Tara):	19,5 T
Leistung	132 kW = 180 PS	Hersteller	De Dion Bouton
Länge über Puffer	~ 16,700 (oder 18,535 m)	Kraftübertragung	Mechanisch
Triebraddurchmesser	650 mm	Dieselmotor:	1

Von der eher seltenen Bauart De Dion OC 1 besaßen die korsischen Eisenbahnen gerade nur ein Exemplar, den X 158. Das Fahrzeug bleibt durch die Chemins de Fer des Côtes du Nord (Bretagne) zum Glück der Nachwelt erhalten. Foto Images anciennes des Chemins de Fer de la Corse.

Autorail X 113, umgebaut aus A 150 D Nr. 113, ein Einzelstück

Achsfolge	B'2'	Höchstgeschwindigkeit:	75 km/h
Baujahr	1938, Umbau 1967	Dienstgewicht (Tara):	~15 T
Leistung	110 kW = 150 PS	Hersteller	Billard/Umbau CFC
Länge über Puffer	14,835 m	Kraftübertragung	Mechanisch
Triebraddurchmesser	600 mm	Dieselmotor:	1

Der 1967 mit einem neuen Wagenkasten versehene X 113, ein ehemaliger A 150 D, steht in Ile-Rousse zu weiteren Fahrten bereit (April 1978). Dass die Fahrzeuglänge, über die (Mittel-) Puffer gemessen, dieselbe geblieben ist, erstaunt auf den ersten Blick. Doch auch der Abstand zwischen den Drehgestellen sowie die Lage der Einstiegstüre sind offensichtlich gleichgeblieben. Die Raumaufteilung und die weniger geneigten Stirnfronten der Führerstände schafften mehr Raum und ließen das Fahrzeug optisch länger erscheinen.

Aufnahme in Ile-Rousse, im April 1978: X 113 von der Nichtmotorseite gesehen. Der Umbau sowie u. a. seine großen Abteilfenster, werteten das Fahrzeug enorm auf. Nach einem nochmaligen Umbau wurde daraus der Steuerwagen XR 113 für Wendezüge, zusammen mit den ABH 8 200.

Autorails Renault ABH 8, Nrn. 201 bis 208

Achsfolge	B'2'	Höchstgeschwindigkeit:	75 km/h
Baujahre	1949, 1950	Dienstgewicht (Tara):	28 T
Leistung	195 kW = 265 PS	Hersteller	Renault
Länge über Puffer	20,870 m	Kraftübertragung	Mechanisch
Triebraddurchmesser	860 mm	Dieselmotor:	1, 8 Zylinder

1949/1950 erschienen die acht Autorails des Typs Renault ABH 8. Diese Fahrzeuge waren eine Weiterentwicklung der ABH 1 und ABH 5 der CP und erinnerten zudem an die normalspurigen Renault ABJ 1 bis ABJ 4 der SNCF. Auf der Aufnahme von April 1978 steht der ABH 8 Nr. 207 in Corte; Nichtmotorseite. Als Anhängewagen dient ein Billard R 210. ABH 8 Nr. 201 bleibt erhalten.

In Calvi steht der ABH 8 202, mit der Seite Diesel-Motor im Vordergrund. Diese Triebfahrzeuge unterschieden sich in vieler Hinsicht deutlich von den verschiedenen Bauarten von Billard. Die ABH 8 wurden vom Personal sofort äußerst geschätzt. Aufnahme vom April 1978.

Autorails X 1200 / X 2000, Nrn. 2001 bis 2005

Achsfolge	(1A) (A1)	Höchstgeschwindigkeit:	85 km/h
Baujahre	1975, 1976	Dienstgewicht (Tara):	18,6 T
Leistung	246 kW = 335 PS	Hersteller	CFD
Länge über Puffer	16,060 m	Kraftübertragung	Hydraulisch
Triebraddurchmesser	610 mm	Dieselmotor:	2 zu je 6 Zylinder

Flach gebaute Unterflur-Motoren machten neue Konzepte möglich, wovon insbesondere der Fahrgastraum gewann. Der X 1201 (der spätere X 2001) war, außer mit CFC, auch mit CFTA beschriftet. Die Farbgebung sollte an die BB 15000 und CC 6500 der SNCF erinnern. Die dem Fotografen abgewendete Seite wies 1. Klasse auf. Aufnahme in Corte, im April 1978.

Lange Zeit waren diese leicht gebauten CFD-Autorails zu verschiedenen Diensten im Einsatz. Der hier abgebildete X 2004, nun in weiß-blauer Farbgebung, war im Vorortverkehr zwischen Bastia und Casamozza eingesetzt gewesen. Er stand im Juli 2011, also noch zu SNCF-Zeiten, in Bastia am Bahnsteig. Drei Fahrzeuge dieser Bauart befinden sich heute bei den Chemins de Fer du Vivarais.

Autorails X 5001 und 5002

Achsfolge	B´B´	Höchstgeschwindigkeit:	85 km/h
Baujahre	1980, 1981	Dienstgewicht (Tara):	27 T
Leistung	358 kW = 487 PS	Hersteller	CFD
Länge über Puffer	16,060 m	Kraftübertragung	Hydraulisch
Triebraddurchmesser	750 mm	Dieselmotor:	2 zu je 6 Zylinder

Trotz ähnlichem Äußeren unterscheiden sich die beiden X 5000 von ihren Vorgängern, den X 2000, durch eine Reihe von Änderungen. Die schwerere Bauart deutet auf größere Stabilität hin, was sich auch in der Laufruhe günstig auswirkt. Die Motorleistung ist erheblich höher. Erkennbar sind Einstiege mit UIC-Drehfalttüren nach SNCF, anstelle der Doppelflügeligen. Die beiden X 5001 und 5002 schienen jedoch zum Zeitpunkt der Aufnahme (Juli 2011 in Bastia) bereits in den Reservedienst versetzt.

Autorails X 97051 bis 97055 (1.S.) / X 97056 u. 97057 (2.S.) der SNCF

Achsfolge	B´B´	Höchstgeschwindigkeit:	90 km/h
Baujahre	1989–1992, 1997	Dienstgewicht (Tara):	35,6 T
Leistung 1. Serie	354 kW = 482 PS	Hersteller	Soulé/CFD
Leistung 2. Serie	432 kW = 588 PS	Kraftübertragung	Hydraulisch
Länge über Puffer	18,280 m	Dieselmotor:	2 zu je 6 Zylinder
Triebraddurchmesser	750 mm		

Diese unter dem SNCF-Regime beschafften Autorails stellten einen großen Fortschritt dar und wurden den Anforderungen der CFC gerecht. Noch trägt dieser X 97050 das SNCF-Logo. Bald wird er Bastia, dessen Empfangsgebäude im Hintergrund sichtbar ist, in Richtung Ajaccio verlassen. Infolge technischer Probleme mit den Bremsen der AMG 800, bestand im Juli 2011 Fahrzeugmangel. Nebst ausgedünntem Fahrplan mussten also ein Trieb- und ein Steuerwagen (XR 9700) genügen.

Der X 97057 (mit neuem CFC-Logo) im Bahnhof Bastia. Die Fahrt in Richtung Ajaccio geht stets mit Steuerwagen voraus. Der im Hintergrund sichtbare Hügel wird kurz nach Verlassen des Bahnhofs durch den „Tunnel de la Torreta" unterquert. Foto Juli 2011.

Autorails Doubles (Doppeltriebwagen) AMG 801 bis 824 der CFC / SNCF

Achsfolge B´2´+2´B´ Doppeltriebwagen	Höchstgeschwindigkeit: 100 km/h
Baujahr 2009	Dienstgewicht (Tara): 34,5+34,5 = 69 T
Leistung 2x440 kW = 2x600 PS	Hersteller CFD Bagnères-de-Bigorre
Länge über Puffer 20,0+20,0 = 40,0 m	Kraftübertragung Hydraulisch
Triebraddurchmesser mm	Dieselmotor: 2

Diese Fahrzeuggeneration stellt für die CFC nochmals eine neue Dimension dar. Die AMG, die „Autorails Métriques à Grand Confort" wurden für bisher drei meterspurige Eisenbahnen entwickelt: Die CFC, die CP und die SNCFT (Tunesische Staatsbahn, dortiges Meterspurnetz). Ihre Panoramaabteile, die Niederflur-Einstiege und die Klimaanlage sind nur einige der Vorzüge dieser Vorzeigeobjekte modernen Waggonbaus für Meterspur. Anfängliche Probleme mit den Bremsscheiben konnten anscheinend behoben werden. Aufnahme des AMG 801/802 in Bastia, Juli 2011.

Gleich mehrere AMG 800 waren im Juli 2011 in Bastia abgestellt. Rechts bildet der außer Betrieb stehende ABH 8 einen Kontrast zu diesen vorzüglichen Doppel-Triebwagen der CFC.

Reisezugwagen: Personen- und Packwagen

Dieser Wagen ist ein Prachtstück ehemaliger korsischer D-Zugwagen, hier die Bauart CCC. Die Chemin de Fer du Vivarais hat der Nachwelt einige Exemplare erhalten. Die Aufnahme entstand im früheren Ausgangsbahnhof Tournon der CFV, welcher sich beim gleichnamigen SNCF-Bahnhof der rechtsufrigen Rhône-Linie befand. Aufnahme vom Juli 1976.

Die im Text erwähnten Abteilwagen waren zum Zeitpunkt dieser Aufnahme längst nicht mehr in Betrieb. Hingegen zeigt das Foto vom April 1978 diese interessante Szene: Ein ABH 8 fährt soeben in den Bahnhof von Calvi ein. Links auf dem Stumpfgleis steht die Rangierlok 114 mit einem Packwagen, dem DD 2623.

Remorques d' Autorail (Triebwagen-Beiwagen)

Dieser Billard-Anhängewagen der Reihe RL 210, Nrn. 1 bis 8, konnte im April 1978 im Bahnhof von Calvi aufgenommen werden.

Eine weitere „Remorque d'Autorail" ist dieses umgebaute Fahrzeug; Entweder ist es die Nr. 7, 210, oder 211. Hier läuft es mit dem ABH 8 Nr. 206. Aufnahme im April 1978 in Corte. Beachten Sie die kleinen Drehgestelle!

Die beiden R 104 und R 105 waren aus Billard-Autorails A 210 D1 umgebaut worden. Dadurch entstanden schöne Großraum Anhängewagen. Der R 105 fährt heute auf der CP als XR 105. Aufnahme im Bahngelände von Bastia im April 1978.

Steuerwagen

Aus dem X 113, ein ehemaliger Billard A 150 D, entstand der Steuerwagen XR 113. Dieses Fahrzeug fuhr, zusammen mit einem ABH 8, meist zwischen Bastia und Calvi. Aufgenommen in Calvi, Juli 2011, mit dem ABH 8 X 206.

Dieser XR 526 entstand durch Umbau aus dem Billard A 150 D6. Im Juli 2011 konnte er in Bastia abgelichtet werden. Gleicher Einsatz in Wendezügen wie der XR 113.

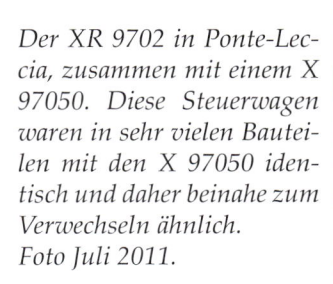

Der XR 9702 in Ponte-Leccia, zusammen mit einem X 97050. Diese Steuerwagen waren in sehr vielen Bauteilen mit den X 97050 identisch und daher beinahe zum Verwechseln ähnlich. Foto Juli 2011.

Güterwagen

Einige Wagen eines Güterzugs in Ajaccio: Vier Wagen geschlossener Bauart Kv und ein Hochbordwagen, Bauart Gv. Foto April 1978.

Der Lv 8010 war im Bw-Gelände, nebst außer Dienst gestellten Fahrzeugen, abgestellt. Gleich dahinter ein Hochbordwagen der Bauart Gv. Aufnahme vom April 1978.

Ein Flachwagen mit Aufbau, als Dienstfahrzeug mit Hebebühne stand im Juli 2011 in Ponte-Leccia. Eigentümer ist jedoch die CFG.

5. Die Chemins de Fer de Provence (CP)

Nice (Nizza)–Annot–Digne-les-Bains

Dazu kurze Betrachtungen zu den stillgelegten Strecken:

Colomars-La-Manda–Grasse–Draguignan–Meyrargues
Ligne du Littoral (Toulon–Saint-Tropez–Saint Raphaël)

5.1 Die Haute Provence

5.1.1 Geografie

Mit einer Fläche von 31'000 km² ist die südöstlichste Region des kontinentalen Frankreichs, die Région Provence-Alpes-Côte-d'Azur (PACA) ein großes, interessantes und eindrückliches Gebiet. Es besteht aus 6 Departementen und hat Marseille als Hauptstadt. Die bis heute verbliebene Strecke der Chemins de Fer de Provence (CP) durchquert die beiden Departemente „Alpes Maritimes" (06), Hauptstadt Nice und „Alpes de Haute Provence" (04), Hauptstadt Digne-les-Bains. Schon durch die Namensgebung wird klar, dass dieses Gebiet, ähnlich dasjenige Savoyens, durch Gebirgsketten, die Seealpen, geprägt ist. Die Region PACA grenzt im Norden an die Region Rhône-Alpes. Im Westen wird sie hauptsächlich durch die Rhône abgegrenzt. Im Osten gibt es eine gemeinsame Grenze mit Italien (Piemont). Mit dem Piemont hat es auch eine weitgehend gemeinsame Geschichte. An der Côte-d'Azur, zwischen Nizza und Ventimiglia, trifft man schließlich noch auf den Kleinstaat Monaco mit seiner Hauptstadt Monte Carlo.

5.1.2 Geschichte

Früheste entdeckte Höhlenzeichnungen sollen bis zu 29'000 Jahre alt sein. Es konnten Gebiete nachgewiesen werden, welche bereits vor etwa 6500 Jahren besiedelt waren. Bereits vor 800 v. Chr. gehörten große Teile des westlichen Mittelmeeres und Teile des Hinterlands zum griechischen Imperium. Die Griechen gründeten die Stadt Massalia, das heutige Marseille. Mit ihren 3000 Jahren Geschichte ist sie daher die älteste Stadt Frankreichs. Auch Antibes (früher Antipolis) und Nizza (früher Nikäa) sowie Weitere gehen auf griechische Gründungen zurück. Diese Gebiete wurden 124 v. Chr. von den Römern übernommen, welche sich ihrerseits nach dem Jahr 600 zurückzogen.

Die Provence, das italienische Piemont und Savoyen hatten in der Folge geschichtlich sehr viel Gemeinsames, wobei nicht immer das ganze Gebiet betroffen war. Im 12. Jahrhundert gehörten zum Beispiel Teile der Provence zu der Grafschaft Barcelona, ein anderer Teil zu der Grafschaft Toulouse. 1482 kam die Provence vorübergehend zum französischen Königreich. Die Gebiete wurden immer wieder hin und her gerissen. Nach der französischen Revolution 1789 wurde ein Teil der alten Region Provence in Departemente aufgeteilt. 1815 sprach der Wiener Kongress das Piemont und die Grafschaft Nizza erneut Savoyen, mit Hauptstadt Turin, zu. 1860 kamen die Stadt Nizza und deren Grafschaft endgültig zu Frankreich. Die Gebiete von Tenda (Tende), La Brique und Isola, nördlich und nordöstlich von Nizza (Nice) wurden hingegen erst 1947 französisch.

5.1.3 Heutige Situation

Das Provenzalische, die regionale Sprache der Provence, ist dem Okzitan (Occitan) verwandt und ist, wie das Französische, eine lateinische Sprache. Es ist nicht Amtssprache, wird aber als wichtiges Kulturgut erhalten. Leicht erkennbar sind z.B. die zweisprachigen Straßenschilder französisch/provenzalisch, wie sie in historischen Ortskernen von Städten und Dörfern angetroffen werden können. In der Provence gibt es zudem noch italienischsprachige Gebiete.

Die Region Provence-Alpes-Côte d´Azur (PACA) besteht aus den folgenden 6 Departementen:

04, Alpes de Haute Provence, Hauptstadt Digne-les-Bains
05, Hautes Alpes, Hauptstadt Gap
06, Alpes Maritimes, Hauptstadt Nizza (Nice)
13, Bouches du Rhône, Hauptstadt Marseille
83, Var, Hauptstadt Draguignan (Der Fluss Var berührt dieses Departement aber nirgends.)
84, Vaucluse, Hauptstadt Avignon

In den beiden Departementen 04 und 06 gibt es die folgenden Eisenbahnlinien, oder werden von ihnen tangiert:
• (Marseille–Toulon–)Cannes–Nice–Monaco-Monte-Carlo–Menton(–Ventimiglia)
• Cannes–Grasse
• Nice–Breil-sur-Roya–Tende (–Limone–Cuneo)
• Breil-sur-Roya–Piena (–Olivetta-San-Michele–Ventimiglia)
• (Grenoble–Veynes–) Sisteron–Château-Arnoux-Saint-Auban (–Aix-en-Provence–Marseille)
• Château-Arnoux-Saint-Auban–Digne-les-Bains (zurzeit stillgelegt)
• Nice CP–Colomars-la-Manda–Puget-Théniers–Annot–Digne-les-Bains (Chemins de Fer de Provence, CP, Meterspur)

Die CP betrieben einst außerdem die folgenden, inzwischen längst stillgelegten, Meterspurstrecken:
• Colomars-la-Manda–Grasse (– Draguignan–Meyrargues)
• (Toulon–Saint-Tropez–Saint-Raphaël, ausschliesslich im Departement 83, Var, gelegen)

Zwei Autorails der Baureihe X 301 bis 304 fahren – aus Richtung Digne-les-Bains kommend – in den Bahnhof Annot (mit der schönen Hintergrundkulisse) ein. Aufnahme vom Juli 2006.

5.2 Planung und Bau der Strecken der Chemins de Fer de Provence

Zum Plan Freycinet gehörten auch die Eisenbahnlinien der späteren Chemins de Fer de Provence, denn der äußerste, südöstliche Raum Frankreichs war vom Eisenbahnbau bisher nur wenig berücksichtigt worden. Nachdem die Gesellschaft PLM 1881 ursprünglich von Digne-les-Bains ausgehend mit dem Bau der künftigen Eisenbahnlinie nach Nizza begann, aber nach kurzer Zeit das Vorhaben wieder aufgab, wurde 1884 die Compagnie des Chemins de Fer du Sud de la France (SF) gegründet. Aus topografischen Gründen wurde vom Bau einer normalspurigen Eisenbahnstrecke abgesehen.

Es wurden schließlich meterspurige Verbindungen geplant, wobei folgende Strecken auch ausgeführt worden waren:

- Von Nizza (Nice) über Puget-Théniers nach Digne-les-Bains, genannt auch „Ligne du Nord" (Nordlinie, 150 km).
- Von ersterer Strecke in Colomars-la-Manda abzweigend über Grasse und Draguignan nach Meyrargues führend (197 km), genannt auch „Ligne du Central Var" (Mittel-Var-Linie).
- Von Toulon über Saint-Tropez nach Saint-Raphaël (100 km), „Ligne du Littoral" (Küstenlinie). Genau genommen lag Saint-Tropez an einer von letzterer Linie abzweigenden Stichbahn von 10 km.

Zur Erschließung der seitlichen Gebirgstäler entstanden, von den Strecken der SF abzweigend, mehrere Überland-Straßenbahnlinien der TAM, der „Lignes de Tramways des Alpes Maritimes". Von ihnen existiert heute keine mehr.

Nach 1925, in der Folge gravierender Probleme der Unternehmungsführung der Sud de la France (SF), wurde die Gesellschaft schlussendlich unter dem Namen Chemins de Fer de Provence (CP) neu gegründet.

Nach 1945 sah sich die CP schweren Kriegsschäden gegenüber, worunter der Bahnbetrieb äußerst litt und zu sehr baldiger Stilllegung von deren zwei von drei Bahnlinien führte.

Die Strecken im Einzelnen:

5.2.1 Nice (Nizza) CP (Gare du Sud)–Puget-Théniers–Digne-les-Bains

1883 fand der Baubeginn der „Ligne du Nord" statt. --An den folgenden Daten konnten die Eröffnungen der einzelnen Abschnitte gefeiert werden:

- Nice-Gare-du-Sud–Colomars-la-Manda, 13 km : Juni 1892
- Colomars-la-Manda–Puget-Théniers, 45 km : Juni 1892
- Puget-Théniers–Saint-André-les-Alpes, 48 km : Juli 1911
- Saint-André-les-Alpes–Digne-les-Bains, 44 km : Mai 1892

400 m nördlich des Bahnhofs Nice-Ville der damaligen PLM (heute SNCF) wurde der Bahnhof Gare-du-Sud (heute Nice CP) erstellt. Sein außerordentliches Aufnahmegebäude ist von bemerkenswerter Architektur und wurde auch nach leider erfolgter Rückversetzung des Bahnareals als historisch wertvoll erhalten. Die leider abgebrochene, 87 m lange, 23 m breite und 18 m hohe, 1891 über den 4 mittleren Gleisen errichtete große Bahnhofshalle, ein Werk Gustave Eiffels, diente zuerst dem russischen und österreichisch-ungarischen Pavillon der Pariser Weltausstellung von 1889.

1899 wurde zwischen den beiden Nizzaer Bahnhöfen ein 3- oder 4-Schienen-Verbindungsgleis gebaut. Diese kombinierte Normal- und Meterspurverbindung diente ausschließlich dem Güterverkehr und wurde 1967 abgebaut.

In Digne-les-Bains sind die beiden Bahnhöfe der PLM und der SF unmittelbar gegenüber angeordnet. Heute sind sowohl die CP als auch die SNCF (zurzeit ohne Züge) im gleichen Bahnhofsgebäude vertreten. Die CP verfügt im SNCF-Bahnhof über einen Bahnsteig.

5.2.2 Colomars-la-Manda–Grasse–Draguignan–Meyrargues genannt auch «Train des Pignes»

Auch diese, als „Ligne du Central-Var" bezeichnete Eisenbahnstrecke war ursprünglich als Normalspurbahn vorgesehen, aber aus Kostengründen schlussendlich dennoch meterspurig gebaut worden. Die einzelnen Streckenabschnitte wurden wie folgt eröffnet:

- Meyrargues–Draguignan, 98 km : März 1889
- Draguignan–Grasse, 63 km : Oktober 1890
- Grasse–Colomars-la-Manda, 36 km : Juni 1892

Die Streckenführung und der Bahnhof von Colomars-la-Manda war, im Gegensatz zu heute, in einem Schlaufen ähnlichen Gleisbogen angeordnet. Der Grund war dass die abzweigende Bahnlinie in Richtung Grasse kurz darauf den Fluss Var über eine Doppelstock-Brücke rechtwinklig überqueren konnte.

1944 waren die drei wichtigsten Viadukte zwischen Grasse und Colomars-la-Manda durch die damalige deutsche Wehrmacht zerstört worden. Nach 1945 konnte die Bahnstrecke nur noch zwischen Meyrargues und Tanneron, 14 km vor Grasse, betrieben werden. 1950 wurde der Betrieb ganz eingestellt.

Der heute durchaus wohlgesinnte Spitzname „Train des Pignes" (Pinien-Eisenbahnzug) hat folgende Ursachen: Besonders die Ligne du Central-Var führte kilometerweit durch Pinienwälder. Pinienzapfen (in etwa mit Tannzapfen vergleichbar) fielen massenhaft zu Boden. „Böse Zungen" behaupteten, dass die Züge der SF/CP angeblich derart langsam fuhren, damit die Fahrgäste die daliegenden Pinienzapfen sogar während der Fahrt hätten einsammeln können. Auch die Dampfloks seien angeblich zeitweise mit Pinienzapfen beheizt worden, hieß es. Letzteres wäre schon rein feuerungstechnisch wohl nicht möglich gewesen.

> Doch die folgende Legende, sozusagen „aus der tiefsten Provence", geht noch weiter: Die Legende erzählt, dass eine Bahnschranken-Wärterin der Sud de la France (SF), bzw. der CP, an einem Weihnachtsabend, mit ihrem kleinen, kranken Kind alleine zuhause saß und wegen fehlenden Brennmaterials nicht mehr heizen konnte. Als ein Zug vorbeifuhr, hielt der Lokführer an und gab dieser Frau ein wenig Kohle. Aber etwas später hatte dafür die Lokomotive zur Weiterfahrt keine Kohle mehr und blieb stehen. Glücklicherweise fielen von einer, zufälligerweise nahe dem Gleis stehenden, Pinie Pinienzapfen auf den Tender der Lokomotive. Danach konnte der Zug, nun mit Pinienzapfen beheizt, seine Fahrt fortsetzen.

Das ist die tragische und gleichzeitig rührende, wenn auch mit Sicherheit nicht ganz wahre Geschichte des „Train des Pignes". Sie bringt aber den CP umso mehr Resonanz ein.

Die beliebten, Dampf betriebenen Touristenzüge, welche seit 1980 auf Teilstrecken der „Ligne du Nord" verkehren, nennen sich deshalb ebenfalls „Train des Pignes". Vergleichen Sie dazu mit 5.5.1.

5.2.3 Toulon–Saint-Tropez–Saint Raphaël (Ligne du Littoral), genannt auch «Le Macaron»

Diese Küstenlinie der SF/CP, ebenfalls Meterspur, war nie mit dem übrigen Netz verbunden. Die Eröffnungen der einzelnen Streckenabschnitte fanden wie folgt statt:
- Saint-Raphaël–Gogolin–Saint-Tropez, 35 km : August 1889
- Gogolin–Hyères, 52 km : August 1890
- Hyères–Toulon, 23 km : August 1905

Zwischen Hyères und Toulon existierte bereits eine Eisenbahn-Strecke der PLM. Diese sah in der geplanten Bahnlinie der „Sud de la France" (SF) erst einen Konkurrenten.

Der Spitzname „Le Macaron" könnte folgendes als Ursache haben: „Macaron" heißt in Frankreich ein aus Mandelteig gebackener Doppelkeks. Diese Süßspeise stammt aus dem arabischen, maurischen

Kulturraum, zu welchem diese Gegend zeitweise auch gehörte. Das durch die Ligne du Littoral befahrene Gebiet schließlich, ist Teil der „Corniche des Maures„, eines felsigen Küstenstreifens, welchen in früheren Zeiten auch maurische Völker bewohnt haben.

Auch diese Bahnstrecke litt unter den Folgen des Kriegs. 1949 wurde sie vollständig eingestellt.

Seit der jüngeren Vergangenheit wird von Plänen berichtet, gemäß denen erwogen wird, auf Streckenabschnitten der ehemaligen Bahntrasse wieder eine Meterspurige Eisenbahn aufzubauen. Inwieweit solche Vorhaben tatsächlich einst umgesetzt werden, kann zurzeit nicht gesagt werden.

5.2.4 Hauptdaten der Strecke Nice CP–Digne-les-Bains

Nachfolgend wird ausschliesslich auf die einzig verbliebene, 150 km lange Strecke „Ligne du Nord" näher eingegangen. Entsprechend ihres überwiegend gebirgigen Charakters weist die Bahnstrecke rund 29 Tunnels auf, welche zusammengerechnet eine Länge von nahezu 10,680 km ergeben. Der Längste, der zwischen Peyresc und Thorame-Haute auf 1023 m ü NN gelegene Scheiteltunnel, ist 3457 m lang. 10 Tunnels weisen eine Länge von je über 200 m auf. Zu den Brücken entlang der Strecke zählen 34 nennenswerte Objekte. Unter ihnen weisen 26 Längen von über 30 m auf.

Die fünf längsten unter ihnen sind die Folgenden:
- Maouna-Viadukt, bei Méailles: 197 m
- Viaduc La Donne-sur-le-Couloup, vor Scaffarels: 136 m
- La Bléone-Viadukt, kurz vor Digne-les-Bains: 128 m
- Viaduc de la Belte, nach Annot: 123 m
- Guillaume-Viadukt, vor Méailles: 121 m

Diese Bahnstrecke der CP weist bemerkenswerte Steigungen auf, wobei auf dem Abschnitt zwischen Pont-de-Gueydan und Peyresc bis zu 30‰ vorkommen. Der Höhenunterschied zwischen dem tiefsten und höchsten Punkt der Strecke beträgt 1001 m, denn Nice CP liegt auf 22 m ü NN, der Scheitelpunkt befindet sich hingegen auf 1023 m ü NN. Der kleinste Kurvenhalbmesser beträgt 150 m. Die Höchstgeschwindigkeit ist 85 km/h.

5.2.5 Die Bahnhöfe und Haltepunkte der Strecke Nice CP–Digne-les-Bains

Die Anzahl der Zwischenbahnhöfe und der Haltepunkte beträgt insgesamt 49, wovon 28 als Haltepunkte mit „Halt auf Verlangen" gelten. Letztere sind auf dem Fahrplänchen mit einem weißen Punkt versehen. Unter jenen Bahnhöfen mit obligatorischem Halt, hat es auch einige Unbediente.

Bahnhof	m ü NN	km	Bemerkungen	
Nice CP	22,0	0,0	Ausgangs- und Endbahnhof 3 Gl.	
Gambetta			HP	
Parc Impérial			HP	
Saint-Philippe			HP	
La Madelaine	63,2	3,0	Zwischenbahnhof	2 Gl.
Crémat-PAL			HP	
Saint-Isidore			HP	
Lingostière	35,8	8, 0	Zwischenbahnhof	2 Gl. + DGl.
Saint-Saveur Centr. Com.			HP	
Bellet			HP	
Colomars-la-Manda	62,3	13,0	Zwischenbahnhof	2 Gl
La Bédoule			HP	
Castagnier			HP	

Bahnhof	m ü NN	km	Bemerkungen	
Saint-Martin-du-Var	109,8	21,0	Zwischenbahnhof	2 Gl. + DGl.
Pont-Charles-Albert			HP	
Baus-Roux			HP	
Plan-du-Var-La-Vésubie	139,5	25,0	Zwischenbahnhof	2 Gl. + DGl.
Le Chaudan			HP	
La Tinée	160,8	29,0	Zwischenbahnhof	1 Gl. + DGl.
Malaussène-Massoins			HP	
Villars-sur-Var	259,5	41,0	Zwischenbahnhof	2 Gl. + DGl.
La Toumel			HP	
Touët-sur-Var	324	48,6	Zwischenbahnhof	2 Gl. + DGl.
Rigaud-Le-Cians			HP	
Les Clos			HP	
Puget-Théniers	407,0	58,0	Zwischenbahnhof	2 Gl. + DGl.
Entrevaux	473,0	65,0	Zwischenbahnhof	
Plan-d'Entrevaux			HP	
Agnerc			HP	
Pont-de-Gueydan	555,0	70,5	Zwischenbahnhof	2 Gl.
Saint-Benoît			HP	
Scaffarels			HP	
Annot	705,3	78,0	Zwischenbahnhof	4 Gl. + DGl.
Les Lunières			HP	
Le Fugeret	837,9	83,0	Zwischenbahnhof	3 Gl.
Méailles			HP	
Peyresc			HP	
Thorame-Haute	1012,0	95,0	Zwischenbahnhof	3 Gl. + DGl.
Allons-Argens			HP	
La Mure			HP	
Saint-André-les-Alpes	909,0	106,9	Zwischenbahnhof	2 Gl. + DGl.
Moriez	892,3	109,0	Zwischenbahnhof	2 Gl.
Barrême	724,3	119,0	Zwischenbahnhof	4 Gl.
Chaudon-Norante	666,0	126,0	Zwischenbahnhof	2 Gl.
Chabrières	619,0	131,0	Zwischenbahnhof	1 Gl.
Mézel-Chateauredon	612,0	137,0	Zwischenbahnhof	3 Gl.
Saint-Jurson			HP	
Golf-de-Digne			HP	
Gaubert			Zwischenbahnhof	2 Gl.
Plan-d'Eau-Férréols			HP	
Digne-les-Bains	695,5	150	Ausgangs- und Endbhf.	2 Gl. + DGl.

Anlässlich eines sehr kurzen Zwischenhalts, konnte der mitreisende Autor im September 1972 in aller Eile in Annot den Autorail ABH 5 ZZ 11 fotografieren.

5.2.6 Streckenplan der SF/CP–ganzes Netz

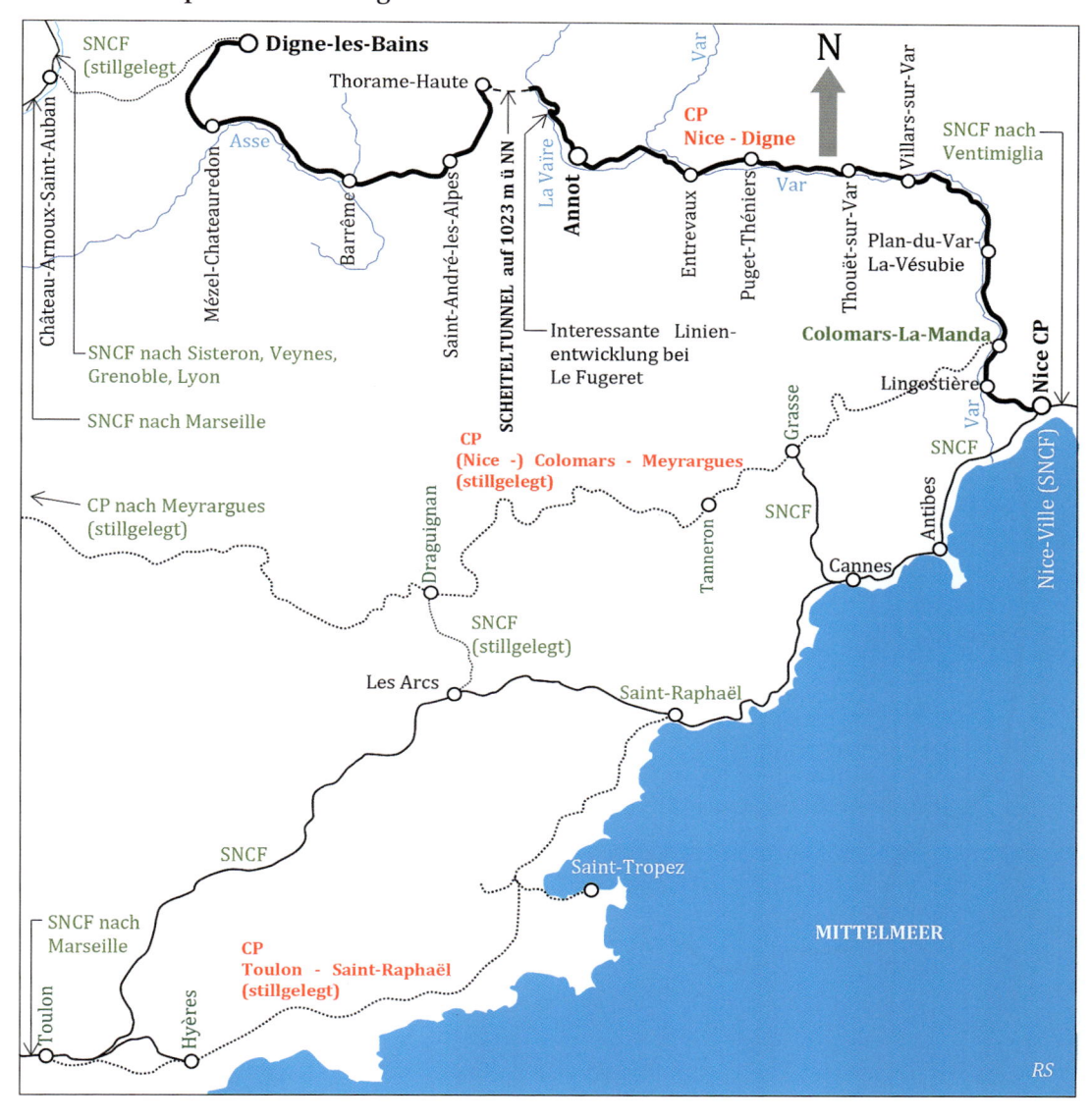

Die Darstellung der stillgelegten und übrigen Eisenbahnstrecken wurde vereinfacht. Auch auf der Strecke Nice – Digne-les-Bains wurden nur die wichtigsten Haltepunkte eingetragen.

Maßstab ~ 1 : 804'000

~ 16 km

— Chemins de Fer de Provence Nice – Digne
···· Chemins de Fer de Provence, stillgelegt
--- SNCF Normalspur, stillgelegt
— SNCF Normalspur

— Fluss
▨ Meer

5.2.7 Streckenplan Teilstrecke Nizza–Colomars-la-Manda

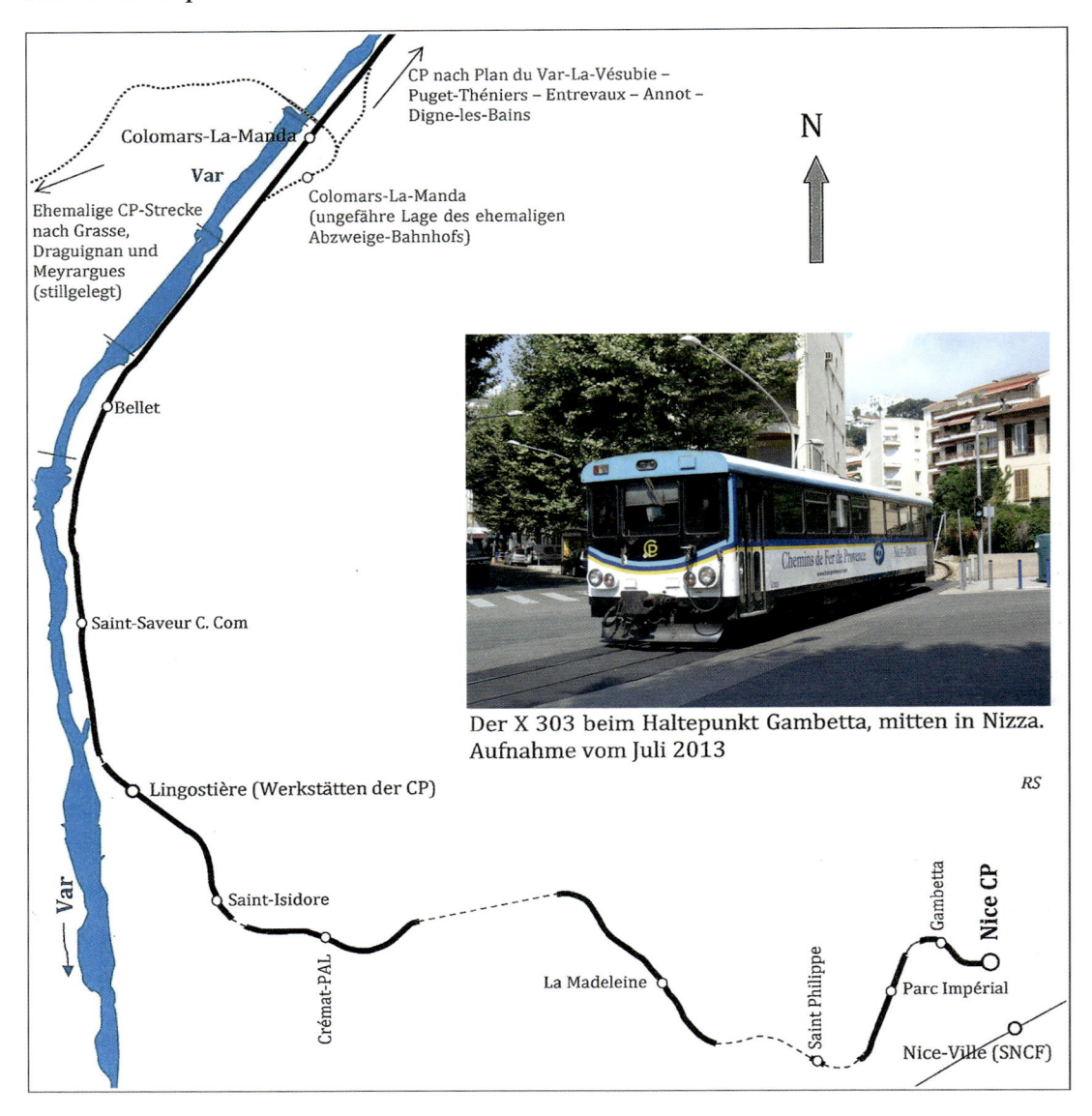

Der X 303 beim Haltepunkt Gambetta, mitten in Nizza. Aufnahme vom Juli 2013

RS

Maßstab ~ 1 : 48'000

~ 960 m

— Chemins de Fer de Provence, Strecke Nice CP – Digne-les-Bains, in Betrieb

- - - - - - Tunnel-Abschnitte

.... Chemins de Fer de Provence, stillgelegt

— SNCF, Linie Marseille - Ventimigla (Normalspur)

~~~ Fluss

5.2.8 Linien-Entwicklung bei Le Fugeret

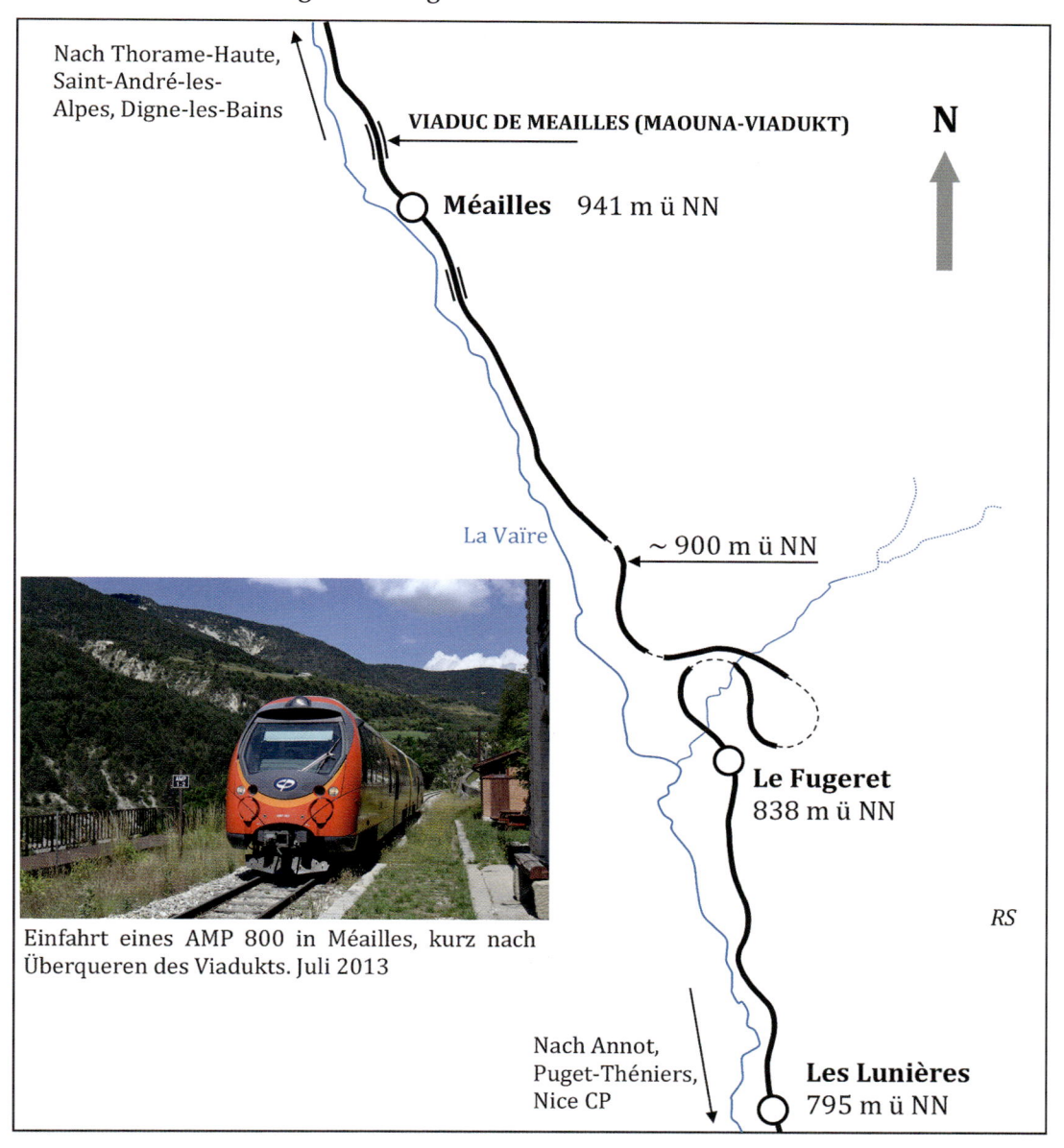

Nach Thorame-Haute, Saint-André-les-Alpes, Digne-les-Bains

VIADUC DE MEAILLES (MAOUNA-VIADUKT)

N

Méailles 941 m ü NN

La Vaïre

~ 900 m ü NN

Le Fugeret
838 m ü NN

RS

Einfahrt eines AMP 800 in Méailles, kurz nach Überqueren des Viadukts. Juli 2013

Nach Annot, Puget-Théniers, Nice CP

Les Lunières
795 m ü NN

Maßstab ~ 1 : 31'500

~ 630 m

────── Chemins de Fer de la Provence (CP)   ────── Fluss

5.2.9 Streckenprofil Nice–Digne-les-Bains

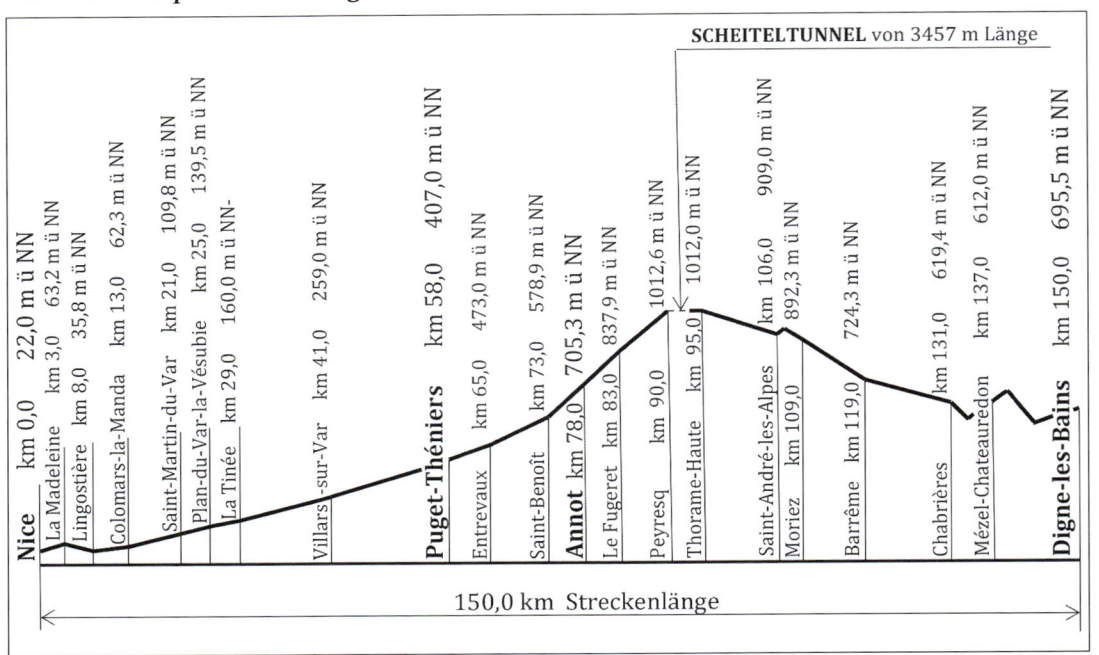

Station	km	Höhe
Nice	km 0,0	22,0 m ü NN
La Madeleine	km 3,0	63,2 m ü NN
Lingostière	km 8,0	35,8 m ü NN
Colomars-la-Manda	km 13,0	62,3 m ü NN
Saint-Martin-du-Var	km 21,0	109,8 m ü NN
Plan-du-Var-la-Vésubie	km 25,0	139,5 m ü NN
La Tinée	km 29,0	160,0 m ü NN
Villars-sur-Var	km 41,0	259,0 m ü NN
Puget-Théniers	km 58,0	407,0 m ü NN
Entrevaux	km 65,0	473,0 m ü NN
Saint-Benoît	km 73,0	578,9 m ü NN
Annot	km 78,0	705,3 m ü NN
Le Fugeret	km 83,0	837,9 m ü NN
Peyresq	km 90,0	1012,6 m ü NN
Thorame-Haute	km 95,0	1012,0 m ü NN
Saint-André-les-Alpes	km 106,0	909,0 m ü NN
Moriez	km 109,0	892,3 m ü NN
Barrême	km 119,0	724,3 m ü NN
Chabrières	km 131,0	619,4 m ü NN
Mézel-Chateauredon	km 137,0	612,0 m ü NN
Digne-les-Bains	km 150,0	695,5 m ü NN

SCHEITELTUNNEL von 3457 m Länge

150,0 km Streckenlänge

Auf 705 m ü NN fährt der „Autorail Double", der Doppeltriebwagen X 351 + XR 1351, von Digne-les-Bains kommend, in den Bahnhof von Annot ein. Der Steuerwagen läuft voraus. Foto Juli 2006.

5.2.10 Bahnhof Nizza (Nice SF/CP und Nice CP neu)
Vergleichspläne zwischen altem und neuem Bahnhof)

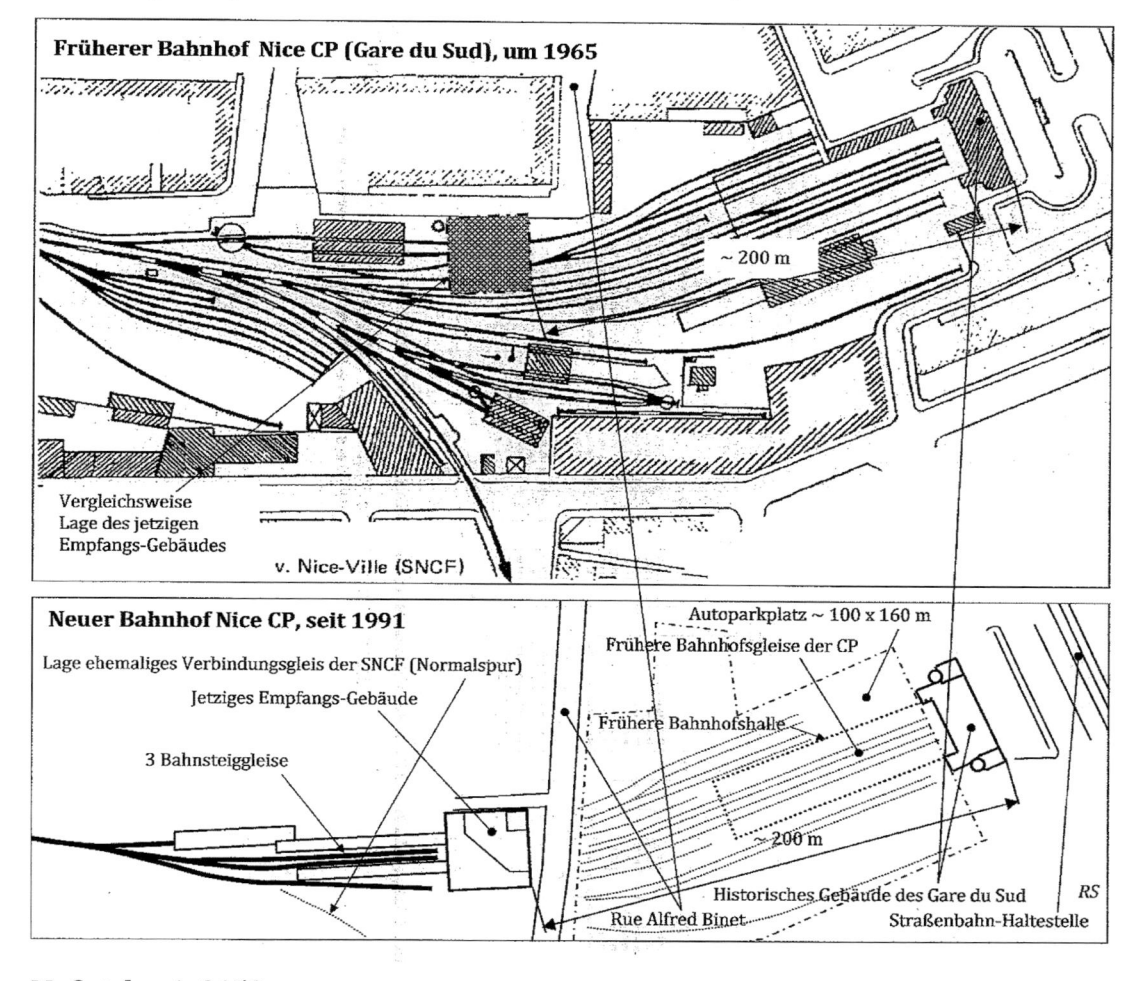

Früherer Bahnhof Nice CP (Gare du Sud), um 1965

~ 200 m

Vergleichsweise Lage des jetzigen Empfangs-Gebäudes

v. Nice-Ville (SNCF)

Neuer Bahnhof Nice CP, seit 1991

Autoparkplatz ~ 100 x 160 m
Frühere Bahnhofsgleise der CP
Lage ehemaliges Verbindungsgleis der SNCF (Normalspur)
Jetziges Empfangs-Gebäude
Frühere Bahnhofshalle
3 Bahnsteiggleise

~ 200 m

Historisches Gebäude des Gare du Sud
Rue Alfred Binet
Straßenbahn-Haltestelle
RS

Maßstab ~ 1: 3150

Es bedeuten auf der Darstellung des neuen Bahnhofs:

▬▬▬▬	Heutige Gleise der CP
--------	Einen Teil der abgebauten Gleise der CP und der SNCF
············	Kontur der alten Bahnhofshalle des Gare du Sud
-·-·-·-	Umgrenzung des großen Parkplatzes

Die Gleisanlagen hatten ursprünglich bedeutende Ausmaße. Nach Neubau und Versetzung des Bahnhofs Nice CP fielen diese wesentlich bescheidener aus. Anstelle eines Teils der Gleisanlagen tritt ein Autoparkplatz. Der Abstand zu der Straßenbahn-Haltestelle wurde um 200 m größer.

5.3 Betriebliche Aspekte
5.3.1 Der Betrieb auf der Strecke Nice CP – Digne-les-Bains

Seit Einstellung des Dampfbetriebs wird der weitaus größte Teil der Personenzüge mit Dieseltriebwagen, den Autorails, abgewickelt. Der Einsatz dieser Fahrzeuggattung geht aber schon in die Dreißigerjahre des letzten Jahrhunderts zurück. Von den Siebziger- und Achtzigerjahren an kamen weitere Autorails hinzu. Die vier AT-Mitteleinstieg-Wagen ermöglichen, zusammen mit einer Diesellok der Reihe T 61 bis 66, die Führung eines Personenzugs. Mit andern, später angeschafften Wagen kann ein Wendezug gebildet werden.

Es gibt heute 4 tägliche, durchgehende Zugspaare von Nizza nach Digne-les-Bains sowie je ein Zusätzliches auf den Teilstrecken Annot–Digne und Annot–Nizza. Zwischen Nizza, Colomars-la-Manda und Plan-du-Var-La Vésubie wurde mit Beginn 1968 ein immer mehr an Bedeutung gewinnender Vorortverkehr aufgebaut. Auf diesen Abschnitten verkehren heute bis zu 23 tägliche Zugspaare.

Auf den CP wurde der Güterverkehr 1977 eingestellt; bedarfsweise verkehren aber weiterhin Güterzüge.

Nach den Fünfzigerjahren wechselten die Verwaltungen der CP, auch in Zusammenhang mit Einstellungsdrohungen, des Öfteren. Die Region PACA gründete 1968 das SYMA, das Syndicat mixte Méditerranée-Alpes, mit einer Betriebskonzession der CP für weitere 99 Jahre. Trotzdem waren die CP immer wieder von Betriebsschließungen bedroht gewesen. Auch die territorialen Ansprüche der Stadt Nizza auf das Areal des alten Bahnhof Nice Gare-du Sud sind in diesem Zusammenhang zu sehen.

Seither hat sich das Interesse zugunsten des öffentlichen Verkehrs leicht verändert. Zum Beispiel hat die Stadt Nizza seit 2007 wieder einen, notabene sehr modernen, Straßenbahnbetrieb, welcher noch weiter ausgebaut werden soll. Die CP gewinnt wieder an Bedeutung. Seit einiger Zeit wird über eine Elektrifizierung der Strecke Nice–Plan-du-Var-La-Vésubie nachgedacht. Zudem lassen neue Fahrzeuge (AMP sowie SFM) einen gewissen Optimismus für die ganze «Ligne du Nord» zu.

Die Signalisierung zwischen Nice und Plan-du-Var geschieht durch einen automatischen Streckenblock. Für den größten Teil der Strecke wird mit Abfahrbefehlen in den Bahnhöfen gefahren, welche sich ihrerseits mit Telefon verständigen. Zusätzlich gibt es den Zugfunk. Die Einführung des automatischen Blocks für die ganze Strecke befindet sich in Vorplanung. In der Vergangenheit gab es stellenweise mechanische Signale, wobei auch das berühmte Carré rouge-blanc (rot-weiß) vorkam. Bei den automatischen Bahnschranken sind für die Züge Freifahrt-Signale installiert worden.

Noch in seiner ursprünglichen, gelben Farbgebung steht 1975 der SY 04, der spätere X 304, «Ville de Digne» im interessanten Bahnhof von Annot abfahrbereit.
Foto: Frank Stenvall.

5.3.2 Fahrplan von 1971

Nachstehend die Kopie des Fahrplans der CP von 1971, dem Kursbuch (Indicateur de la SNCF) Chaix entnommen. Damals musste dieser Fahrplan unter den Verzeichnissen der Busbetriebe herausgesucht werden und war unter der Kursbuchnummer 5920 aufgeführt.

Es gab u. a. vom 30. Juni bis zum 31. August 1971 zwischen den beiden Endpunkten der CP eine saisonale, schnelle Zugsverbindung, eine Art von Expresszug oder „Rapide", mit jeweils nur einem Zwischenhalt in Entrevaux und in Annot. Diese Züge schafften die Strecke Nizza–Digne-les-Bains in beiden Richtungen in 3 Stunden.

Zwischen Digne-les-Bains, Grenoble und Genf bot die SNCF eine Anschlussverbindung mit Reservierungsmöglichkeit an. Es handelte sich hier um den Zug „Alpes-Azur", welcher zwischen 1959 und 1989 verkehrte.

Damals gab es je nach Datum bis zu fünf durchgehende Zugspaare, wovon eines diesen erwähnten „Alpes-Azur" betraf. Der damals noch eher bescheidene Vorortsverkehr zwischen Nizza und Colomars-la-Manda ist ebenfalls daraus ersichtlich. 4 bis 6 Zugspaare fuhren ausschließlich werktags.

Sicht auf die ursprüngliche Bahnhofshalle, Gare du Sud, in Nizza im Jahr 1975. Dem Fotografen begegneten dort zwei interessante Fahrzeuge: Hinter den mit Drehgestellen beladenen Güterwagen steht links ein ABH 5 (ZZ 7 bis ZZ 12). Rechts einer der beiden Billard-Gelenk-Triebwagen oder „autorails articulés" A 150 D 2, die Nr. 223. Aufnahme Frank Stenvall.

5.3.3 Heutige Fiches Horaires der CP

Wie bei der SNCF können auch in den Bahnhöfen der CP schon seit langer Zeit sogenannte Fiches Horaires (kleine Faltfahrplänchen) bezogen werden. Diese sind ebenso über das Internet abrufbar.

Fahrplan (Fiche Horaire) der ganzen CP-Strecke von 2016. Es bleibt bei 4 durchgehenden Zugspaaren. Die Reisezeiten haben sich etwas verkürzt.

FICHE HORAIRES URBAINS

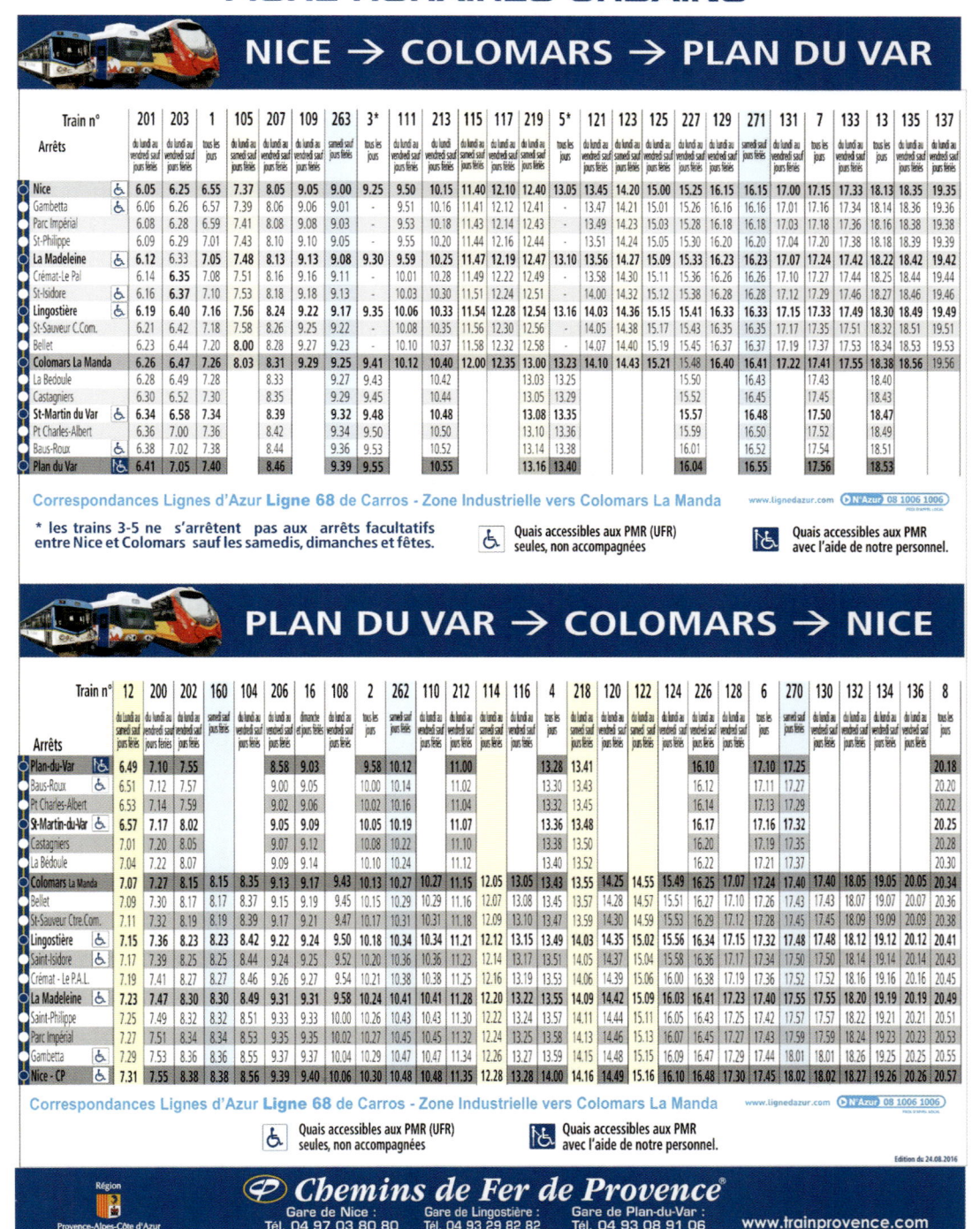

NICE → COLOMARS → PLAN DU VAR

Train n°	201	203	1	105	207	109	263	3*	111	213	115	117	219	5*	121	123	125	227	129	271	131	7	133	13	135	137
Arrêts	du lundi au vendredi sauf jours fériés	du lundi au vendredi sauf jours fériés	tous les jours	du lundi au samedi sauf jours fériés	du lundi au vendredi sauf jours fériés	samedi sauf jours fériés	tous les jours		du lundi au vendredi sauf jours fériés	du lundi au samedi sauf jours fériés	du lundi au vendredi sauf jours fériés	du lundi au vendredi sauf jours fériés	du lundi au samedi sauf jours fériés	tous les jours	du lundi au vendredi sauf jours fériés	du lundi au vendredi sauf jours fériés	du lundi au vendredi sauf jours fériés	du lundi au samedi sauf jours fériés	du lundi au vendredi sauf jours fériés	samedi sauf jours fériés	du lundi au vendredi sauf jours fériés	tous les jours	tous les jours	tous les jours	du lundi au vendredi sauf jours fériés	tous les jours
Nice	6.05	6.25	6.55	7.37	8.05	9.05	9.00	9.25	9.50	10.15	11.40	12.10	12.40	13.05	13.45	14.20	15.00	15.25	16.15	16.15	17.00	17.15	17.33	18.13	18.35	19.35
Gambetta	6.06	6.26	6.57	7.39	8.06	9.06	9.01	-	9.51	10.16	11.41	12.12	12.41	-	13.47	14.21	15.01	15.26	16.16	16.16	17.01	17.16	17.34	18.14	18.36	19.36
Parc Impérial	6.08	6.28	6.59	7.41	8.08	9.08	9.03	-	9.53	10.18	11.43	12.14	12.43	-	13.49	14.23	15.03	15.28	16.18	16.18	17.03	17.18	17.36	18.16	18.38	19.38
St-Philippe	6.09	6.29	7.01	7.43	8.10	9.10	9.05	-	9.55	10.20	11.44	12.16	12.44	-	13.51	14.24	15.05	15.30	16.20	17.04	17.20	17.38	18.18	18.39	19.39	
La Madeleine	6.12	6.33	7.05	7.48	8.13	9.13	9.08	9.30	9.59	10.25	11.47	12.19	12.47	13.10	13.56	14.27	15.09	15.33	16.23	16.23	17.07	17.24	17.42	18.22	18.42	19.42
Crémat-Le Pal	6.14	6.35	7.08	7.51	8.16	9.16	9.11	-	10.01	10.28	11.49	12.22	12.49	-	13.58	14.30	15.11	15.36	16.26	17.10	17.27	17.44	18.25	18.44	19.44	
St-Isidore	6.16	6.37	7.10	7.53	8.18	9.18	9.13	-	10.03	10.30	11.51	12.24	12.51	-	14.00	14.32	15.12	15.38	16.28	17.12	17.29	17.46	18.27	18.46	19.46	
Lingostière	6.19	6.40	7.16	7.56	8.24	9.22	9.17	9.35	10.06	10.33	11.54	12.28	12.54	13.16	14.03	14.36	15.15	15.41	16.33	16.33	17.15	17.33	17.49	18.30	18.49	19.49
St-Sauveur C.Com.	6.21	6.42	7.18	7.58	8.26	9.25	9.22	-	10.08	10.35	11.56	12.30	12.56	-	14.05	14.38	15.17	15.43	16.35	17.17	17.35	17.51	18.32	18.51	19.51	
Bellet	6.23	6.44	7.20	8.00	8.28	9.27	9.23	-	10.10	10.37	11.58	12.32	12.58	-	14.07	14.40	15.19	15.45	16.37	17.19	17.37	17.53	18.34	18.53	19.53	
Colomars La Manda	6.26	6.47	7.26	8.03	8.31	9.29	9.25	9.41	10.12	10.40	12.00	12.35	13.00	13.23	14.10	14.43	15.21	15.48	16.40	16.41	17.22	17.41	17.55	18.38	18.56	19.56
La Bédoule	6.28	6.49	7.28		8.33		9.27		9.43		10.42			13.03	13.25			15.50		16.43		17.43		18.40		
Castagniers	6.30	6.52	7.30		8.35		9.29		9.45		10.44			13.05	13.27			15.52		16.45		17.45		18.43		
St-Martin du Var	6.34	6.58	7.34		8.39		9.32	9.48			10.48			13.08	13.35			15.57		16.48		17.50		18.47		
Pt Charles-Albert	6.36	7.00	7.36		8.42		9.34		9.50		10.50			13.10	13.36			15.59		16.50		17.52		18.49		
Baus-Roux	6.38	7.02	7.38		8.44		9.36		9.53		10.52			13.14	13.38			16.01		16.52		17.54		18.51		
Plan du Var	6.41	7.05	7.40		8.46		9.39	9.55			10.55			13.16	13.40			16.04		16.55		17.56		18.53		

Correspondances Lignes d'Azur **Ligne 68** de Carros - Zone Industrielle vers Colomars La Manda www.lignedazur.com N'Azur 08 1006 1006

* les trains 3-5 ne s'arrêtent pas aux arrêts facultatifs entre Nice et Colomars sauf les samedis, dimanches et fêtes.

Quais accessibles aux PMR (UFR) seules, non accompagnées

Quais accessibles aux PMR avec l'aide de notre personnel.

PLAN DU VAR → COLOMARS → NICE

Train n°	12	200	202	160	104	206	16	108	2	262	110	212	114	116	4	218	120	122	124	226	128	6	270	130	132	134	136	8
Arrêts	du lundi au samedi sauf jours fériés	du lundi au vendredi sauf jours fériés	du lundi au vendredi sauf jours fériés	samedi sauf jours fériés	du lundi au vendredi sauf jours fériés	du lundi au vendredi sauf jours fériés	dimanche et jours fériés	du lundi au vendredi sauf jours fériés	tous les jours	du lundi au vendredi sauf jours fériés	du lundi au vendredi sauf jours fériés	du lundi au samedi sauf jours fériés	du lundi au vendredi sauf jours fériés	tous les jours	du lundi au samedi sauf jours fériés	du lundi au vendredi sauf jours fériés	du lundi au vendredi sauf jours fériés	du lundi au samedi sauf jours fériés	samedi sauf jours fériés	du lundi au vendredi sauf jours fériés	tous les jours	du lundi au vendredi sauf jours fériés	du lundi au vendredi sauf jours fériés	du lundi au vendredi sauf jours fériés	du lundi au vendredi sauf jours fériés	tous les jours		
Plan-du-Var	6.49	7.10	7.55		8.58	9.03		9.58	10.12		11.00			13.28	13.41			16.10		17.10	17.25					20.18		
Baus-Roux	6.51	7.12	7.57		9.00	9.05		10.00	10.14		11.02			13.30	13.43			16.12		17.11	17.27					20.20		
Pt Charles-Albert	6.53	7.14	7.59		9.02	9.06		10.02	10.16		11.04			13.32	13.45			16.14		17.13	17.29					20.22		
St-Martin du Var	6.57	7.17	8.02		9.05	9.09		10.05	10.19		11.07			13.36	13.48			16.17		17.16	17.32					20.25		
Castagniers	7.01	7.20	8.05			9.07	9.12		10.08	10.22		11.10			13.38	13.50			16.20		17.19	17.35					20.28	
La Bédoule	7.04	7.22	8.09			9.09	9.14		10.10	10.24		11.12			13.40	13.52					17.21	17.37					20.30	
Colomars La Manda	7.07	7.27	8.15	8.15	8.35	9.13	9.17	9.43	10.13	10.27	10.27	11.15	12.05	13.05	13.43	13.55	14.25	14.55	15.49	16.25	17.07	17.24	17.40	17.40	18.05	19.05	20.05	20.34
Bellet	7.09	7.30	8.17	8.17	8.37	9.15	9.19	9.45	10.15	10.29	10.29	11.16	12.07	13.08	13.45	13.57	14.28	14.57	15.51	16.27	17.10	17.26	17.43	17.43	18.07	19.07	20.07	20.36
St-Sauveur Ctre.Com.	7.11	7.32	8.19	8.19	8.39	9.17	9.21	9.47	10.17	10.31	10.31	11.18	12.09	13.10	13.47	13.59	14.30	14.59	15.53	16.29	17.12	17.27	17.45	17.45	18.09	19.09	20.09	20.38
Lingostière	7.15	7.36	8.23	8.23	8.42	9.22	9.24	9.50	10.18	10.34	10.34	11.21	12.12	13.15	13.49	14.03	14.35	15.02	15.56	16.34	17.15	17.32	17.48	17.48	18.14	19.12	20.12	20.41
Saint-Isidore	7.17	7.39	8.25	8.25	8.44	9.24	9.25	9.52	10.20	10.36	10.36	11.23	12.14	13.17	13.51	14.05	14.37	15.04	15.58	16.36	17.17	17.34	17.50	17.50	18.16	19.14	20.14	20.43
Crémat - Le P.A.L.	7.19	7.41	8.27	8.27	8.46	9.26	9.27	9.54	10.21	10.38	10.38	11.25	12.16	13.19	13.53	14.06	14.39	15.06	16.00	16.38	17.19	17.36	17.52	17.52	18.16	19.16	20.16	20.45
La Madeleine	7.23	7.47	8.30	8.30	8.49	9.31	9.31	9.58	10.24	10.41	10.41	11.28	12.20	13.22	13.55	14.09	14.42	15.09	16.03	16.41	17.23	17.40	17.55	17.55	18.20	19.19	20.19	20.49
Saint-Philippe	7.25	7.49	8.32	8.32	8.51	9.33	9.33	10.00	10.26	10.43	10.43	11.30	12.23	13.24	13.57	14.11	14.44	15.11	16.05	16.43	17.25	17.42	17.57	17.57	18.22	19.21	20.21	20.51
Parc Imperial	7.27	7.51	8.34	8.34	8.53	9.35	9.35	10.02	10.28	10.45	10.45	11.32	12.24	13.26	13.59	14.14	14.46	15.13	16.07	16.45	17.27	17.44	17.59	17.59	18.24	19.23	20.23	20.53
Gambetta	7.29	7.53	8.36	8.36	8.55	9.37	9.37	10.04	10.30	10.47	10.47	11.34	12.26	13.28	14.01	14.15	14.47	15.15	16.09	16.47	17.29	17.44	18.01	18.01	18.26	19.25	20.25	20.55
Nice - CP	7.31	7.55	8.38	8.38	8.56	9.39	9.40	10.06	10.30	10.48	10.48	11.35	12.28	13.28	14.00	14.16	14.49	15.16	16.10	16.48	17.30	17.45	18.02	18.02	18.27	19.26	20.26	20.57

Correspondances Lignes d'Azur **Ligne 68** de Carros - Zone Industrielle vers Colomars La Manda www.lignedazur.com N'Azur 08 1006 1006

Quais accessibles aux PMR (UFR) seules, non accompagnées

Quais accessibles aux PMR avec l'aide de notre personnel.

Edition du 24.08.2016

Région Provence-Alpes-Côte d'Azur — **Chemins de Fer de Provence**®
Gare de Nice : Tél. 04 97 03 80 80 — Gare de Lingostière : Tél. 04 93 29 82 82 — Gare de Plan-du-Var : Tél. 04 93 08 91 06 — www.trainprovence.com

Fahrplan (Fiche Horaire) des Nizzaer Vorortverkehrs der CP von 2016
Der Vollständigkeit wegen, soll an dieser Stelle erwähnt werden, dass die SNCF an der Côte d'Azur, zwischen Ventimiglia, Menton, Nice-Ville, Cannes und weiter, natürlich auch einen S-Bahn-Betrieb („TER-Provence-Alpes-Côte d'Azur" – PACA) unterhält.

5.4 Von Nice CP (Nizza) nach Digne-les-Bains

Nachfolgend wird die einzige verbliebene Strecke der CP, die Ligne du Nord, anhand einer schönen Fahrt beschrieben.

Ausgehend von dem drei Bahnsteiggleise aufweisenden Bahnhof Nice CP, verläuft die einspurige Strecke zunächst im Stadtbereich von Nizza. Es geht bald an Häusern, über Straßenkreuzungen, durch Tunnels und an steilen, teils bebauten Abhängen vorbei. Nach drei kleinen Haltepunkten wird der sehr malerisch gelegene Kreuzungsbahnhof La-Madeleine erreicht. Nach Überqueren eines Viadukts verschwindet der Zug schon bald in einem längeren Tunnel, um darauf hin nach Durchfahrt zweier, weiterer Haltepunkte nach Lingostière zu gelangen. Seit 1975 befinden sich dort die umfangreichen Werkstätten und das Bw der Bahn. Die ausgeprägt hügelige Topografie ändert sich von nun an zu Gunsten eines gemäßigten, weiteren Geländes merklich. Die Trasse folgt dem Fluss Var, bald schnurgerade, bald den Krümmungen des Flusses folgend und fast unmerklich ansteigend. Die Gebirgszüge halten sich noch im Hintergrund. Mehrere Staustufen mit entsprechenden Niederdruck-Flusskraftwerken folgen in kurzen Abständen.

Nach Passieren von zwei Haltepunkten erreicht die Bahn den zweigleisigen Bahnhof Colomars-la-Manda. Die jetzigen, direkt am Var gelegenen, geraden Gleisanlagen, waren erst nach Aufhebung der Bahnlinie nach Grasse, Draguignan und Meyrargues entstanden. Von der einstigen Abzweigung ist bei genauerer Erkundung noch das eine oder andere Relikt zu entdecken. Exakt an der Stelle der früheren doppelstöckigen Brücke über den Var entstand eine Neue. Der früheren, in einem schlaufenartigen Gleisbogen in Richtung Brücke verlaufenden, ehemaligen Bahntrasse genau folgend, wurde eine Straße namens „Avenue du Train des Pignes" errichtet. Das frühere Bahnhofsgebäude, das Gebäude des Lokschuppens und sogar die ehemalige Bahnhofsgaststätte blieben, äußerlich gesehen, erhalten.

Colomars-la-Manda wird heute von den Zügen des Vorortverkehrs erreicht. Ein Teil der Vorort-Züge fährt bis Plan-du-Var-La-Vésubie weiter. Stets der linken Seite des Flusses entlang folgend, erreicht der Zug, insgesamt 25 km nach Nizza, den Bahnhof Plan-du-Var-La-Vésubie.

Das Tal verengt sich und fast unerwartet führen die Schienen durch eine wilde und äußerst eindrückliche Schlucht. Innerhalb dieser wird der Var auf einer Brücke überquert. Erst bei Villars-sur-Var weitet sich das nach wie vor von hohen Bergen der „Alpes Maritimes" gesäumte Tal wieder etwas aus. Nach passieren einer weiteren Brücke strebt die Bahn Thouët-sur-Var entgegen, um gut 9 km danach das etwas größere regionale Zentrum Puget-Théniers zu erreichen. Auf den Abstellgleisen kann hier je nachdem zahlreiches Rollmaterial beobachtet werden. Die GECP hat außerdem ihre historischen Loks und Wagen in den Remisen untergebracht. Es gibt eine Drehscheibe und weitere Bahn-Infrastrukturen, so dass sich der Ort als Zwischenhalt für Bahnreisende und Eisenbahnfreunde auf alle Fälle lohnt. Außerdem sind hier Angebote und Infostellen des lokalen Tourismus, einschließlich jenem um den „Train des Pignes", untergebracht. Erst nochmals ein gutes Stück der linken Seite des Var folgend, erreicht der Zug, nach Wechseln auf die andere Flussseite, die sehr interessante Kleinstadt Entrevaux, dessen historischer, mit Mauern umgebener, Stadtkern durch den Var in einem Bogen umschlossen ist. Nun auf der rechten Flussseite, geht es, nach einem kurzen Tunnel und an Schutz-Verbauungen vorbei nach Pont-Gueydan. Nach Verlassen des Tal des Var folgt die Trasse der Vaïre und nach einer zunehmend steigungsreicheren Streckenführung - bis zu 30‰ - wird Annot auf einer Seehöhe von 705 m ü NN und 78 km nach Nizza erreicht. Annot ist bahnbetrieblich gesehen der wichtigste Zwischenbahnhof der Strecke. Nebst Bahnhofsgebäuden, Lokremisen, einer Drehscheibe und einem Wasserturm, wartet ein historisch interessanter Ortskern auf die Besucher. Bisher wurden 18 Tunnels und 11 größere Brücken oder Viadukte befahren sowie 31 Bahnhöfe oder

Haltepunkte passiert.

Tunnels und Viadukte werden von nun an noch zahlreicher. Bei Le Fugeret wird eine interessante Linienführung mit doppelter Schlaufe befahren. Nach dem Haltepunkt Peyresc wird im 3457 m langen „La Colle-Saint-Michel"-Tunnel auf einer Seehöhe von 1023 m ü NN der Scheitelpunkt der ganzen Strecke erreicht. Kurz darauf fährt der Zug in den höchstgelegenen Bahnhof der CP, dem etwas einsam und abgelegenen Thorame-Haute (1012 m ü NN) ein. In stetem Gefälle wird 106 km nach Nice CP Saint-André-les-Alpes in einer Hochtal ähnlichen Landschaft erreicht. Ganz in der Nähe des Dorfes trifft man auf den landschaftlich schönen See der Talsperre „Barrage de Castillon". Nach einem 1195 m langen Tunnel verläuft die Trasse zwischen Barrême und Mézel-Chateauredon im Tal der Asse.

Etwas ansteigend, dann wieder fallend und nochmals ansteigend erreicht der Zug nach insgesamt 150 km Digne-les-Bains auf 595 m ü NN.

Früher konnte hier, wie bereits erwähnt, auf die Züge der SNCF umgestiegen werden. Der Betrieb auf der normalspurigen Bahnlinie zwischen Château-Arnoux-Saint-Auban und Digne-les-Bains ist seit 1989 vollständig eingestellt. Schon 1972 wurden die Regionalbahnzüge durch „Autocars à tarification SNCF", also durch Bahnbusse, ersetzt.

Die Strecke Nice CP – Digne-les-Bains stellt aber nach wie vor die kürzeste, jedoch nicht unbedingt die schnellste, Eisenbahn-Verbindung zwischen den Städten Nizza und Grenoble dar.

Nachfolgend sei eine kleine Betrachtung eingefügt:

Eine nach wie vor sehr lohnende Fahrt von Grenoble über die CP nach Nizza (Nice) sieht zurzeit in etwa folgendermaßen aus:
- Grenoble – Veynes-Dévoluy: SNCF, mit TER-Zug (analog Regionalbahn) ~ 2,0 Std.
- Veynes-Dévoluy–Digne-les-Bains: Mit Bus (Autocar SNCF) ~ 1,8 Std.
- Digne-les-Bains–Nice CP: Mit der CP ~ 3,2 Std.
- Zusammen, Umsteigezeit nicht mitgerechnet: ~ 7,0 Std.

Zum Vergleich:
Wohlbemerkt reservierungspflichtige TGV-Verbindungen zwischen Grenoble und Nice--Ville benötigen, bei notwendigem Umweg über Marseille und einer Busstrecke Grenoble –Valence, etwa 6 Stunden, wobei jedoch ebenfalls 2-mal umgestiegen werden muss!

Eine sehr wünschenswerte Wiedereröffnung der Strecke Château-Arnoux-Saint-Auban – Digne-les-Bains wird zurzeit diskutiert. Direkte TER-Züge aus Grenoble z.B. würden die Fahrzeit erheblich verkürzen.

Stimmung in Annot. Links: Wagen des „Train des Pignes", rechts die X 305 und 306, Juli 2006.

Bahnhof Nice Gare du Sud
Oben und Mitte: Das erhaltene, historische Aufnahmegebäude.
Auf dem oberen Foto ist die Straßenseite, auf dem mittleren die Gleisseite, welche teils durch die Bahnhofshalle verdeckt war, abgebildet. Beim Vergleich mit dem untersten Foto kann auf Grund der drei mittleren, oben abgerundeten Fenstern, der damalige Zusammenbau erkennt werden. Juli 2013.

Unten:
Im September 1972 stand die „Gare du Sud" noch vollständig in Betrieb. Die schöne Bahnhofshalle beherbergte vier Gleise, wobei deren zwei an Bahnsteigen lagen. Von den sichtbaren Autorails ist im Vordergrund ein ABH 1 erkennbar. 1991 wurde der neue Bahnhof von Nizza gebaut und die alte Bahnhofshalle leider abgebrochen.

Der X 301 „Côte d' Azur" steht auf einem der Zwischengleise im alten Bahnhof Nice Gare du Sud/ Nice CP. Juli 1984.

Im Juli 1984 stand auch noch dieser Lokschuppen beim Bahnhof Gare du Sud in Nizza. Der Autorail Renault ABH 1, der ZZ 2 und spätere ZZ 22 verfügt über vergrößerte Abteilfenster (Bauart Klein).

Der neue Bahnhof der CP in Nizza:
Oben:
Das moderne, leider um 200 m zurückversetzte, Aufnahme-Gebäude liegt an der Rue Alfred Binet. Juli 2013.

Mitte:
Die Gleisseite mit den drei Bahnsteigen des seit 1991 in Betrieb stehenden Bahnhofs. Soeben war der X 351/XR 1351 eingefahren. Ganz im Hintergrund steht ein X 301-304. Foto Juli 2006.

Unten:
Mittelbahnsteig in Richtung Aufnahme-Gebäude gesehen, stehen links: Ein X 301 bis 304 sowie weitere Autorails. Rechts ein AMP 800. Juli 2013.

Links: Autorail X 307, ehemals CFC / SNCF X 2003, verlässt Nice CP in Richtung Colomars-La-Manda. Juli 2010.

Mitte: Die T 62 wartet mit Wendezug, aus XR 1372 und XR 1376 bestehend, beim Ausfahrtgleis von Nizza. Juli 2010.

Unten: Der CFD-Autorail X 302 überquert die Rue Gambetta beim gleichnamigen Haltepunkt. Aufgenommen im Juli 2013.

Sicht auf den schön gelegenen Kreuzungsbahnhof La Madelaine, 3 km nach Nice CP, wohin dieser AMP 800 gleich los fährt. Auf dem Gleis 2 verlässt ein X 301 bis 304 den Bahnhof in Richtung Colomars-La-Manda. Aufnahme vom Juli 2013.

Vorortverkehr von Nizza der CP: Der X 305 steht im Kreuzungsbahnhof La Madelaine auf dem Gleis 1 zur Abfahrt nach Nice CP bereit. Aufnahme vom Juli 2013.

Oben: Vor den Werkstätten der CP in Lingostière stehen gleich 3 Dieselloks: Sichtbar sind die BB 1200 und die T 62. Juli 2013.

Mitte: Sicht auf die Eingangstore der Werkstätten von Lingostière, Juli 2013: Links kann ein aufgebockter AMP 800 erkennt werden, rechts der X 307 ehemals der CFC/SNCF Korsika.

Unten: Ein X 301 bis 304 fährt, an den T 62 und T 66 vorbei, in Lingostière ein. Juli 2013.

Zugsbegegnung in Lingostière: AMP 800 und X 301 bis 304. Juli 2011.

Seit Schließung der Strecke nach Grasse, Draguignan und Meyrargues wurde der Bahnhof von Colomars-La-Manda als Kreuzungsstation neu angelegt und befindet sich nahe dem Fluss Var. Bis hierhin fahren die meisten Züge des Vorortverkehrs. Auf dem Foto begegnet der AMP 803/804 nach Digneles-Bains einem X 301 bis 304. Aufnahme vom Juli 2013.

Nach Plan-du-Var-La-Vésubie folgt der Eingang in den landschaftlich wilden Streckenteil des Gorges du Var, der Var-Schlucht. Zwei AMP 800 haben hier Zugskreuzung. Juli 2013.

Die 120+030 T Nr. E 211 der GECP (ehemals den CP Portugal gehörend) im Bahnhof von Villars-sur-Var mit fünf Wagen des „Train des Pignes". Foto: Juli 2011.

Der Bahnhof Villars-sur-Var bietet ein gewisses touristisches Angebot. Links ist die Mallet-Lok 120+030 T Nr. E 211 zu sehen. Juli 2011.

Ausfahrt des X 304 aus dem Bahnhof Puget-Théniers. Er führt eine Remorque d'Autorail, ein Triebwagen-Anhängewagen, den XR 1331, mit. Aufnahme vom Juli 2006.

Ein schöner Zug steht im Bahnhof Puget-Théniers: Die Lok 120+030 T Nr. E 211 mit dem „Train des Pignes". Juli 2011.

Im Bahnhof Puget-Théniers steht die dieselelektrische Bo'Bo'-Lok T 62 vor einem Güterzug. Aufnahme vom Juli 2011.

Einfahrt des AMP 803/804 in Entrevaux aus Richtung Digne-les-Bains, nach Fahrt durch den kurzen Tunnel, unmittelbar vor dem Bahnhof. Aufnahme vom Juli 2013.

Zugsbegegnung zwischen dem „Train des Pignes" mit der 230 T Nr. E 327 und dem Autorail double, dem Doppeltriebwagen X 351/XR 1351, als fahrplanmäßiger Zug nach Digne-les-Bains. Letzterer wird hier den Touristenzug überholen. Da bleibt dessen Fahrgästen noch etwas Zeit, sich „die Füße zu vertreten". Für eine Besichtigung der sehr interessanten, historischen Altstadt von Entrevaux müsste ein längerer Aufenthalt eingerechnet werden. Juli 2006

Oben:
Im Juli 2006 war die Lok 230 T Nr. E 327 (ehemaliges früheres bretonisches Meterspurnetz) mit dem „Train des Pignes" unterwegs.
Das Bild entstand bei einem Zwischenhalt in Entrevaux.

Mitte:
Der Doppeltriebwagen X 351 / XR 1351, mit Bestimmung Digne-les-Bains, fährt soeben in den, nach dem Bahnhof von Entrevaux folgenden, Tunnel ein. Juli 2006.

Unten:
Auf der Strecke zwischen den Haltepunkten Plan d' Entrevaux und Agnerc waren zwei solcher Schutz-Verbauungen gebaut worden. Foto: Juli 2013.

Oben:
Kurzer Zwischenhalt des „Train des Pignes" in Saint-Benoît, kurz vor Annot, mit der Lok 230 T Nr. E 327. Juli 2006.

Mitte:
Der „Train des Pignes" war in Annot auf 705,3 m ü NN angekommen. Nach der Lok folgen die Wagen J-178, B-220, B-505, B-31 und B-32. Foto: Juli 2006.

Unten:
Die Lok des „Train des Pignes", die 230T Nr. E327, war zur Rückfahrt Richtung Puget-Théniers auf der Drehscheibe gedreht worden. Foto in Annot, Juli 2006.

Die beiden CFD-Autorails X 305 und X 306 bei einem kurzen Zwischenhalt in Annot. Juli 2006.

Der insgesamt 197 m lange Maouna-Viadukt oberhalb von Méailles, dessen Hauptteil aus 9 Bögen zu 15 m Licht-Maß besteht, wird soeben von einem AMP 800 überquert. Dieser Fotostandpunkt ist vom gleichnamigen Haltepunkt Méailles der CP aus zu Fuß gut erreichbar. Sicht in Richtung Digne-les-Bains. Juli 2013.

Im höchsten Bahnhof der CP, in Thorame-Haute, auf 1012 m ü NN, gibt „La Cheffe de Gare", die Bahnhofs-Vorsteherin, den Abfahrbefehl. Aufnahme vom Juli 2013.

Der AMP 807/808 hat in Saint-André-les-Alpes Einfahrt. Juli 2013.

In Digne-les-Bains, als die SNCF noch anwesend war. Von l. nach r.: Rangierender SNCF-Zug, CP: Autorail ABH 5 ZZ-11, RL-1 bis 7, SY 02, (X 302) in der gelben Farbgebung. September 1972.

Rechts: Das Aufnahmegebäude der Sud de France (SF) in Digne-les-Bains wird heute als solches nicht mehr genutzt. Es liegt gegenüber dem ehemaligen PLM-Gebäude (heute SNCF). Die CP hat sich dort eingemietet. Aufnahme vom Juli 2013.

Unten: Die X 302 und 303 auf der Meterspur des SNCF-Bahnhofs von Digne-les-Bains, dessen Aufnahmegebäude am linken Bildrand sichtbar ist. Foto: Juli 2013.

5.5 Die Fahrzeuge der Chemins de Fer de Provence

5.5.1 Dampflokomotiven

Die Eisenbahn Sud de la France (SF), die späteren Chemins de Fer de Provence (CP), besaßen eine große Anzahl von Dampfloks verschiedener Bauart: Auf dem Réseau des Alpes, also den einst zwei von Nizza ausgehenden Strecken, waren folgende Baureihen eingesetzt worden:

030 A	Nrn. 1–4	C-Schlepptenderlok
120 B	Nrn. 5–12	1'B-Schlepptenderlok
020+020 T C	Nrn. 13–18 sowie 31 und 32	B'B-Mallet-Tenderlok
031 T D	Nrn. 20–23	C1'-Tenderlok
230 T E	Nrn. 81–98 und 126–130	2'C-Tenderlok
230 T F	Nrn. 101–105	2'C-Tenderlok

Des Weiteren existierten noch einige Einzelbauarten. Von andern Meterspurbahnen, einschließlich der CP-eigenen „Ligne du Littoral" Toulon–Saint-Raphaël, kamen zeitweise ebenfalls Dampfloks zum Einsatz.

Auf den CP fuhren zudem „beschlagnahmte", Schlepptenderloks einer schweren Bauart, Typ 141, Achsfolge 1'D1'. Sie waren zur Hauptsache für die ostafrikanischen Eisenbahnstrecken Dakar (Senegal)–Niger und Abidjan (Elfenbeinküste)–Niger bestimmt. Wie kam es dazu? Die Lokfabrik von Corpet-Louvet in La Courneuve (bei Paris), in welcher im Jahr 1942 die Produktion der 2. Serie dieser Lokbaureihe beinahe abgeschlossen war, soll durch eine mit den Kolonien in Bezug stehenden Bewegung besetzt gehalten worden sein. Die Fabrik stand aber gleichzeitig unter Kontrolle der deutschen Besatzer. Die Loks wurden also erst einmal nicht ausgeliefert und fanden innerhalb Frankreichs einen vorübergehenden, Kriegs bedingten Einsatz. Erst nach 1945 wurden sie an die Bestimmungsorte geliefert.

Auf der Ligne du Littoral standen insgesamt 23 Lokomotiven der folgenden Bauarten im Einsatz:

130 T „Pinguely"	1'C-Tenderlok
230 T „Pinguely"	2'C-Tenderlok
121 T „SACM"	1'B1'-Tenderlok
230 T „SACM"	2'C-Tenderlok

Sowie weitere Tenderlok-Bauarten von Corpet-Louvet

Seit 1980 fahren wieder Dampfloks auf den CP. Unter dem Namen „Train des Pignes" führt die GECP, die „Groupe d'Etudes des Chemins de Fer de Provence", seither Dampflok bespannte Touristenzüge auf Teilstrecken. Diese fahren z.B. zwischen Villars-sur-Var und Puget-Théniers sowie zwischen dort und Annot. Fahrten direkt ab Nizza sind eher selten. Jedenfalls finden diese Fahrten stets ein begeistertes Publikum.

Zurzeit befinden sich zwei Dampfloks im Bestand der GECP:

230 T	Nr. E 327	2'C-Tenderlok, ehemals ETAT/SNCF Bretagne
120+030 T	Nr. E 211	(1´B)C-Mallet-Tenderlok ehemals CP Portugal

Beide Loks stammen also ursprünglich nicht von den CP Provence. Interessant ist dabei die Feststellung, dass die Mallet-Lok von der Portugiesischen Staatsbahn CP übernommen wurde, also sozusagen von CP zu CP. Das E vor der Loknummer bedeutet in beiden Sprachen die Abkürzung für Schmalspur: Französisch E = Voie Étroite, Portugiesisch E = Via Estreita.

5.5.2 Diesellokomotiven

Auf den Strecken nach Digne-les-Bains und Meyrargues kamen zwei aus Dampfloks umgebaute Diesellokomotiven zum Einsatz. Es waren dies eine 030 Nr. 51 (C-gekuppelt) sowie eine 040 Nr. 52 (D-gekuppelt). Nach 1951 wurden die dieselelektrischen Bo'Bo'-Loks T 61–65, von Brissonneau & Lotz, angeschafft. Sie waren in erster Linie für den einst bedeutenden Güterverkehr eingesetzt worden. Zusätzlich fuhren sie, zusammen mit den vier Mitteleinstiegs-Reisezugwagen AT 1–AT 4, auch Personenzüge. Eine baugleiche T 66 kam später hinzu. Heute sind nur noch diese und die T 62 vorhanden. In neuerer Zeit kam eine von ihnen mit einem Wendezug mit Steuer- und Zwischenwagen zum Einsatz. Drei, vorübergehend zeitgleich eingesetzte CFD-B'B'-Diesellokomitiven mit Mittelführerstand hatten folgenden Werdegang: Die BB 401 und 402 wurden 1963 der PO-Corrèze geliefert. Sie kamen 1971 zu den CP. Nach Ende Güterverkehr wurde die BB 402 erst abgestellt und danach 2001 den CFV abgegeben. Die BB 401 führte einige Touristenzüge und wurde schlußendlich abgestellt. 2016 übernahm sie eine Touristenbahn in der Bretagne. Die BB 403 (Baujahr 1963), bei den CP erst als BB 53 bezeichnet, fuhr bis 1969 als 040-003 bei den CFV. 1974 kam sie zu den CFC Korsika und erhielt die Nr. BB 404. Es gesellte sich die baugleiche BB 405 dazu. Beide Loks kamen vor kurzer Zeit ebenfalls zu den CFV. Mit der von der spanischen FEVE übernommenen, dieselhydraulischen B'B'-Lok, die BB 1200 von Henschel, wurde ein kräftiges Triebfahrzeug beschafft. Diese Lok ist technisch eindeutig von der V 160 / 216 der DB abgeleitet und damit sowas wie deren Schmalspurvariante. Eine sehr ähnliche Lokomotiv-Bauart gibt es zudem bei den 760 mm-Spur-Eisenbahnen in Bulgarien (BDŽ).

5.5.3 Dieseltriebwagen (Autorails)

Noch lange vor Ende des Dampfbetriebs wurden bereits Autorails für den Personenverkehr eingesetzt. Sehr charakteristisch für die CP waren die Renault-Baureihen ABH 1 (die ZZ 1–6) von 1935, gefolgt von den ABH 5 (den ZZ 7–12) von 1942. Aus diesen Renault ABH waren in der Folge weitere Varianten entwickelt worden, welche u. a. für den Export an afrikanische Eisenbahnen bestimmt waren. Schließlich kannten die Eisenbahnen Korsikas um 1950 mit den ABH 8 den letzten Stand der Entwicklung.

Dennoch wurden für die Ligne du Littoral zwischen 1935 und 1938 Autorails eines anderen Konzepts in Betrieb genommen: Die Doppeltriebwagen ZM + ZR Nrn. 1–14 von Brissonneau & Lotz. Auf der Linie nach Digne-les-Bains fuhren zeitweise auch die beiden Billard-Autorails A 150 D, Nrn. 211 und 212 sowie die „autorails articulés" (Gelenktriebwagen), Bauart A 150 D 2 von Billard.

Nach der Beschaffung der zweiten Bauart der Renault ABH vergingen fast 30 Jahre ehe neue Fahrzeuge angeschafft wurden. Nach 1971 wurden die X 301–304, anfänglich als SY 01–04 bezeichnet, geliefert. Diese Autorails von CFD stellten in vieler Hinsicht ein Novum dar. Schon ihr Äußeres überraschte. Wohl vom damaligen Zeitgeist beeinflusst, wurde bewusst eine etwas an einen Autobus erinnernde Konstruktion gewählt, doch das Ergebnis ließ sich trotzdem sehen. Diese mit zwei Unterflur-Motoren ausgerüsteten, dieselhydraulischen Fahrzeuge mit Panoramafenstern, bequemen Sitzen und guten Fahreigenschaften waren auf alle Fälle eine schöne Bereicherung der Triebfahrzeugparks. In Anlehnung an eine Bestellung der CFC Korsika wurden 1977 zwei weitere Fahrzeuge ähnlichen Grundkonzepts, jedoch in geänderter Formgebung beschafft. Es waren dies die SY 05 und 06, die späteren X 305 und 306. Ihre Farbgebung in Rot und Silber und der Verlauf der Farbtrennlinien sollten offenbar an die damals modernsten E-Loks der SNCF, die BB 15000 und CC 6500, erinnern.

1984 kam ein neuer Autorail zu den CP; ein aus permanent gekuppeltem Trieb- und Steuerwagen bestehender Doppeltriebwagen, der X 351 + XR 1351. Diese Fahrzeugeinheit wurde kürzlich modernisiert.

1987 fuhr der Verney-Autorail X 224 der SNCF-BA auf einer Teilstrecke bei Nizza.

Der mit den X 305 und 306 fast baugleiche

X 307 wurde von den CFC Korsika, dort erst als X 1203, dann als X 2003 bezeichnet, übernommen. Dieses Fahrzeug erhielt bei den CP eine gründliche Modernisierung.

2010 änderte sich das Konzept der neu beschafften Autorails nochmals deutlich. Von CFD in Bagnères-de-Bigorre wurden, als absolute Spitzenprodukte modernen Waggonbaus für Meterspur, die acht AMP 800 geliefert. Es sind Doppeltriebwagen mit bequemen Einstiegen und Panoramafenstern, jeweils aus zwei nahezu symmetrischen Wagenhälften bestehend. Immer zwei Nummern bilden eine Einheit; z.B. AMP 801+802.

Die Herstellerbezeichnung AMG bedeutet „Autorail Métrique à Grande Capacité", was so viel heisst wie meterspuriger Großraum-Triebwagen. Drei Eisenbahn-Betriebe beschafften diese Fahrzeug-Bauart gleichzeitig: Die CFC Korsika (dort als AMG bezeichnet), die SNCFT (Tunesische Staatsbahn, laufen dort als AMT) und eben die AMP der CP.

2016 kamen nochmals weitere Autorails zu den CP. Es ist ein Kauf aus zweiter Hand. Sie stammen von den SFM (Serveis Ferroviaris de Mallorca). Diese ebenfalls dieselhydraulischen Doppeltriebwagen der Baureihe 6100 waren klar für den Vorortverkehr konzipiert worden. Sie werden auf den CP wohl auch entsprechend eingesetzt werden. Zuvor sind jedoch ein paar Umbauarbeiten notwendig. So gab es z.B. auf den SFM Hochbahnsteige, der Grund, weshalb die CP entsprechende Anpassungsarbeiten an den Einstiegen durchführen werden.

5.5.4 Reisezugwagen: Personenwagen, Packwagen und Postwagen

Zweiachsige Fahrzeuge gehörten am Anfang zum umfangreichen Bestand an Reisezugwagen. Abteilwagen mit Einzel-Außentüren und durchgehenden Trittbrettern, wie etwa bei der BA, waren indes nicht anzutreffen. Wenige Zeit später waren klassische, vierachsige Drehgestell-Wagen mit offenen Plattformen zusätzlich in Betrieb genommen worden. Dank der Initiative der GECP ist mit dem restaurierten B-505 ein schönes Exemplar und ein absolutes Glanzstück betriebsfähig erhalten geblieben.

Nebst reinen Packwagen, sowohl als Zweiachser als auch als Vierachser, gab es kombinierte 2. Klasse-, Pack- und Postwagen BDP oder auch nur DP. Der DP-501 gehört heute ebenfalls zum historischen Rollmaterial der CP.

Im Jahre 1949 kamen interessante Umbauwagen mit Mitteleinstieg zum Bestand der CP: Die vier AT 1–AT 4. Sie wurden später in XR 1341–1344 umgezeichnet. Nachdem sie abgestellt wurden, fanden XR 1341 und 1344 eine Aufnahme bei „Chemin de Fer Bon Repos" (Bretagne) und der XR 1343 bei „Chemin De Fer Historique De La Voie Sacrée» (Champagne-Ardenne/Ostfrankreich). Der XR 1342 wartet noch auf Interessenten.

Drei Reisezugwagen wurden von Privatbahnen der Schweiz übernommen. Es handelt sich um die beiden XR 1371 und 1372 sowie um den Steuerwagen XR 1376. Die CP hatte sie umfassend modernisiert und mit bequemen Sitzen ausgerüstet.

Drei weitere Personenwagen stammen ebenfalls von schweizerischen Privatbahnen. Es sind die beiden B 31 und 32 sowie der Zweiachswagen B 220. Diese Fahrzeuge, wie auch der B 90 (ehemals Réseau Breton der SNCF) und der B 2156 (ehemals Rhätische Bahn) sind für den „Trains des Pignes" der GECP bestimmt. Ein 2011 beobachteter, kombinierter Pack- und Postwagen kam 1993 von der „Chemin de Fer Yverdon-Sainte-Croix" (Schweiz) als DZ Nr. 61 zu den CP, wo er als Zwischennutzung als Feriencamp (mit Küche und Schlafraum) diente. Seit 2009 ist er sozusagen eine fahrbare Personalunterkunft der GECP.

5.5.5 Remorques d'Autorail (Triebwagen-Anhängewagen)

Diese Fahrzeuggattung ist seit der Zeit der Autorails zu einem Begriff geworden. Es handelte sich um die sehr gedrungen gebauten Billard RL-1 bis RL-7. Diese dennoch vierachsigen Wägelchen haben grundsätzlich dieselben Abmessungen wie die Autorails A 80 D. Ein Teil von ihnen erhielt im Laufe der Jahre neue Wagenkästen;

die Bezeichnung „Karosserie" wäre genau genommen zutreffender. Ihre späteren Wagennummern sind XR 1331 bis 1337. Die RL-4 und RL-5 waren Packwagen. Der XR 1337 wurde 1996 für den Großtransport von Gepäckstücken und allenfalls kleineren Gütern eingerichtet aber 2010 abgestellt. Drei von diesen „Billards", die XR 1334–1336 erhielten anstelle der Drehgestelle zwei einachsige Laufwerke mit doppelstufiger Abfederung.

Mit Erscheinen des X 307 kam gleichzeitig ein geräumiger Triebwagen-Anhängewagen auf die CP: Der XR 105, ehemals CFC Korsika. Dort fuhr er unter der Nummer R 105.

5.5.6 Güterwagen und Dienstfahrzeuge

- Die CP bewältigten in der Vergangenheit einen großen Güterverkehr. Die Fahrzeuge dieses umfangreichen Güterwagenbestands ähneln erwartungsgemäß jenen der SNCF-Linie „Le Blanc–Argent" oder der CFC. Um eine Vorstellung über die Bedeutung des einstigen Güterverkehrs der CP zu erhalten, sei nachfolgend eine grobe Aufzählung der wichtigsten Waggon-Bauarten und deren Stückzahlen gemäß früherer Rollmaterialliste der beiden Strecken des „Réseau des Alpes" aufgeführt: Es handelt sich dabei meist um die ursprünglich verwendeten Bezeichnungen. Geschlossene Zweiachswagen der Bauarten J, JG (mit Bremserstand) und JN waren in einer Gesamtstückzahl von 292 vorhanden. 150 davon wurden zwischen 1911 und 1912 gebaut. Die Ältesten stammen von 1888. Einige kamen von andern Meterspurbahnen zu den SF/CP.
- Die 2-Achs-Hochbordwagen T, TN und UN erreichten eine Stückzahl von 354. Die Herstelljahre erstreckten sich ebenfalls von 1888 bis 1912.
- Von den 2-achsigen Niederbordwagen der Gruppen V, VN und LN waren einst 449 Einheiten vorhanden. Gewisse Wagen waren mit Silos für Zementtransport bestückt.
- Es gehörten 34 Zweiachs-Flachwagen der Reihe K zum Fahrzeugbestand.
- Von den 2-achsigen Drehschemelwagen der Reihe L waren 4 Stück in Betrieb.
- Es gab mehrere Exemplare 4-achsiger Mehrzweckgüterwagen der Bauarten TMB und TB.

Der Güterwagenpark der „Ligne du Littoral" konnte nicht ermittelt werden.

Zum aktuellen Bestand der Güterwagen und der Dienstfahrzeuge gehören unter anderem:

- 2 dieselhydraulische Draisinen, DU 101 und DU 102, Bauart Matisa VM 200 S
- 1 Gleisstopf- und Richtmaschine, Bauart Matisa B 85
- 1 Schotterplaniermaschine (Régaleuse), Bauart Matisa R 7 S
- 2 Kranwagen Nr. 1 und 2 (3-achsig)
- 8 Schotterwagen F 259 bis 263 und F 301 bis 303
- 1 vierachsiger Unkrautvertilgungswagen R 255
- 6 Flachwagen mit einsteckbaren Rungen K (2)233 bis (2)238
- Schneepflug U 270 (ehemals TN-347)
- Weitere Flachwagen Reihe L
- Weitere Güterwagen (G und E) aus dem alten Bestand

Durch Umbauten, infolge Zukauf oder Miete sowie Weggang von Fahrzeugen könnten die genannten Angaben variieren.

Verschiedene, interessante Güterwagen beim Bahnhof v. Puget-Théniers, Juli 2013.

5.5.7 Einige Fahrzeug-Daten der SF/CP und der GECP

Dampflok SF/CP 030 A, Nrn. 1 bis 4

Achsfolge	C n2, Schlepptenderlok	Höchstgeschwindigkeit	~ 40–50 km/h
Baujahr	1888	Triebraddurchmesser	1200 mm
Indizierte Leistung		Dienstgewicht	44 T
Länge ü. Puffer	7,630+5200=12,830 m	Hersteller	SACM, Mulhouse

Außer den Export-Loks nach Afrika, Bauart 141, fuhren auf der Sud de la France (SF) zwei Bauarten von Schlepptender-Loks: 030 A und 120 B. Entsprechende Drehscheiben waren vorhanden. Das Bild zeigt die 030 A Nr. 1 „Draguignan" Foto Sammlung GECP/ José Banaudo.

Dampflok SF/CP 020+020 T C, Nrn. 13 bis 18, 31 und 32

Achsfolge	B´B n4 v t	Höchstgeschwindigkeit	~ 40–50 km/h
Baujahre	1892–1900	Triebraddurchmesser	1010 mm
Indizierte Leistung		Dienstgewicht	33,9 T
Länge über Puffer	9,130 m	Hersteller	SACM, Mulhouse

Bei den Mallet-Loks der Sud de la France (SF) gab es ausschließlich die Bauart 020+020 T (B´B). Auf dem Foto ist die Nr. 17 abgebildet. Foto Sammlung GECP/ José Banaudo.

Dampflok CP 040 T, Nr. 52

Achsfolge	D h2 t	Triebraddurchmesser	900 mm
Baujahr	1927	Dienstgewicht	31,4 T
Indizierte Leistung	270 PS	Hersteller	
Länge über Puffer	8,500 m		Corpet-Louvet, La Courneuve
Höchstgeschwindigkeit	~ 40–50 km/h		

Gegen Ende des zweiten Weltkriegs kam um 1944 eine Lok der Bauart 040 T (Achsfolge D) auf die CP. Eine sehr ähnliche Lok, die Nr. 24, existierte auf den Chemins de Fer du Vivarais (CFV). Sie gehört heute der TBB (Trains Touristiques du Bas-Berry), der «Ligne du BA-Le Blanc-Argent», in Écueillé. Foto in Tournon, Mai 1999.

Dampflok der GECP, 230 T, Nr. E 327 (ehemals SNCF, Réseau Breton)

Achsfolge	2´C h2	Höchstgeschwindigkeit	55 km/h
Baujahre	1903–1909	Triebraddurchmesser	1230 mm
Indizierte Leistung		Dienstgewicht	44,5 T
Länge über Puffer	9,450 m	Hersteller	Fives-Lille

Von den einst 10 gleichen Loks des ehemaligen SNCF-Meterspurnetzes in der Bretagne, kam die Nr. 327 im Jahr 1979 zu den CP. Sie gehört der GECP und wird zur Beförderung des „Train des Pignes" verwendet. Die SF/CP besaß ursprünglich weit über 20 Loks der Achsanordnung 230 T und ähnlicher Bauart. Foto: Die 230 T Nr. 327 im Juli 2006 in Annot.

Dampflok der GECP, 120+030 T, Nr. E 211 (ehemals CP-Portugal)

Achsfolge	(1´B) C h4	Höchstgeschwindigkeit	55 km/h
Baujahr	1923	Triebraddurchmesser	1010 mm
Indizierte Leistung		Dienstgewicht	60 T
Länge über Puffer	12,100 m	Hersteller	Henschel, Kassel

1986 wurde die Mallet-Lok 120+030 T, Nr. 211 von der GECP übernommen. Sie stammt vom Meterspurnetz der Portugiesischen Staatsbahn CP und kam damit sozusagen von der CP zu der CP. Aufnahme vom Juli 2011 in Puget-Théniers.

Diesellok ZT 51 und 52 (Ligne du Littoral)

Achsfolge	Bo´Bo´	Triebraddurchmesser	700 mm
Baujahr	1938	Dienstgewicht	28 T
Leistung	180 kW= 245 PS	Kraftübertragung	Elektrisch
Länge über Puffer	9,440 m	Hersteller	Brissonneau & Lotz, Nantes
Höchstgeschwindigkeit:	60 km/h	Dieselmotor	2 zu je 6 Zylindern

Diese zwei dieselelektrischen Loks mit Packabteil fuhren auf der „Ligne du Littoral" zwischen Toulon und Saint-Raphaël.
Foto Samlung CEGP/José Banaudo.

Diesellok 040 Nr. 51 CFD

Achsfolge	D	Dienstgewicht	20 T
Baujahr	1948, Umbau aus Dampflok	Kraftübertragung	Mechanisch mit Kuppelstangen
Leistung	132 kW = 180 PS	Hersteller	CFD
Länge über Puffer	8,340 m	Dieselmotor	1 mit 8 Zylindern
Höchstgeschwindigkeit	~ 40 km/h		
Triebraddurchmesser	900 mm		

Die Rangierlok 040 Nr. 51, bei den Chemins de Fer Départementaux eingesetzt, wurde 1948 aus einer Dampflok umgebaut, wobei nur der Lokrahmen und die Räder übernommen wurden. Aufnahme 1975 in Nice CP, Frank Stenvall.

Diesellok BB 401, 402 und 403 (ehemals BB 53)

Achsfolge	B´B´	Triebraddurchmesser	860 mm
Baujahr	1963	Dienstgewicht	32 T
Leistung	2 x 152 kW = 2 x 207 PS (= 414 PS)	Kraftübertragung	Hydromechanisch mit Kuppelstangen
Länge über Puffer	10,760 m	Hersteller	CFD
Höchstgeschwindigkeit	50 km/h	Dieselmotor	2 mit 6 Zylindern

Diese Dieselloks haben eine Kraftübertragung über hydromechanische Getriebe zu den Drehgestellen, welche mit Kuppelstangen versehen sind. Herkunft, Verwendung und Verbleib der BB 401 bis 403 siehe Text auf Seite 201. Foto: Die BB 403 vor dem Lokschuppen in Nice CP. Links kann knapp eine BB 401 oder 402 erblickt werden. August 1972.

Diesellok T 62 und T 66

Achsfolge	Bo´Bo´	Triebraddurchmesser	870 mm
Baujahr	1951	Dienstgewicht	48,5 T
Leistung	440 kW= 600 PS	Kraftübertragung	Elektrisch
Länge über Puffer	13,400 m	Hersteller	Brissonneau & Lotz, Nantes
Höchstgeschwindigkeit	60 km/h	Dieselmotor	2 zu je 12 Zylindern

Die dieselelektrische Lok T 62 stand im Juli 2011 im Bahnhof von Puget-Théniers. Sie gehörte einer Serie T 61 bis T 65 an. Die Lok T 66 kam später hinzu. Diese Lokbauart stand bei verschiedenen Meterspurbahnen Frankreichs in Betrieb.

Diesellok BB 1200

Achsfolge	B´B´	Triebraddurchmesser	950 mm
Baujahr	1964–1966 (ganze Baureihe)	Dienstgewicht	56 T
Leistung	900 kW= 1224 PS	Kraftübertragung	Hydraulisch
Länge über Puffer	12,700 m	Hersteller	Henschel, Kassel
Höchstgeschwindigkeit	60 km/h	Dieselmotor	SACM BZSHR

Die dieselhydraulische, technisch-konzeptionell mit der V160 der DB verwandte, Meterspur-Lok BB 1200 gehörte einer Baureihe an, die 1964–1966 an die spanische Ferrocarril de Ojos Negros a Sagunto geliefert wurde. Anschließend kam sie zu der spanischen FEVE unter der Nummer 1404, von wo sie 1992 über Zwischenhandel durch die CP übernommen wurde. Lingostère, August 2010.

Dieseltriebwagen (Autorail) Billard A 150 D, Nrn. 211 und 212

Achsfolge	B'2'	Triebraddurchmesser	600 mm
Baujahr	1938	Dienstgewicht (Tara)	12,5 T
Leistung	110 kW= 150 PS	Kraftübertragung	Mechanisch
Länge über Puffer	14,835 m	Hersteller	Billard, Tours
Höchstgeschwindigkeit	60 km/h	Dieselmotor	1 mit 6 Zylindern

Der Billard-A 150 D-Autorail X 214, bei der CFV in Lamastre, aufgenommen im Juli 1976. Dieses Fahrzeug ist mit den ehemaligen 211 und 212 der CP weitestgehend identisch. Die Eisenbahner der Provence gaben ihm den Spitznamen „Pomponnette".

Dieseltriebwagen (Autorail) Billard A 150 D 2, Nrn. 223 und 224

Achsfolge	2'B'2' - Gelenkfahrzeug	Triebraddurchmesser	600 mm
Baujahr	1939	Dienstgewicht (Tara)	16,5 T
Leistung	121 kW= 165 PS	Kraftübertragung	Mechanisch
Länge über Puffer	20,440 m	Hersteller	Billard, Tours
Höchstgeschwindigkeit	60 km/h	Dieselmotor	1 mit 6 Zylindern

Dieser Billard-Autorail der Bauart A 150 D 2 steht unter nationalem Denkmalschutz. Dieses Gelenkfahrzeug ist das einzige noch vorhandene Exemplar seiner Gattung. Zwei identische Fahrzeuge fuhren auf den CP unter den Nrn. 223 und 224. Aufnahme des X 222 in Saint-Agrève auf den „Voies Ferrées du Haut-Velay" (VFV). Foto Juli 2010.

Dieseltriebwagen (Autorail) ZM + ZR 1 bis 14 (Ligne du Littoral)

Achsfolge	Bo´Bo´+ 2´2´	Triebraddurchmesser	700 mm
Baujahr	1935, 1938	Dienstgewicht (Tara)	31,8 T
Leistung	198,5 kW= 270 PS	Kraftübertragung	(Diesel-) Elektrisch
Länge über Puffer	24,160 m	Hersteller	Brissonneau & Lotz, Nantes
Höchstgeschwindigkeit	70 km/h	Dieselmotor	2 zu je 6 Zylindern

Ein historisches Bild eines ZM + ZR 1 - 14 der CP auf der ehemaligen „Ligne du Littoral". Diese Doppeltriebwagen-Einheit besteht aus je einem permanent gekuppeltem Trieb- mit einem Steuerwagen. Eines dieser Fahrzeuge, welches später von der spanischen FEVE übernommen wurde, verblieb erst beim Schmalspur-Museum in Gijon (E) und steht seither bei der CFV, der Chemin de Fer du Vivarais zur Revision in Arbeit.
Foto Sammlung GECP/José Banaudo.

Dieseltriebwagen (Autorail) ZZ-1 bis ZZ-6 (Renault ABH 1)

Achsfolge	B´2´	Triebraddurchmesser	850 mm
Baujahr	1935, 1936, teilw Umbau um 1980	Dienstgewicht (Tara)	27 T
		Kraftübertragung	Mechanisch
Leistung	193 kW= 263 PS	Hersteller	Renault, Choisy-le-Roy
Länge über Puffer	20,650 m	Dieselmotor	1 mit 12 Zylindern
Höchstgeschwindigkeit	70 km/h		

Aus dem seither abgebrochenen Bahnhof Nice Gare-du-Sud fährt im August 1984 der modernisierte, in X 322 umbenannte, der Bauart ABH 1 angehörende, ehemalige ZZ-2, leicht wankend hinaus. Erkennbar sind z.B. die vergrößerten Abteilfenster. Auf Seite 184 ist ein ABH 1, noch in der Ursprungsausführung, abgebildet. Im Hintergrund weitere bekannte Fahrzeuge.

Dieseltriebwagen (Autorail) ZZ-7 bis ZZ-12 (Renault ABH 5)

Achsfolge	B'2'	Triebraddurchmesser	850 mm
Baujahre	1942–1945	Dienstgewicht (Tara)	28,5 T
Leistung	220 kW= 300 PS	Kraftübertragung	Mechanisch
Länge über Puffer	19,250 m	Hersteller	Renault, Choisy-le-Roy
Höchstgeschwindigkeit	70 km/h	Dieselmotor	1 mit 12 Zylindern

Der Renault ABH 5, ZZ-11 in Digne-les-Bains. Rechts ein Billard Beiwagen RL-1 bis 7. August 1972.

Dieseltriebwagen (Autorail) X 301 bis 304 (SY 01 bis 04)

Achsfolge	(1A) (A1)	Triebraddurchmesser	610 mm
Baujahre	1971, 1972	Dienstgewicht (Tara)	17 T
Leistung	246 kW= 335 PS	Kraftübertragung	Hydraulisch
Länge über Puffer	15,600 m	Hersteller	CFD, Montmirail
Höchstgeschwindigkeit	85 km/h	Dieselmotor	2 zu je 6 Zylindern

Der SY 02, der spätere X 302, stand damals kurz nach seiner Ablieferung und Indienststellung. Die Formgebung des Wagenkastens wirkte zu Anfang etwas überraschend. In ursprünglich hellgelber Farbgebung und Namen "Alpes de Haute Provence" stand er im August 1972 in Digne-les-Bains.

Dieseltriebwagen (Autorail) X 305 bis 306 (SY 05 bis 06)

Achsfolge	(1A) (A1)	Triebraddurchmesser	610 mm
Baujahr	1977	Dienstgewicht (Tara)	18,6 T
Leistung	246 kW= 335 PS	Kraftübertragung	Hydraulisch
Länge über Puffer	16,060 m	Hersteller	CFD, Montmirail
Höchstgeschwindigkeit	85 km/h	Dieselmotor	2 zu je 6 Zylinder

Der SY 06 (X 306) wirkte noch eleganter. Das rot-silberne Design von Paul Arzens erinnerte etwas an die SNCF-Loks CC 6500 und BB 15000. Aufnahme in Annot, mit Billard-Beiwagen, April 1978.

Dieseltriebwagen (Autorail) X 307, ehemals CFC/SNCF X 1203/2003

Achsfolge	(1A) (A1)	Triebraddurchmesser	610 mm
Baujahre	1975, 1976	Dienstgewicht (Tara)	18,6 T
Leistung	246 kW= 335 PS	Kraftübertragung	Hydraulisch
Länge über Puffer	16,060 m	Hersteller	CFD, Montmirail
Höchstgeschwindigkeit	85 km/h	Dieselmotor	2 zu je 6 Zylinder

Die CFC/SNCF hat den CP den Autorail X 2003 überlassen, wo er mit der Nummer X 307 in Betrieb kam. Ursprünglich beinahe mit den X 305 / X 306 identisch, erfuhr das Fahrzeug jedoch umfangreichere Modernisierungen. An den Stirnfronten blieb das CFC-Logo erhalten. Nice CP, August 2010.

Dieseltriebwagen (Autorail) X 351 + XR 1351

Achsfolge	2´B´+ 2´2´ - Doppeltriebw.	Dienstgewicht (Tara):	32,7 + 24,6 = 57,3 T
Baujahr	1984		
Leistung	368 kW= 500 PS	Kraftübertragung	Hydraulisch
Länge über Puffer	18,702 + 18,702= 37,404 m	Hersteller	Soulé-Garnéro, Bagnères-de-Bigorre
Höchstgeschwindigkeit: 85 (115) km/h		Dieselmotor	2 zu je 6 Zylinder
Triebraddurchmesser:	750 mm		

Der klimatisierte Doppeltriebwagen X 351 + XR 1351 erfuhr 2012 eine tiefgreifende Modernisierung. Foto im Juli 2013 beim Bahnhof Lingostière, mit dem XR 1351 im Vordergrund.

Dieseltriebwagen (Autorail) AMP 801/802 bis 807/808

Achsfolge	B´2´+ 2´B´ - Doppeltriebw.	Triebraddurchmesser:	mm
Baujahre	2010, 2011	Dienstgewicht (Tara): 34,5 + 34,5 = 69 T	
Leistung	2 x 440 kW= 2 x 600 PS	Kraftübertragung	Hydraulisch
Länge über Puffer	20,0 + 20,0 = 40,0 m	Hersteller	CFD, Bagnères-de Bigorre
Höchstgeschwindigkeit:	100 km/h	Dieselmotor	2

Von Digne-les-Bains kommend, fährt der AMP 801/802 in Saint-André-les-Alpes ein. Mit diesen komfortablen, klimatisierten Doppeltriebwagen, mit Panorama-Fenstern und Niederflureinstiegen, wurde bei den CP ein wesentlicher Schritt zur Modernisierung getan. Aufnahme vom Juli 2013.

Dieseltriebwagen (Autorail) 61-01/61-02 bis 61-13/61-14, ehemals SFM-Mallorca

Achsfolge	2´B´+ B´2´ - Doppeltriebw.	Dienstgewicht (Tara)	31 + 31 = 62 T
Baujahr	1995–1997, 2002, 2003	Kraftübertragung	Hydraulisch
Leistung	2 x 371 kW = 1010 PS	Hersteller	
Länge über Puffer	16,0 + 16,0 = 32,0 m		Tradinsa/CAF, Puigverd-de-Lleida
Höchstgeschwindigkeit	100 km/h	Dieselmotor	2 zu je 6 Zylinder
Triebraddurchmesser	860 mm		

Der Autorail 61-01 bis 61-14 (7 Doppeltriebwagen) mallorquinischer Herkunft trägt bereits die CP-Anschriften, doch stehen umfangreiche Umbauarbeiten zur Anpassung bevor. An ihrer früheren Einsatzstrecke waren Hochbahnsteige vorhanden. Links ein X 301 bis 304. Foto José Banaudo.

Historische Personen- und Packwagen der SF/CP, kleine Auswahl

Dieser 1. und 2. Klasse-Zweiachswagen AB 2 mit asymmetrischer Fenster-Anordnung hat Baujahr 1888. Foto Sammlung GECP/ José Banaudo.

Der A 101, ebenfalls ein Zweiachswagen, hatte nur die 1. Klasse. Er wurde 1906 gebaut. Foto aus Sammlung.

Dieses Bild von 1891 zeigt diesen, dem heutigen, historischen B 505 der GECP nicht unähnlichen, 1.- und 2.- Klasse-Wagen ABfw 16 der Sud de la France (SF). Foto Sammlung GECP/ José Banaudo.

Der 4-achsige Reisezugwagen B 505 aus der Reihe B 501 bis 508 ist ein sehr schönes, erhaltenes Originalfahrzeug der CP; Baujahr 1891. Aufnahme in Villars-sur-Var im Juli 2011.

Der DP-501, ein interessanter, historischer, 4-achsiger Packwagen der Reihe DP-501 bis 506 der CP. In Juli 2013 stand er in Puget-Théniers.

Diese beiden, ursprünglich von der Rhätischen Bahn (CH) stammenden, B 31 und B 32 Drehgestell-Wagen fuhren vor Übernahme durch die CP eine Zeitlang noch auf den Ferrovie Luganesi (Schweiz). Ihr Baujahr: 1911. Die Aufnahme aus Puget-Théniers stammt von Juli 2011.

Der zweiachsige B 220 wurde von der Eisenbahn Châtel-Saint-Denis–Palézieux (Schweiz) übernommen und wird meist in den historischen Dampfzügen des «Train des Pignes» mitgeführt. Aufnahme auf der Drehscheibe in Puget-Théniers, Juli 2011.

In Villars-sur-Var stand im Juli 2011 dieser nummernlose, 4-achsige Packwagen mit Postabteil. Ehemals als DZ 61 bei Chemins de Fer Yverdon–Sainte-Croix (Schweiz) in Betrieb, kam er 1993 zu den CP und dient der GECP seit 2009 als fahrbare Personalunterkunft.

CP-Reisezugwagen der neueren Zeit

Mit ihrer abgerundeten Form wirkten die Mitteleinstiegs-Vierachswagen AT 1 bis AT 4 recht ansprechend. Sie entstanden 1949 durch Umbau aus älteren Wagen. Später wurden sie in XR 1341 bis XR 1344 umnummeriert.

Oben: Die dunkelgrünen AT 1 bis AT 4 standen im August 1972 in Nice CP (Gare-du-Sud).

Links: Der XR 1342, in blauweißer Farbgebung, war Juli 2006 in Puget-Théniers anzutreffen. Der heutige Verbleib dieser Fahrzeuge ist unter 5.5.4 kurz beschrieben.

Links: 2005 kam der Steuerwagen XR 1376 für Wendezüge mit den T 61 und T 66 zu den CP. Er fuhr ursprünglich auf den Chemins de Fer du Jura (Schweiz). Aufnahme in Puget-Théniers, Juli 2013

Die Wagen XR 1371 und XR 1372 stammen von der Appenzeller Bahn (Schweiz). Die CP stattete sie mit einer komfortableren Inneneinrichtung aus. Puget-Théniers, Juli 2013.

Triebwagen-Beiwagen (Remorques d'Autorail)

Die 4-achsigen «Billard»-Beiwagen RL-1 bis RL-7, verschiedener Herkünfte, wurden teils umgebaut. Bild: Ein Fahrzeug der Unter-Serie RL-4 bis RL-7 war 1981 mit alter Karosserie aber gelbem Farbanstrich mit einem X 305/306 in Puget-Théniers unterwegs. Foto Frank Stenvall.

Der XR 1331 (RL-7) erhielt einen neuen Wagenkasten. Die XR 1334 bis XR 1336 wurden außerdem mit neuen, 1-achsigen Laufwerken des Typs „Soulé-Garnéro" ausgestattet. Nice Gare-du-Sud, August 1984.

Im noch relativ neuen Bahnhof Nice CP konnte der XR 1331, diesmal in aktueller Farbgebung, fotografiert werden. August 2010.

„Service méssagerie", also „Güterverkehr", steht auf dem XR 1337, welcher 1990 aus dem RL-7 entstanden ist, angeschrieben. Diese Transportgattung blieb nicht bestehen, doch für den Transport großer Gepäckstücke, oder einfacher Güter diente er bis 2010. Aufnahme beim SF/CP-Bahnhofsgebäude in Digne-les-Bains, Juli 2013.

Ein interessantes Fahrzeug: Der XR 105, einer der zwei Anhängewagen R 104 und R 105 der CFC/SNCF. Diese Fahrzeuge wurden 1978 unter der Verwendung von Teilen der korsischen Billard-Autorails A 210 D völlig neu aufgebaut. Eine formmäßige Anlehnung des Wagenkastens an die CFD-Autorails ist gut ersichtlich. Der XR 105 verkehrt ausschliesslich zusammen mit dem X 307, welcher seinerseits früher in Korsika fuhr. Der baugleiche R 104 wurde abgebrochen. Aufnahme in Lingostière, Juli 2013.

Güterwagen

Oben: Die geschlossenen Güterwagen JN 201 bis JN 240 von 1906 haben einen Achsabstand von nur 2,200 m, bei einer Länge über Puffer von 6,600 m. Sie wurden in G 201 bis G 240 umgezeichnet. Bild: G 206 in Lingostière, Juli 2010.

Mitte 1: Dieser Güterwagen wurde 2011 bei dem „Train des Pignes" zwecks Materialtransport mitverwendet. Abgesehen von kleinen Änderungen an Untergestell und Bremse gehört er derselben Bauart an. Puget-Théniers, Juli 2011.

Mitte 2: Zwei Flachwagen aus der Reihe L 239 bis 246. Annot, Juli 2013.

Flachwagen mit aufsteckbaren Rungen der Reihe K 233 bis 238. Abgebildet ist das Fahrzeug K (2)234. Interessant ist die spezielle automatische GF-Kupplung dieser Fahrzeuge. Entrevaux, Juli 2013.

Der U 270 (ehemals TH 347) kann, zusammen mit den U 267 bis 269, zur Schneeräumung eingesetzt werden. Foto, zusammen mit dem G 212 in Saint-André-les-Alpes, Juli 2013.

Rechts: Schotterwagen, aus der Reihe F 301 bis 303. Foto: Der F 302 in Annot, Juli 2013.

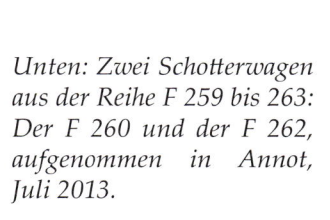

Unten: Zwei Schotterwagen aus der Reihe F 259 bis 263: Der F 260 und der F 262, aufgenommen in Annot, Juli 2013.

Dienstfahrzeuge

Die Gleisstopf- und Richtmaschine der CP, Bauart Matisa B 85. Dahinter steht eine sog. Régaleuse, eine Schotterplaniermaschine der Bauart Matisa R7S. Annot, Juli 2013.

Draisine DU 101 (Bauart Matisa WM-200S) in Puget-Théniers, Juli 2006, gefolgt von 2 Flachwagen des Typs K (2)233 bis (2)238 sowie dem XR 1342. Es gibt eine zweite, identische Draisine mit der Nummer DU 102.

Dieser interessante, 3-achsige Kranwagen Nr. 1 wurde 1887 gebaut. Er stand im Juli 2011 in Puget-Théniers.

Spreng-Wagen (Épandage) zur Unkrautvertilgung, Nr. R 255, aufgebaut auf einem 4-achsigen Flachwagen. Aufnahme in Saint-André-les-Alpes, im Juli 2013.

Literaturhinweise

- Jacques Defrance: «Le Matériel Moteur de la SNCF», Éditions La Vie du Rail, Paris 1969, 1976
- Jacques Defrance: «Les Engins Moteur Français (SNCF)», Frank Stenvalls Förlag, Malmö 1982
- Denis Redoutey: «Le Matériel Moteur de la SNCF», Éditions La Vie du Rail, Paris 1998, 2003, 2007, 2012
- Lucien Maurice Vilain: «Un siècle (1840-1938) de matériel et traction sur le réseau d'Orléans», Éditions Vincent - Fréal et Cie, Paris 1970
- Lucien Maurice Vilain: «Chemins de fer d'Orléans et du Midi», Éditions Vincent - Fréal et Cie, Paris 1976
- Lucien Maurice Vilain: «L'évolution du matériel moteur et roulant de la Cie. Paris – Lyon - Méditerranée (PLM)», Éditions Vincent - Fréal et Cie, Paris 1971
- Lucien Maurice Vilain: «Les locomotives articulées du système Mallet, dans le monde», Éditions Vincent - Fréal et Cie, Paris 1969
- Jean-Claude Delanoue, Florian Vaz: «Blanc-Argent – la renaissance», Éditions ART&T, Obterre 2012
- Vincent Lepais, Michel Jacobs, Jean-Louis Audigué: «Le Chemin de Fer du Blanc à Argent», LR-Presse, Auray 2014
- Autorenkollektiv: «Le Train du Bas Berry», SABA, Société pour l'Animation du Blanc-Argent, Écueillé ~ 2010
- Guillaume Pourageaux: «Les cent ans du Traine Jaune », La Vie du Rail, Paris 2008.
- José Banaudo: «Le Siècle du Train des Pignes (SF/CP)», Les Éditions du Cabri, Breil-sur-Roya 1992
- Pascal Béjui: «Les Chemins de Fer de la Corse», Éditions La Régordane, Chanac 2001
- Rudolf W. Butz: «Bahnen der französischen Alpen», Verlag R. W. Butz, Zürich 1978
- Ascanio Schneider: «Gebirgsbahnen Europas», Orell Füssli Verlag, Zürich 1967
- Autorenkollektiv: «Les Chemins de Fer Touristiques», Éditions Les Intinéraires, Saint-Herblain, 2013
- Bernard Collardey: «Voie métrique du réseau français, 1re et 2de Partie», Rail-Passion (deux Hors-Séries / 2 Sondernummern), Rail Passion, Paris 2010
- Autorenkollektiv: «Le Réseau Breton», Numéro spécial (Sondernummer) aus Connaissance du Rail, Éditions de l'Ormet, Valignat 2004
- Eugenio Cardona: « Parque tracción de los Ferrocarriles de España 1994 », Frank Stenvalls Förlag, Malmö 1994
- Paul Engelbert : « Schmalspurig durch Bulgarien », Frank Stenvalls Förlag, Malmö 2002

Die Fahrzeughalle in Bastia beherbergte im Juli 2011 diese, damals noch unverzichtbaren Diesel-Triebwagen («Autorails») der SNCF/CFC-Bauarten X 2000 (äußere Fahrzeuge) und X 97050 (Mittlere). Die korsischen Eisenbahnen standen jedoch kurz vor der Inbetriebnahme der neuen AMG 801 bis 824.